阳黔花 著

ZHONGMEI DAXUE MEIXUE
KECHENG BIJIAO YANJIU

中美大学美学课程比较研究

基于12所大学的个案比较

艺术与美学文库·学术系列

人民出版社

目 录

第一章
中、美大学美学课程描述

第二章
中、美大学美学课程比较

第三章

中、美大学《美学》教材比较

第四章

影响两国美学课程的学术
背景分析

第五章

**对中国大学美学课程改革的
思考和建议**

前　言

第一节　论题的提出

　　无论中国、美国，大学本科阶段学校都给学生开设美学课程。对于源于西方的一门学科，运用"比较研究"的方法，分析我国与西方国家之一的美国在该门学科的教学目标和课程标准等方面的异同，无疑是一件很有理论价值和现实意义的事情。

一、本研究的理论意义

　　众所周知，作为一门独立学科，美学是 20 世纪初由王国维从西方引入中国而发展起来的学说。可以说，中国百年来的美学历史，是一部在西方美学极大影响下形成和发展的历史。当然在这个百年历史中，俄苏美学和马克思主义美学对中国美学的发展也产生了极重要的影响，但西方美学的影响无疑是最大的，也是最持久、最广泛的。西方美学对中国美学的影响不仅仅是给予了一个学科的名称，而在基本理论、美学方法论和学理规范以及最基本的范畴体系这三个方面的影响尤显重要和深刻。这三个方面是美学学科结

构中的基础，是其躯体和筋骨，西方美学的影响正是在这些基础方面影响了中国美学的形成和发展。所以说，如果没有西方美学的巨大影响，百年来中国美学能否发展是不可想象的，它既不会获得如此快速的发展，也不会取得如此令人瞩目的成就，以至于在今天它已经成为中国人文学科中不可或缺的重要领域之一。①

今天，我们身处新世纪的起点上，全球化浪潮使得学术、理论的交流变得日益频繁，也日益重要。中国美学建设需要更广阔的视野和更丰厚的资源。然而，我们对西方美学思想已有的了解，大体还限于上个世纪刊行的各种西方美学译著、介绍，了解的主要是从19世纪至20世纪中叶的西方美学。而在这以后的半个世纪里，西方美学出现了许多新的学派、理论和方法，出现了对美学学科的研究对象和范围的种种新的理解，也发生了与同时代的哲学、文学、艺术以及文化研究、人类学、民族和区域等多种研究的互动和互渗关系。事实上，西方美学经过差不多两代学者的不懈努力，其基本面貌已经发生了根本的变化。②一些新的、有影响的美学论述出现了，一些新的理论框架产生了，美学上的论争开始在新的理论平台上进行。因此，了解国际美学发展的现状，避免因不了解新情况而丧失国际学术对话能力的危险，并以我们自身的理论资源参与到国际美学对话中去，这是新世纪中国美学发展的必由之路。

既然如此，通过对中国和当今作为西方美学中心的美国的大学本科"美学课程"进行个案比较研究这一窗口，能让我们对两国，尤其是美国当前的美学学术研究现状有深入的了解，这对于加强我国美学学科自身建设，拓宽美学研究的视野，明确美学研究的发展道路，无疑将会大有裨益。

二、本研究的现实价值

如前所述，在中国，作为一门源于西方的学科，"美学"由王国维于20世纪初首倡在大学的哲学（经学）、中文、外文等系（科）开设。随后，蔡元培最

① 牛宏宝等：《汉语语境中的西方美学》，合肥，安徽教育出版社，2001，第4页。
② 【美】卡罗尔：《超越美学》，周宪、高建平主编，李媛媛译，北京，商务印书馆，2006，第2页。

先在北京大学实践了王国维的这一建议。20世纪二三十年代的中国，在蔡元培的积极倡议下，以美育作为国民素质教育重要组成部分的思想为社会所普遍接受，一时间，各高等院校及艺术专科学校纷纷开设美学课程，许多大学教师纷纷加入美育行列，由此形成中国第一次美学热潮。

建国后，经过五十年代初的院系调整和教学改革，只有北京大学、中国人民大学和山东大学等少数几所大学仍开设有美学课程。

60年代中期至70年代中期，中国学术界遭遇"十年浩劫"，教育被破坏，文化遭毁灭，美学课程也难逃厄运。

"文化大革命"结束后，中国美学迎来了发展的春天，出现了20世纪80年代的"美学热"。1980年10月，为了适应高等院校开设美学课程的需要，教育部委托全国高校美学研究所和北京师范大学哲学系，联合举办了建国以来首次"高校美学教师进修班"。由朱光潜、王朝闻、蔡仪、李泽厚等人授课，内容涉及美学的各个领域。进修班培养了大批优秀高校美学教师，从此，全国各高校哲学、中文、艺术类专业普遍开设了美学课程。

现在，在党中央"素质教育"的号召之下，美学教学在大学教学中的地位得到了显著提高，不仅原来的哲学、中文、艺术类专业的基础课地位得到了巩固，而且逐渐成为其他各类专业人文素质教育的公共选修课。

总之，美学课程在中国高校的开设已有近百年的历史，它为美学知识在中国的普及和美学研究的深入，为美和文艺的创造及欣赏，为新一代人文素质的提高等都做出了应有的贡献。然而遗憾的是，与美学学科本身的学术研究相比，对美学课程、美学教学中的问题与方法的探讨还不够深入，目前为止鲜见这方面的论著。为此，本研究试图从中美大学本科美学课程个案比较研究的角度，在这方面作些探讨，以期借"他山之石"，对我国大学本科美学课程的教学改革与发展提供些帮助。

三、本研究的文献综述

"中美大学美学课程比较研究"尚属一个新的研究领域，目前还无人对此进行过专门的探讨。从检索到的资料来看，此领域没有专门的研究论著或

学术论文，但与此领域相关的研究资料还是比较丰富的，主要有以下几类：

第一，中美课程比较方面。目前，中美课程比较研究成果主要为一些硕博论文，虽然也涉及大学课程比较研究，但主要偏向于中小学课程的比较研究，而且全都是非美学学科的课程比较研究。虽然如此，这些课程比较方面的资料为本研究框架的提出和确定提供了参考和借鉴。

第二，美国高等教育研究方面。这方面的研究资料比较丰富，对美国的高等教育制度、高等教育管理，高校的本科生、研究生的教育教学、科学研究、改革和发展等各方面的研究都有翔实的论文或专著资料，为本研究提供了背景材料。

第三，中国高校课程与教学改革方面。高校课程与教学改革是高等教育改革的核心，这方面的研究成果较多。理论著作方面，出版了高等学校（大学）课程论、教学论、教学方法、教学管理等数十部有价值的著作。研究的问题主要涉及：本科课程的结构；本科课程内容体系；教学管理体制；本科教学过程、教学原则、教学方法。这些研究资料为本研究提供了一些可借鉴的思路。

第四，英美美学研究状况。在研究中，检索到少量的中英文文章和两篇博士论文，即2005年发表的中国人民大学罗卫平博士论文《分析与结构之间》和2006年发表的周舒博士论文《20世纪英美美学原理》，这些资料为本研究提供了美国美学方面的一些背景知识。

第五，中国美学原理研究资料。这方面的论著、文章和硕博论文都较为丰富，为本研究中国美学方面的写作提供了很大的帮助。

总的来讲，与本论题相关的直接资料极为稀少，几近于零，能够参考、借鉴的只是一些为本论题提供背景知识的外围资料，这一方面增加了研究的难度，另一方面却更加凸显了本研究的重要意义。

因此，本研究的创新之处主要表现在：

第一，本研究开中、外（美）大学本科美学课程的比较研究之先河，其研究成果对我国当前的美学教学具有一定的参考价值。

第二，本研究从课程比较的角度分析中美两国美学学术研究的异同，从而让我们对两国，尤其是美国当前的美学学术研究有一大致的了解，这对于加强我国美学学科自身建设，拓宽美学研究的视野，明确美学研究的发展道路，无疑将会大有裨益。

第三，本研究依据现代教育理论和课程理论，采用了美国比较教育学家贝雷迪的"比较四步法"进行两国间的美学课程比较，所用方法新颖，角度独特。

此外，本研究所据资料均为第一手原始材料，并且，本研究提供了美国6所大学的美学课程教学大纲和5本美学教材的目录及书评译文，具有较高的科研参考价值。

四、对本书研究对象的几点说明

本书旨在对中美大学本科美学课程进行比较研究，因此，对比较研究的对象——"美学课程"的理解就至关重要。为此，特作以下说明：

第一，对于美学这一学科课程，中美两国的称谓有所不同。本书所比较的"美学"指在中国被理解为哲学美学的科目，即从哲学角度研究美学的学科，也就是通常在大学里被称作"美学原理"的科目，它是我国哲学专业之下的二级学科、美学专业的一门核心课程名称，同时也是我国中文等专业的基础理论课程。而在美国，与中国所理解的"美学"课程相比，它除了被称作"Aesthetics"（美学）之外，还常常被称作"Philosophy of art(arts)"（艺术哲学）、"Introduction to Aesthetics"（美学导论）、"Theory of Beauty"（美的理论）、"Philosophy of Beauty"（美的哲学）、"Metaphysics of Beauty"（美的形而上学）等等多种不同的名称，当然，最常见的还是"Aesthetics"（美学）和"Philosophy of art(arts)"（艺术哲学）。这样一种状况往往会使人误将美国的美学课程视为中国所理解的"艺术哲学"课程，从而产生比较不对等的疑问。事实上，当今美国的"艺术哲学"课程就是中国的"美学"课程，而中国的"艺术哲学"课程在美国则往往具体化为"Philosophy of Film"（电影哲学）、"Philosophy of Literature"（文学哲学）、"Philosophy of the Visual

Arts"（视觉艺术哲学）、"Music Aesthetics"（音乐美学）等分门别类的艺术哲学科目。①所以，本书比较的"美学"课程系指两国哲学性质的美学课程。

第二，在中国，哲学属下的各个二级学科一般都有"学科原理"部分和"学科发展史"部分，美学学科也分为"美学原理"和"美学史"两门课程。在美国，也有美学和美学史两门不同的课程，前者指导论性质或原理性质的"美学"（Aesthetics or Philosophy of Art），后者则被称为"History of Aesthetics"（美学史）。本书的研究只是比较两国"美学"课程的异同，而没有涉及其"美学史"部分。

第三，本书旨在对中美两国大学本科的美学课程进行比较研究。比较选取的对象就是中国某些学校哲学专业和中文专业本科学生必修的美学课程和美国初级程度的美学课程。与中国不同，美国给本科学生开设的美学课程有深浅不同的两门课程供不同程度的学生选修：一门是初级程度的美学课程（Elementary or lower division），旨在为初次接触美学的本科生开设；另一门是高级程度的美学课程（Advanced or upper division），旨在为已有一定的自学基础并学有余力的学生开设。本研究选择的是美国初级程度的美学课程。

第二节　本研究的理论基础与具体研究方案

一、理论基础——现代教育理论和课程理论

现代教育观提倡教育要"以人为本"，认为教育本质上以培养人为目的，是为了促进人的全面发展。在知识社会中，知识更新周期缩短，信息传播加速，人们为了适应各种场合，比以前更需要良好的交流技能、合作能力、自学能力、探索精神和创造力……在知识社会中，学生将不再被动地接受知识，通过学习他们也能持续地创造和建构知识。②

在这种教育观的指导下，课程改革

① 【美】Dominic M. McIver Lopes：*Aesthetics in the Academy Survey Results in Brief*，Aesthetics Online（美学在线网站）。
② 钟启泉、罗厚辉：《课程范式的转换：上海与香港的课程改革》，上海科技教育出版社，2003，第56页。

实践特别是普通教育课程改革在国内外如火如荼地进行着。钟启泉将各国的课程改革进行了归纳分析,认为他们在课程改革与教学政策的导向方面所呈现的共同特征主要表现为:(1)国家课程标准:不是"最大限度地控制"而是"最小限度地控制",赋予地方行政教育机构和基层学校教师以更大的课程开发权和课程选择权是大势所趋。(2)在课程内容的选择方面不是"囊括"而是"精选",其目的在于培养学生"21世纪社会需求的能力",即"学习者自身去创造新知识框架的能力"。(3)在学力目标的定位方面:不是"以量取胜",而是"以质取胜"。21世纪的学力目标主要定位于对方法论知识、价值性知识的把握和创造性思维能力、语言表达能力、实践能力的形成。现代学习理论强调"发现、体验、合作、反思"。(4)在教学方式取向方面:不是"教师中心",而是"学生中心",倡导实现课程与教学理论从"记忆教学论"向"思维教学论"转变,从"划一教学"方式向"合作学习"方式转变。①

课程(curriculum):课程是人们经常使用的概念,而对于什么是课程却没有统一的界定。1985年出版的《中国大百科全书》(教育卷)有这样的解释:"课程指所有学科(教学科目)的总和,和学生在教师指导下各种活动的总和。这通常是广义的课程。狭义的课程则是指一门学科或一类活动"。②本书研究的课程概念是狭义的课程概念,是学科课程(subject curriculum)。

学科课程:是指为了教学需要,适当地选择某一门科学的部分内容并加以排列,使它适应于学生身心的发展和某一学校的教育水平。这种依据教学理论组织起来的完整的科学理论、知识和技能体系称为学科。③学科课程的优点主要体现在以下几方面:学科课程是按照学科有逻辑地组织起来的,它有助于学生系统地、有效地继承和接受人类的文化遗产;同时,学科课程使学校较易于组织教学和进行课程评价。学科课程也存在着不足之处:由于学科课程所提供的教材偏重于逻辑系统,在教

① 钟启泉:《现代课程论》,上海教育出版社,2003,第262、457页。
② 《中国大百科全书》(教育卷)电子网络版"课程"目。
③ 钟启泉:《现代课程论》,上海教育出版社,2003,第241页。

学时容易出现重记忆、轻理解的倾向；在教学方法上，学科课程容易偏重知识的传授，而忽视学生健全人格的形成和身心的健康发展；学科课程所要求的在教学上的"整齐划一"，也不利于因材施教。①在我国的学校尤其是高等院校目前广泛应用的仍然是学科课程。

1974 年，世界经济合作与开发组织教育研究革新中心倡导了一个包含教育目标、教育内容、教材、教学活动及评价方式在内的课程概念。②这个概念将作为本研究确定课程描述和比较要素的理论依据之一。美学是学科课程，这是一个微观的课程概念，它包含美学课程的教学目标、教学内容、教学策略及评价方式这样一些基本的课程要素。

二、具体研究方案

比较研究（comparative study）是按一定标准对彼此有联系的事物加以对照分析，以确定它们的共同点和差异点、共同规律和特殊本质，从而得出符合客观实际的结论的一种研究。③

（一）研究目的

运用现代教育学理论和课程理论，对中、美大学本科美学课程进行比较性研究的目的，一是收集整理中、美两国现行美学课程的信息资料，了解中国、美国美学课程的实际情况，分析其课程特点；二是分析比较两国美学课程各要素（课程目标、课程内容、课程实施）的异同，分析其影响因素，探讨中国美学课程的发展趋势和改革方向。

（二）研究对象

中、美两国共 12 所大学美学课程的教学大纲 12 份、美学教材 10 本。

选择研究对象标准：

第一，学校在本国开展美学课程的教学有比较长的历史；第二，收集的课程教学大纲都是中、美大学本科美学课程教学正在执行的教学大纲；第三，教材都是两国正通行的教材。详细情况见

①叶澜：《课程改革与课程评价》，教育科学出版社，2001，第10页。
②叶澜：《课程改革与课程评价》，教育科学出版社，2001，第87页。
③裴娣娜：《教育研究方法导论》，安徽教育出版社，2001，第223页。

表 0 - 1。

表 0 - 1　中、美 12 所大学情况

中　国	美　国
1. 北京大学	1. 哈佛大学 (Harvard University)
2. 中国人民大学	2. 马里兰大学 (University of Maryland)
3. 南开大学	3. 玛丽威廉学院 (The College of Mary and William)
4. 武汉大学	4. 普度大学 (Purdue University)
5. 首都师范大学	5. 科罗拉多大学 (University of Colorado)
6. 河南师范大学	6. 贝勒大学 (Baylor University)

可比性：

第一，选取的大学在各自国家均有比较长的美学课程教学的历史和一定的办学规模，能够反映和代表本国的本科美学教育现状和水平；第二，美国实行教育分权制，没有统一的教学大纲，但所选美国大学美学课程教学大纲均非常详尽，而且是目前正活跃在美国美学界的著名美学理论家正在执行的大纲，能够反映对本门课程的基本要求，有一定的代表性。此外，这些美国大学的哲学专业排名，除科罗拉多大学外，均在前 20 名。

（三）研究方法

采取美国比较教育学家贝雷迪（George Z.F.Bereday）的"比较四步法"，以文献研究为主，辅以实地考察，根据要素的性质分别进行定性和定量比较。

比较四步法：（1）描述：在广泛收集资料的基础上，了解两国美学课程的实际情况。（2）解释：解释了解到的两国美学课程情况，分析归纳其课程特点。（3）并列：将两国美学课程的材料，按可以比较的形式排列起来，设立比较的标准，然后进一步分析资料，提出比较分析的假说。（4）比较：主要任务是对第三阶段所列材料进行全面的比较研究，验证第三阶段所提出的

假说，然后得出一定的结论。①

应用文献研究法指的是仔细阅读所有文献资料，对可能因文化或语言表达习惯差异而导致误解的部分，请外语系教师、在美国获得哲学博士学位的中国同行翻译校对，避免误读有关信息。

另外，受我国教育部留学基金委公派留学"西部项目"的资助，本人于2006年4月至10月在美国克莱蒙研究大学访问学习了半年，实地考察了美国的高等教育体系、教育质量控制、教学管理过程等。重点了解、收集了有关美学课程的教学资料，并且跟班听课，包括理论教学课、讨论课、问题为中心的教学课（problem-based learning）等，在此过程中，了解了课程教学的具体策略及课堂实施情况，掌握了比较丰富的第一手资料。

（四）比较原则

第一，客观性原则。

比较研究属于定性研究。"课程"虽然是一个客观存在的研究对象，但研究过程中，由于资料的收集、描述以及理论的构建在一定程度上均受到研究者的经历、背景、主观经验和个性特点的影响，研究者应确立辩证唯物主义的立场，客观、全面、准确、系统地分析研究对象的现象和本质，不能用主观价值取向和想当然的意向进行评价与取舍。②另外，中、美两国在美学学科发展状态、文化背景、政治经济背景等方面的差异，使得美学课程的比较具有较大的难度。因此，只有坚持马克思主义"实事求是"的原则，克服主观性和片面性的错误思路，才能更有效地比较出对我国美学课程建设有指导意义的经验和启示。

第二，科学性原则。

教育科学的比较研究法是确定研究对象间异同的一种逻辑思维方法，也是一种具体的研究方法，需要科学的实施程序、步骤以及明确的比较标准；需要根据比较对象的特性，以相关的科学理论引导研究进程，以确保比较分析结

① 王承绪：《比较教育》，人民教育出版社，1999，第79页。
② 杨艳玲：《教育科学研究中量的研究与质的研究方法的讨论》，《国家教育行政学院学报》2003，（5）：87—89。

果的客观、正确。[1]

第三，适用性原则。

研究应充分考虑中、美两国在教育体制、教育理念，以及社会政治、经济、科技文化等方面的差异，从而进行有针对性的比较以提高研究结果的实际意义和应用价值。

第四，整体性原则。

注意研究课程内部和外部的多种复杂的联系，系统地分析问题，力争研究结论的全面与完整。课程研究要着眼于有机的整体，将课程的整体功能作为认识和解决问题的出发点；将美学课程放在高等教育本科人才培养模式的系统中进行考察，联系两国教育和社会的大背景系统地思考和分析问题。

（五）比较框架的确定和比较要素的概念界定

（1）比较框架的确定：

根据文献回顾、专家咨询，结合本研究的目的形成了"美学课程比较框架"，见表0-2。

表0-2　美学课程比较框架

一级比较要素	二级比较要素
课程目标	课程教学目标
	单元教学目标
课程内容	大纲内容
	教材内容
课程实施	课程种类
	教学组织形式
	教学方法
	考核方法

（2）比较要素的概念界定：

1）课程目标（course objectives）：

① 裴娣娜：《教育研究方法导论》，安徽教育出版社，2001，第223页。

即课程教学目标，指课程教学要达到的最具体的目标要求。①课程目标是课程内容、教材的选择和组织的基准，也是评价学生学习效果或学习成就的依据。为了从宏观和微观的角度了解、分析课程目标之间的异同，本研究把美学课程的整体目标定义为课程教学目标，将具体某个章节或系统的目标定义为单元教学目标。课程教学目标从认知目标、情感目标和技能目标三个领域进行分类比较，单元教学目标按照记忆、理解和应用三个层次进行分类比较。

2）课程内容：课程内容是指学校传授给学生的知识、技能、技巧、思想、观点、信念、言语、行为、习惯的总和。②课程教学内容是学校教育过程的基本要素之一，是教学过程中教师的教和学生的学的双边活动的中介。学校的课程教学内容是以教学计划、教学大纲、教材或讲义、活动安排等具体形式表现出来的知识、技能、价值观念及行为。③

教学大纲（syllabus）：教学大纲规定了各级各类学校各门学科的目的任务、各学科的知识、技能、技巧的范围和结构，体现了对各科教材和教学的基本要求，是评价教学质量的重要准则。它包括这门课程的目的、任务，各章节的知识范围、深度、讲授、实习、实验及作业等教学时数的分配等。④

教材：关于教材的定义非常多，不同的理论家从不同的角度对教材有不同的定义。本研究采用以下定义：教材即教科书（textbook），是根据教学大纲所规定的内容和教学法的要求，以简明、准确的文字（图像）系统地阐述一门课程的理论、知识和技能，是教师和学生学习的载体。⑤

课程内容是一个非常大的概念，本研究所说的课程内容是指美学课程要传授给学生的基本理论、基本知识和基本技能的总和，可以通过教学大纲、教材或活动安排等具体形式表现出来。我们以课程教学大纲、教科书以及教师上课的讲课大纲为依据，从课程内容的组织

---

① 顾明远：《教育大辞典》，第1卷，上海教育出版社，1990，第260页。
② 顾明远：《教育大辞典》，第1卷，上海教育出版社，1990，第261页。
③ 叶澜：《课程改革与课程评价》，教育科学出版社，2001，第72页。
④ 顾明远：《教育大辞典》，第1卷，上海教育出版社，1990，第282页。
⑤ 同上。

结构、教学内容涉及的美学课程的范围和特点、具体内容构建的理论基础以及教学内容的广度和深度等方面加以比较和分析。

3）课程实施：课程实施是将课程计划付诸实践的过程，它所关注的是课程计划在实际中所发生的情况，以及影响课程实施的种种因素。具体讲，课程实施指的是教师将规划的课程方案付诸实际教学行动的实践历程，亦即将书面的课程转化成课堂情境中具体的教学实践的过程。[1]鉴于本课题的研究对象是一门具体的学科课程，结合本研究的目的是为了指导课程的改革实践，我们将对课程实施的主要方面，即课程种类、教学组织形式、教学方法及考核方法进行两国间的比较。

课程种类：分为理论性课程、实践性课程。理论性课程以学生在学校学习课程的基本理论、基本知识和基本技能为主；实践性课程以学生在各种机构从事实践活动为主要学习形式。

教学组织形式：教学组织即学生在教师指导下掌握课程、教材的组织框架，主要分为班级授课组织和个别化教学组织两类基本的教学组织形式。本研究也将课程教学实施的组织管理形式列为比较的内容之一，从课程教学的组织领导形式、课程师资的情况等方面比较两国之间的差异。

教学方法：指师生为完成一定教学任务在共同活动中所采用的教学方式、途径和手段。[2]教学方法是指向特定课程与教学目标、受特定课程内容制约、为师生所共同遵循的教与学的操作规范和步骤。教学方法体现了特定的教育价值观，它要受特定的课程内容的制约和教学组织形式的影响。[3]对此，本研究将从理论授课的学时、常用的教学方法种类等方面加以考察。

考核方法：是根据课程教学目标，对学生学习目标达成情况的评价方法或手段。[4]本研究将从考核的内容、形式和数量等方面加以比较分析。

① 钟启泉：《现代课程论》，上海教育出版社，2003，第498页。
② 顾明远：《教育大辞典》，第1卷，上海教育出版社，1990，第199页。
③ 钟启泉、张华：《课程与教学论》，上海教育出版社，2000，第210—212页。
④ 叶澜：《课程改革与课程评价》，教育科学出版社，2001，第89页。

第一章

中、美大学美学课程描述

第一节　中国的美学课程

一、资料与方法

（一）资料

选择中国 4 个省、直辖市的高等院校共 6 所，其中综合性大学 4 所，师范院校 2 所，除河南师范大学外，全部为教育部批准的第一批开设哲学专业本科教育的院校。6 所大学分别以北京大学、中国人民大学、南开大学、武汉大学、首都师范大学、河南师范大学的顺序，以 1—6 的代号在下面各表格中出现。收集的资料包括：除北京大学外各大学美学精品课程建设网站，各自附有详细的课程说明、教学大纲、教学内容、教学辅助资料、课程考核等多方面美学课程信息。此外，也收集到北京大学彭峰老师的美学课程教学大纲一份。收集到的所有教学大纲都是目前正在执行的大纲。

（二）方法

主要采用文献研究的方法。

二、课程概况

（一）基本情况

从对几所院校的调查中获悉，除了综合性大学的哲学系开设美学课程，中文系、艺术系也开设美学课程。师范院校的情况也是如此。这也符合全国高校美学课程开设的大致要求。调查的6所大学美学课程基本情况见表1-1。

表1-1　中国大学美学课程基本情况

学校	课程名称	学时	开课学期	教材	教学参考书
1	美学原理	36	第三学年	彭锋：《美学的意蕴》，中国人民大学出版社2000年版。	见注释①
2	美学原理	36	第三学年	王旭晓：《美学通论》，首都师大出版社2000年版。 王旭晓：《美学原理》，上海人民出版社2000年版。 张法：《美学导论》，中国人民大学出版社1999年版。 牛宏宝：《美学概论》，中国人民大学出版社2003年版。	见注释②
3	美学	36	第三学年	薛富兴：美学（讲义）	见注释③
4	美学概论	36	第三学年	彭富春：《哲学美学导论》，北京，人民出版社2005年版。	见注释④
5	美学	36	第三学年	王德胜主编：《美学原理》，北京，人民教育出版社2001年版。	见注释⑤
6	美学概论	36	第三学年	朱立元主编：《美学》，高等教育出版社2001年版。	见注释⑥

注释：

① 朱光潜：《文艺心理学》，安徽，安徽教育出版社，1996年版。

宗白华：《艺境》，北京，北京大学出版社，1987年版。

李泽厚：《美学四讲》，生活·读书·新知三联书店，1988年版。

叶朗（主编）：《现代美学体系》，北京，北京大学出版社，1988年版。

叶秀山：《美的哲学》，北京，人民出版社，1992年版。

黑格尔：《美学》（1—3卷），北京，商务印书馆，1979年版。

席勒：《审美教育书简》，北京，北京大学出版社，1985年版。

科林伍德：《艺术原理》，北京，中国社会科学出版社，1985年版。

阿多诺：《美学理论》，四川，四川人民出版社，1998年版。

朱光潜：《西方美学史》，北京，人民文学出版社，1979年版。

叶朗：《中国美学史大纲》，上海，上海人民出版社，1985年版。

朱立元主编：《美学》，北京，高等教育出版社，2001年版。

② 马克思：《1844年经济学哲学手稿》，《马克思恩格斯全集》第42卷，北京，人民出版社，1979年版。

马林诺夫斯基：《文化论》，中文1版，费孝通等译，北京，中国民间文艺出版社，1987年版。

弗雷泽：《金枝》，中文1版，徐育新、汪培基、张泽石译，北京，中国民间文艺出版社，1987年版。

鲍姆嘉滕：《美学》，中文1版，简明、王旭晓译，北京，文化艺术出版社，1980年版。

黑格尔：《美学》第1卷，中文2版，朱光潜译，北京，商务印书馆，1991年版。

康德：《判断力批判》，中文1版，韦卓民译，北京，商务印书馆，1964年版。

格罗塞：《艺术的起源》，中文2版，蔡慕晖译，北京，商务印书馆，1984年版。

席勒：《美育书简》，中文1版，徐恒醇译，北京，中国文联出版公司，1984年版。

卡西尔：《人论》，中文1版，甘阳译，上海，上海译文出版社，1985年版。

列维－布留尔：《原始思维》，中文1版，丁由译，北京，商务印书馆，1985年版。

杜夫海纳：《美学与哲学》，中文1版，孙非译，北京，中国社会科学出版社，1985年版。

克罗齐:《作为表现的科学和一般语言学的美学的历史》,中文1版,王天清译,北京,中国社会科学出版社,1984年版。

马斯洛:《自我实现的人》,中文1版,许金声、刘锋等译,北京,生活·读书·新知三联书店,1987年版。

普列汉诺夫:《普列汉诺夫美学论文集》I,II,中文1版,曹葆华译,北京,人民出版社,1983年版。

北京大学哲学系美学教研室:《西方美学家论美和美感》,北京,商务印书馆,1980年版。

北京大学哲学系美学教研室:《中国美学史资料选编》(上下册),北京,中华书局,1980年版。

马奇主编:《西方美学史资料选编》,上海,上海人民出版社,1987年版。

③ 朱光潜:《谈美》,安徽,安徽教育出版社,1997年版。

宗白华:《美学散步》,上海,上海人民出版社1981年版。

王朝闻:《美学概论》,北京,人民出版社,1981年版。

叶朗主编:《现代美学体系》,北京,北京大学出版社,1988年版。

杨辛、甘霖:《美学原理新编》,北京,北京大学出版社,1996年版。

朱立元主编:《美学》,北京,高等教育出版社,2001年版。

④ 吉尔柏特·库恩:《美学史》,上海,上海译文出版社,1989年版。

柏拉图:《文艺对话录》,北京,人民文学出版社,1988年版。

亚里士多德:《诗学》,北京,人民文学出版社,1984年版。

鲍姆加通:《美学》,北京,文化艺术出版社,1987年版。

康德:《判断力批判》,汉堡,美纳出版社,1993年版。

席勒:《审美教育书简》,北京,北京大学出版社,1985年版。

谢林:《艺术哲学》,莱比锡,艾克哈特出版社,1907年版。

黑格尔:《美学》,北京,商务印书馆,1986年版。

李普曼编:《当代美学》,北京,光明日报出版社,1986年版。

马克思:《1844年经济学—哲学手稿》,载于《马克思恩格斯全集》第2卷,柏林,迪兹出版社,1982年版。

尼采:《创造力意志》卷四,斯图加特,克罗纳出版社,1996年版。

海德格尔:《通往语言的途中》,斯图加特,内斯克出版社,1993年版。

海德格尔:《存在与时间》,图宾根,尼迈耶出版社,1993年版。

海德格尔：《演讲与论文》，普弗林恩，内斯克出版社，1990 年版。

维特根斯坦：《哲学研究》，牛津，布莱克威尔出版社，1963 年版。

伽达默尔：《真理与方法》，图宾根，莫尔出版社，1986 年版。

德里达：《文字与延异》，法兰克福，苏康普出版社，1992 年版。

赫拉克利特：《残篇》，慕尼黑，黑美兰出版社，1979 年版。

陈鼓应：《老子注译及评价》，北京，中华书局，1984 年版。

陈鼓应：《庄子今注今译》，北京，中华书局，1983 年版。

杨柏峻：《论语译注》，北京，中华书局，1980 年版。

郭明：《坛经校释》，北京，中华书局，1983 年版。

许慎：《说文解字》卷四上，北京，中华书局，1963 年版。

李泽厚、刘纲纪：《中国美学史》，北京，中国社会科学出版社，1984、1987 年版。

李泽厚：《美学三书》，合肥，安徽文艺出版社，1999 年版。

朱立元主编：《美学》，高等教育出版社，2001 年版。

⑤北京大学哲学系编：《中国美学史资料选编》（上、下），北京，中华书局，1981 年版。

胡经之主编：《中国古典美学丛编》（上、中、下），北京，中华书局，1988 年版。

北京大学哲学系编：《西方美学家论美和美感》，北京，商务印书馆，1980 年版。

蒋孔阳主编：《20 世纪西方美学名著选》（上、下），上海，复旦大学出版社，1988 年版。

《马克思主义文艺理论研究》编辑部编：《美学文艺学方法论》（上、下），北京，文化艺术出版社，1985 年版。

朱光潜：《朱光潜美学文集》（1～4），上海，上海文艺出版社，1982 年版。

宗白华：《美学散步》，上海，上海人民出版社，1981 年版。

李泽厚：《美学四讲》，北京，生活·读书·新知三联书店，1989 年版。

钱锺书：《谈艺录》，北京，中华书局，1984 年版。

蔡仪：《美学论著初编》（上、下），上海，上海文艺出版社 1982 年版。

高尔泰：《论美》，兰州，甘肃人民出版社 1980 年版。

蒋孔阳：《美学新论》，北京，人民出版社 1993 年版。

周来祥：《论美是和谐》，贵阳，贵州人民出版社 1984 年版。

朱光潜：《悲剧心理学》，北京，人民文学出版社 1983 年版。

彭立勋：《审美经验论》，北京，人民出版社1999年版。

滕守尧：《审美心理描述》，北京，中国社会科学出版社1985年版。

曾繁仁：《走向二十一世纪的审美教育》，西安，陕西师范大学出版社2000年版。

王德胜：《扩张与危机——当代审美文化理论及其批评话题》，北京，中国社会科学出版社1996年版。

阎广林：《喜剧创作论》，上海，上海社会科学出版社1992年版。

李泽厚：《华夏美学》，北京，中外文化出版公司1989年版。

叶　朗：《中国美学史大纲》，上海，上海人民出版社1985年版。

聂振斌：《中国美育思想述要》，广州，暨南大学出版社1993年版。

张国庆：《中和之美》，成都，巴蜀书社1995年版。

蔡钟翔、曹顺庆：《自然·雄浑》，北京，中国人民大学出版社1996年版。

朱光潜：《西方美学史》（上、下），北京，人民文学出版社1979年版。

汝　信：《西方美学史论丛》，上海，上海人民出版社1963年版。

汝　信：《西方美学史论丛续编》，上海，上海人民出版社1983年版。

朱　狄：《当代西方美学》，北京，人民出版社1993年版。

张延风：《西方文化艺术巡礼》，北京，中国青年出版社1998年版。

刘　东：《西方的丑学》，成都，四川人民出版社1986年版。

柏拉图著，朱光潜译：《文艺对话集》，北京，人民文学出版社1997年版。

亚里士多德著，罗念生译：《诗学》，北京，人民文学出版社1982年版。

康德著，宗白华译：《判断力批判》（上卷），北京，商务印书馆1964年版。

黑格尔著，朱光潜译：《美学》（1～3卷），北京，商务印书馆1979年版。

爱克曼辑录，朱光潜译：《歌德谈话录》，北京，人民文学出版社1978年版。

席勒著，徐恒醇译：《美育书简》，北京，中国文联出版公司1984年版。

科林伍德著，王至元、陈华中译：《艺术原理》，北京，中国社会科学出版社1985年版。

玛克斯·德索著，兰金仁译：《美学与艺术理论》，北京，中国社会科学出版社，1987年版。

诺曼·N·霍兰德著，潘国庆译：《笑——幽默心理学》，上海，上海文艺出版社，1991年版。

鲍桑葵著，张今译：《美学史》，北京，商务印书馆，1985年版。

杨辛、甘霖:《美学原理》,北京,北京大学出版社,1993年版。

叶朗主编:《现代美学体系》,北京,北京大学出版社,1988年版。

杨恩寰主编:《美学引论》,沈阳,辽宁大学出版社,1992年版。

朱立元主编:《美学》,北京,高等教育出版社,2001年版。

胡经之:《文艺美学》,北京,北京大学出版社,1999年版。

彭吉象:《艺术学概论》,北京,北京大学出版社,1995年版。

孙美兰主编:《艺术概论》,北京,高等教育出版社,1989年版。

杜卫主编:《美育学概论》,北京,高等教育出版社,1997年出版。

于文杰、柏文猛主编:《高校美育概论》,南京,南京大学出版社,1991年出版。

林崇德主编:《儿童青少年心理学丛书》,杭州,浙江教育出版社,1993年版。

⑥ 叶朗主编:《现代美学体系》,北京,北京大学出版社,1988年版。

杨辛、甘霖:《美学原理新编》,北京,北京大学出版社,1996年版。

朱立元主编:《美学》,北京,高等教育出版社,2001年版。

金元浦主编:《美学与艺术鉴赏》,北京,首都师大出版社,1999年版。

刘叔成等著:《美学基本原理》,上海,上海人民出版社,2001年版。

(二)课程性质和学科理念

根据各校的教学大纲以及教材的描述可知,美学是哲学学科体系中的一门基础课程,现在也是面向所有大学生开设的素质教育课程。调查显示,无论是在综合性大学还是师范院校,对于哲学系和中文系本科生来说,美学是专业必修课,对于其他专业的学生来说,美学现在主要还是选修课,是大学人文素质教育的主干课程之一。

(三)课程目标

教学目标是教学活动中师生预期要达到的学习结果和衡量教学活动是否有效的标准。课程教学目标就是通过学科课程教学活动,师生预期要达到的学习结果和标准。对我国各学科课程教学目标的设计和编制,影响最大的是布卢姆教育目标分类理论,美学也不例外。布卢姆和他的同事们将教学目标分为三大领域,即认知、情感和技能领域。我们按照布卢姆的教学目标分类,整理分析中国大学美学课程教学目标,见表 1 - 2。

表1－2 中国大学美学课程教学目标

学校	认知领域	情感领域	技能领域
1	掌握中外美学史上关于美、艺术和审美经验的代表性理论及一些新兴的理论趋势，理解一些具有时代特色的美学问题，比如美的多元性与同一性的问题，现代艺术的美学理解问题，通俗艺术的美学辩护问题，自然审美和环境美学问题，审美与伦理生活的关系问题，等等。		提高学生运用理论解决实际问题的兴趣。
2	系统掌握美学理论知识。	让学生重视对人的整体关怀，既关注人的感性层面，又关注人的精神世界；让学生意识到美学在构建人的精神家园方面的不可替代的重要作用。	能够对人类审美现象进行整体的剖析；注重对学生理论能力的培养；提高学生的分析能力与书面表达水平。
3	掌握人类审美活动最基本知识与原理。	培养学生欣赏美、热爱美、创造美的情趣。	培养学生欣赏美、创造美的基本能力。
4	把握美学的一般理论和历史。	提升其人生的审美境界，注重大学生艺术修养的提高与完满人格的塑造，以实现其身心的和谐统一发展。	培养其艺术的审美能力和对美学问题的独立思考能力。

学校	认知领域	情感领域	技能领域
5	掌握美学基本理论知识。	能够站在理解人生、把握人生、探讨人生的基点上,理性地指导自己按照美的规律来进行生活的塑造,在生活中不断发现和体会生命的无尽意味。	培养学生的审美感悟力。
6	掌握基本的美学理论知识。	培养人格健全、品性高尚、富于艺术修养和审美情趣的,全面、和谐发展的时代新人。	具有较高的审美鉴赏能力和艺术体悟能力、具有较强的实施美育能力。

(四)课程结构与内容

中国 6 所大学的美学课程因为所用教材不同,各自的课程结构与内容有很大差异,具体情况见表 1 - 3(以教学大纲为准)。

表 1 - 3 中国 6 所大学美学的课程结构与内容

学校	基本内容	特色内容
1	1. 中国为什么有"美学热" 2. 从美学史看什么是美学 3. 美在境界(重点讨论"是什么") 4. 审美与还原(重点讨论"审美怎样") 5. 审美创造 7. 审美愉快 8. 美与真的关系 9. 美与善的关系 10. 美学与宗教的关系 11. 美学与科学的关系 12. 美学范畴与审美风格 13. 自然美的现代意义 14. 什么是艺术 15. 通俗艺术的审美价值 16. 美学与美好生活(关于美育问题)	美在境界(重点讨论"美是什么") 审美与还原(重点讨论"审美怎样") 美学与宗教的关系 美学与科学的关系 美与真的关系 美与善的关系 通俗艺术的审美价值

学校	基本内容	特色内容
2	绪论　什么是美学 第一章　人类的审美活动 第二章　审美活动的发生 第三章　审美活动的独立与发展 第四章　审美主体 第五章　审美客体（一） 第六章　审美客体（二）（论述艺术作品的审美价值、分类及各类艺术的审美特征） 第七章　美的哲学探讨 第八章　审美价值类型 第九章　现实的审美活动 第十章　现实审美活动的个性	
3	第一章　审美 第二章　审美经验 第三章　自然美 第四章　工艺美 第五章　生活美 第六章　艺术美 第七章　审美价值 第八章　审美功能	淡化了现行美学教材对美学家美学思想观念的理论阐释部分，重点突出了人类四大审美形态（自然美、工艺美、艺术美和生活美）特征的分析。
4	一、美学 二、美 三、美感 四、艺术	
5	第一单元：第一章至第五章，重点在于使学生理解"美学"作为一门人文学科的基本定位，同时在知识层面上明了人类审美的历史发生及审美关系的价值特征、美的本质问题的基本内容、美的存在系统和特点，以及人类审美发生、发展中出现的不同审美类型；介绍美学的当代发展状况，使学生获得学习美学理论知识的现实感。	"审美文化"部分的讲授，旨在将美学知识的学习引向对人类文化价值问题的思考。

学校	基本内容	特色内容
5	第二单元：第六章至第八章，包括"审美经验"、"审美判断"、"审美与艺术"三方面的美学问题，着重从人类审美的心理活动方面，让学生从具体问题入手，深入人类审美经验的内部，了解其本质、结构、功能和过程等，对审美判断的性质有初步的思考，并从整体上获取艺术审美创造与接受的相关知识，知悉当代艺术的审美发展概况。第三单元：第九章至第十章，其中"审美文化"的讲授，旨在将美学知识的学习引向对人类文化价值问题的思考；"审美教育"部分则力图在上述美学知识的学习基础上，联系人生教育问题，落实美学的现实指导意义。	
6	第一章 导论 第二章 美学的学科定位和研究方法 第三章 中西美学发展简明线索 第四章 人类审美的历史发生 第五章 美学基本问题 第六章 基本审美领域 第七章 中西审美形态 第八章 审美心理 第九章 艺术中的美学问题 第十章 审美教育	

从表1－3可见，尽管调查的6所中国大学的课程结构有很大差异，但其教学内容大致都包含以下几个方面：美学的学科定位；美学的研究对象与方法；美的本质；审美活动的发生，审美主客体的历史生成及其关系；审美价值类型；审美经验（审美的心理过程或美感）；审美的三大主要领域；艺术中的美学；审美教育。以上共同的教学内容体现出美学课程特殊性中的普遍性一面。

（五）课程实施

中国6所大学的美学课程作为哲学系和中文系的主干课程被安排在第三学年开设。

　　6所大学的美学课程基本上全都是理论课程，只有南开大学在其教学大纲中专门提出理论教学之外还有实践教学，认为"美学课程的实践性环节主要以四种方式体现：(1) 课程教学过程中，教师围绕本节核心教学内容而精心设计一些引发学生深入讨论的话题，或根据课堂学生反应情况，即兴提出一些引导性话题让学生展开讨论，以此培养学生理论思考的兴趣与能力；(2) 随堂展示、评点各类审美对象精品，如名画、名乐、风光图片等，以此培养学生切实的审美鉴赏能力；(3) 教学过程中专门安排，或利用周末晚上等课外业余时间，为学生较完整地展播中外名剧或经典影视剧，观摩后安排观后讨论，让学生与中外艺术经典有完整的、直接的心灵接触，以此提高学生的审美趣味；(4) 每学期都会安排一两次走出课堂、走向户外，直接感受自然美、感受绿树红花，评点公共空间中的工艺建筑或广告作品的户外审美教育活动。"

　　6所大学的教学方式以大班理论课教学为主，适当安排分组讨论和户外实地参观考察、审美欣赏等其他教学方式。

　　值得注意的是，调查的6所院校均是目前国内美学课程教学建设得较好的学校，由于重视本门课程的教学，学校和课程授课教师专门建设有本课程的精品课程网站，对全国的美学课程教学具有示范和"辐射"作用。所以，他们的情况，能很好地代表中国目前美学课程教学的基本状况和较高水平。6所大学的美学授课教师对美学课程教学都进行了改革，与传统的"满堂灌"似的理论课教学不同的是，他们增加了一些新的教学方式，比如学生课堂上的分组讨论，在教学中适当安排的课题与论文写作，图文并茂的多媒体教学方式。武汉大学的美学课程教学更形成了自己独特的读经式、启发式、对话式和体验式等教学方式。"读经式教学通过解读经典文本，使学生直接向伟大的思想家学习；启发式教学是引导学生与伟大的思想家一起思考，领会其思想的道路，从而获得自身思考的能力；对话式教学是以课堂讨论的方式使学生与教师之间建立起良好的互动关系；体验式教学则是结合艺术与审美的现实对学生进行美的鉴赏的训练，丰富他们的艺术感觉。"

调查显示 6 所大学的课程教学组织管理都以教研室为单位进行，教研室主任或由其指定的教学组长负责领导和组织教学；5 所大学实行课程负责人制，由课程负责人担负课程教学的总体设计、教学实施和教学质量控制。6 所院校的美学课程教学均由哲学系和中文系专职教师担任，任课的所有教师均具有本科以上的哲学专业或文艺学专业教育背景。

（六）课程评估

美学课程评估的方式以闭卷理论考试为主，此外还有以期中、期末两次课程小论文形式的考核。

理论考试的内容与教师讲授的内容及教材给定的内容一致，调查显示，闭卷理论考试主要题型包括：名词解释题、选择题、简答题、论述题。考核内容主要集中在记忆和理解层次，对学生理论知识的综合运用能力考查不够。

实践技能的考核各个院校各不相同，几种主要的形式有：平时作业、课堂发言、讨论、小论文等，主要考查学生理论联系实际、发现问题、分析问题和解决问题的能力。

课程理论考试一般只有一次，多数安排在课程结束时进行。

三、中国大学美学课程的主要特点

第一，名称、结构、内容基本统一。

在中国，美学课程是传统的哲学一级学科的专业课程，也是各高校中文专业的基础理论课程。在调查的 6 所大学中，1—4 所综合性大学都将美学当做哲学专业主干课程，主要都讲述美学的学科定位、美的哲学探讨、美感、艺术的美学问题和美育这样几大块内容，教学内容基本一致；虽然各自都采用自己的美学专著作为教材，但提供给学生的教学参考书目（教材类）多有重合，在个性中体现出共性的一面，说明大家都认可美学领域中的共同

问题。第5、6所师范院校都将美学作为中文系的专业基础课程开设，教授内容与综合性大学基本一致，虽然选用的教材也各有不同，但情况与综合性大学一样，提供给学生的教学参考书又有其共性的一面。所以，总的来讲，在中国，美学课程有基本统一的课程名称、结构和教学内容。

第二，学科知识体系系统完整。

依据各个院校的教学大纲和使用的美学教材，我们发现美学课程教授的内容从学科的定位，到美的本质、美感、艺术、美育，无所不包，从教学内容来看，各院校非常注重学科知识体系的完整性。这种课程模式的优点在于知识的系统性和完整性比较强，通过该门课程的学习，学生基础扎实，理论功底深厚，但在有限的教学时间内（6所院校均只有36学时的学习时间）要完成比重太大的理论教学和面面俱到的教学内容，易使课程枯燥和流于"走马观花"。

第三，美育意识浓厚。

调查显示，6所院校中的5所，最后一章教学内容均为"美育"，占全部学时中的2到4学时。中国人民大学的教学大纲中虽没有明确的美育章节，但其提供给学生的教材最后一章也是美育内容。南开大学美学课程的指导思想就是通过美学课程的教学对学生进行美育，明确提出其课程的基本目标就是培养学生欣赏美、热爱美、创造美的基本能力与情趣。

第四，教师的教学主导地位突出。

受传统教育观念的影响，中国教师在课堂教学过程中的主导地位非常突出，课程教学的主要形式是大班理论授课，并且非常重视课堂教学的质量。专业教师善于凭借自己丰富的理论知识和实践积累，精心挑选组织教学内容，按照学生的认知规律，通过有效方式将知识要点呈现于课堂，帮助学生对书本知识进行理解与掌握。教师在课堂上运用各种教学方法和手段调动学生注意力，引导学生跟着老师的思维，理解、掌握讲课的重点和难点。这种传统的教学模式对教师的要求比较高，其优点在于能够有效利用课堂教学的有限时间，帮助学生理解、掌握教学重点与难点，学生对知识的学习比较系统、完整。但是，不能否认的是，传统的教学方法在激发学生的自主学习能力和质疑、创新能力方面存在一定的弊端。调查的 6 所大学虽然都进行了教学方法的改革，但整体上教师的教学主导地位还是巍然不动，对学生自主学习能力的培养不够。当然，这很大程度上与我们的美学教学往往都是百人以上的大班教学有关。

第二节　美国的美学课程

一、资料与方法

（一）资料

美国 6 所大学美学课程的教学大纲 6 份，教材 5 本。调查的 6 所大学分散在美国的 6 个州，除科罗拉多大学外，在全美哲学专业本科排名中均位于前 20 位。所有的课程教学大纲均通过 E-MAIL 直接与课程授课教师联系取得。6 所大学分别以哈佛大学、马里兰大学、玛丽威廉学院、普度大学、科罗拉多大学、贝勒大学的顺序，以 1—6 的代号在下面各表格中出现。

（二）方法

同前一部分。

二、课程概况

（一）基本情况

美国大学课程主要实行选修制，一般情况下，本科生入学后，必须在头两年里选修自然科学、人文科学和社会科学三大领域里的课程，在大学第二年结束时，才在学习顾问（由教师或系学术秘书担任）的指导下决定自己的专业领域，并根据自己所选专业的有关规定，选读"主修"课程和"副修"课程。美学课程的开设在美国有两种情况：一是作为"人文科学"类核心课程（core curriculum）面向全校所有学生自由选修；二是作为哲学系学生的专业课程供其选修。

调查的 6 所大学的美学课程基本情况见表 1－4。

表 1－4　美国 6 所大学美学课程基本情况

学校	课程名称	学分	教材	教学参考书
1	美学：经验与表现(Aesthetics: Experience and Expression)	3	(1)玛丽·马赛瑟尔(Mary Mothersill)：《修复的美》； (2)康德：《判断力批判》(Hackett 版，Pluhar 译。)； (3)迈克·弗里德(Michael Fried)：《吸收与戏剧风格》； (4)黑格尔：《美学讲演集》。	从本校科学中心的"参考读物"处获取，包括休谟、卡维尔(Cavell)、米尔(Mill)、松塔格(Sontag)和王尔德的文章。

学校	课程名称	学分	教材	教学参考书
2	艺术哲学 (Philosophy of the Arts)	3	⑴ A. 内尔、A. 雷德利 (A. Neill & A. Ridley) 合著：《艺术哲学读本》(McGraw-Hill 出版公司出版)； ⑵ N. 卡罗尔 (N. Carroll)：《艺术哲学：当代美学导论》(Routledge 公司出版)； ⑶ N. 沃波特 (N. Warburton)：《艺术问题》(Routledge 公司出版)。	⑴ G. 戈拉汉目 (G. Graham)：《艺术哲学：美学导论》(Routledge 公司出版，导论类书籍)； ⑵ C. 弗雷兰 (C. Freeland)：《它是艺术吗?》(But Is It Art?) (Oxford 出版，导论类书籍)； ⑶ R. 乌尔汉姆 (R. Wollheim)：《艺术及艺术品》(Art and Its Objects) (Cambridge 出版，较高程度用书)； ⑷ M. 巴德 (M. Budd)：《艺术的价值》(Penguin 公司出版，较高程度用书) ⑸ M. 比尔斯利 (M. Beardsley)：《美学史》(Alabama 出版，美学史类书籍)
3	美学 (Aesthetics)	3	⑴迪基、斯伽拉芬尼 (Sclafani)、罗布林 (Roblin) 合著：《美学》； ⑵高曼 (Goldman)：《审美价值》 ⑶随堂所发资料。	
4	艺术哲学 (Philosophy of Art)		戴维·苟德布拉特 (David Goldblatt)、李·B. 布朗 (Lee B. Brown) 合著：《美学—艺术哲学读本》	见注释①

学校	课程名称	学分	教材	教学参考书
5	美学 （Aesthetics）	3	(1)拉马克、沃尔森：《分析美学与分析艺术哲学读本》； (2)内尔、雷德利：《艺术哲学读本》 (3)赞格维尔（Zangwill）：《美的形而上学》（Metaphysics of Beauty） (4)泽马赫（Zemach）：《真正的美》。	
6	哲学与艺术：美学导论 （Philosophy and the Arts:An Introduction to Aesthetics）		(1) N. 卡罗尔（N. Carroll）：《艺术哲学：当代美学导论》(伦敦 Routledge 公司 1999 年出版）； (2) N. 卡罗尔（N. Carroll）：《今日艺术》（威斯康星大学出版社 2000 年版）；	(1)雷德（Rader）：《现代美学》（第五版）； (2)迪基：《分析美学导论》； (3)拉马克、沃尔森：《分析美学与分析艺术哲学读本》；

注释：

①文章：

《对自然环境的审美欣赏》（艾伦·卡尔松）

《新美学》（王尔德）

《趣味无争论》（杜卡斯）

《趣味有高下》（比尔斯利）

《至上主义》（马勒维奇）

发放的资料：

《艺术与艺术品》

《艺术与自然》

《审美经验的本质是什么?》

《创造性、知识与遵守的规则》

《马勒维奇的"黑广场"》

《无意识的心理图式与不能言说的音乐知识》

《艺术定义与充分必要条件》

一些美学导论性质的读物：

Aldrich, Virgil：《艺术哲学》（新泽西，Prentice-Hall 1963 年版）

卡罗尔：《艺术哲学：当代美学导论》（伦敦，Routledge 1999 年版）

迪基：《分析美学导论》（牛津，牛津大学出版社 1997 年版）

Hospers, John：《美学读本》（纽约，The Free Press 1969 年版）

Korsmeyer, Carolyn：《美学大问题》（牛津，Blackwell 1998 年版）

Margolis, Joseph：《哲学地观看艺术》（纽约，Scribner's1962 年版）

Neil, Alex 和 Ridley, Aaron：《艺术哲学读本》（波士顿，McGraw-Hill1995 年版）

Ross, Stephen David：《艺术及其重要性：审美理论文集》（奥尔巴尼，纽约，SUNY1987 年版）

Townsend, Dabney：《美学导论》（牛津，Blackwell 1997 年版）

Wollheim, Richard：《艺术及艺术品：美学导论》（纽约，Harper Torchbooks 1968、1971 年版）

（二）课程性质和学科理念

美国大学美学的课程性质和学科理念主要通过文字体现在课程描述（course description）部分。尽管各院校的课程各有特色，但对美学的定性描述归纳起来有以下几点：（1）"美学"（Aesthetics，Philosophy of Art）是一门导论性质或原理性质的课程，也叫做艺术哲学（Philosophy of Art）、美的哲学 (Philosophy of Beauty) 或鉴赏哲学 (Philosophy of Taste)。（2）主要讲解历史上和当代美学领域的基本理论问题，比如何谓审美价值、审美经验、审美态度、审美判断（或艺术批评）、何谓艺术、如何认定一件作品是艺术作品，何谓艺术家，艺术家的特性和功能，等等。（3）课程教学的重点是让学生通过阅读和讨论历史上和当代思想家们对美学领域问题的论述，形成批判性哲学思维，掌握影响艺术世界、并借以运用于艺术创作和评价的美学基本理论，为今后进一步研究美学、艺术和哲学领域的问题打下基础。

（三）课程目标

美国大学的课程目标明确，收集的 6 所大学的美学课程的教学大纲（syllabus）中，全都列有具体的课程教学目标（course objectives），学生通过课程学习必须要达到的这些要求。应用归纳分析法，我们对所有各个院校的课程教学目标归纳分析见表 1 - 5。

表 1 - 5　美国大学美学课程教学目标

学校	认知领域	情感领域	技能领域
1	了解美学史上著名的美学论述，间或关注具体部门艺术。		
2	了解从柏拉图到现在的有关艺术的重要理论问题；了解有关艺术的本质、功能、价值及其界限；分析、澄清一些对理解艺术至关重要的概念，比如艺术品、形式、内容、表现、再现、阐释、风格、媒介、现实主义、原创性、审美经验和审美价值；考察 20 世纪艺术，尤其是视觉艺术的特征，并分析这些新变化对艺术理论的影响。		为学生提供美学学术背景知识和分析技巧，以使学生形成并磨练他们自己对艺术的哲学观点。
3	让学生对艺术哲学的基本问题和理论有一个系统的了解。包括"何谓艺术"、"阐释的本质"、"评价和趣味的客观性问题"。		
4	从哲学的角度考察艺术的本质；艺术与个人、社会、自然的关系；艺术与其他学科、与技术的关系；以及艺术自身试图更好地理解我们人类和我们所处的世界的历史的功能。	将学生从沉涵于教条的状况中唤醒，拓宽他们的智力和情感视野。	使学生能富有创造性地关注艺术，并提出有思想、有意义的艺术见解；要求学生围绕所探讨的问题写几篇文章，并鼓励他们提出自己富有批判性的观点；对哲学方法有更好的了解。

学校	认知领域	情感领域	技能领域
5	阅读一些美学史上处于核心地位的经典篇章；让学生对美学的基本哲学问题及其历史发展有所了解；让学生对当前美学的一些论题和理论有所了解。	让学生对美学的基本哲学问题及其历史发展有所喜爱。	让修本门课程的学生对美学领域有足够的了解，以便于他们毕业后在专科学校教美学这门课程。
6	讨论有关艺术哲学领域一些问题的经典论述。		

（四）课程结构与内容

美国 6 所大学美学课程的结构与内容见表 1 - 6。

从表中可以看出，我们所调查的 6 所学校中，美学课程内容围绕西方美学史上从古至今哲学家、美学家们对于美、艺术领域诸多问题的论述展开，涉及的问题包括美学这门学科在哲学中的地位，美学与艺术哲学的关系，自然美与艺术美的区别与联系，何谓艺术，如何认定一件作品为艺术作品，各种艺术理论，包括艺术的再现理论、情感理论、形式理论和制度理论等，艺术作品的本体论地位，艺术与道德、真理的关系，各部门艺术的美学问题，审美判断、鉴赏趣味、审美属性等诸多审美经验问题。涉及的主要人物有：柏拉图、亚理士多德、休谟、康德、席勒、黑格尔、叔本华、尼采、克罗齐、杜威、柯林武德、海德格尔、维特根斯坦、本杰明、阿多诺、马尔库斯、古德曼、丹托和迪基等。当然，各个院校授课教师根据自己不同的课程理念，在课程中增加了不少特色内容，具体情况见表 1 - 6。

表1-6　美国6所大学美学的课程结构与内容

学校	基本内容	特色内容
1	第一周　导论: 美学在哲学中的位置 第二周　休谟: "趣味标准"和"悲剧" 第三周　玛丽·马赛瑟尔（Mary Mothersill）:《修复的美》（第四、五章）（第100—144页） 第四周　玛丽·马赛瑟尔:（第六、七章）（第145—208页） 第五周　康德:《判断力批判》，第43—84页、第3—38页；玛丽·马赛瑟尔:（第八章）（第209—246页）。 第六周　康德: 第85—140页；卡维尔"现代哲学中的美学问题"。 第七周　康德: 第141—207页"纯粹审美判断推论" 第八周　康德: 第209—232页"审美判断"；米尔"什么是诗歌?" 第九周　席勒:《论素朴的诗和感伤的诗》节选 第十周　弗里德:《吸收与戏剧风格》导言和第一章（第1—70页） 第十一周　弗里德，第二和第三章（第71—160页） 第十二周　黑格尔:《美学讲演集》编者前言和第一至三章（第3—61页）；松塔格"关于'露营'的注意事项"。 第十三周　黑格尔，第四、五章（第62—97页）；王尔德"座右铭"等	专章讲述玛丽·马赛瑟尔（Mary Mothersill）《修复的美》及弗里德《吸收与戏剧风格》
2	第一周　卡罗尔的《艺术哲学: 当代美学导论》中的前言部分。 第二周　柏拉图的《伊安篇》和《理想国》卷十 第三周　亚理士多德的《诗学》 第四周　莱辛的《拉奥孔》；卡罗尔，第一章 第五周　休谟的《论趣味的标准》 第六周　康德的《美的分析》 第七周　叔本华的《作为意志和表象的世界》；布洛的"心理距离"	专章介绍弗莱（Fry）、斯坦博格（Steinberg）和博格斯（Borges）的文章

学校	基本内容	特色内容
2	第八周 贝尔的"审美假设";弗莱（Fry）的"作为形式的艺术";雷德（Reid）的"弗莱批判";卡罗尔,第三章。 第九周 托尔斯泰的《什么是艺术?》;柯林武德的《艺术原理》 第十周 柯林武德的《艺术原理》;卡罗尔,第二章 第十一周 杜威的"拥有经验";比尔斯利的"艺术创造";格林博格（Greenberg）的《现代主义绘画》 第十二周 斯坦博格（Steinberg）的"其他的标准"和"当代艺术与公众的困境";西布利的"审美概念" 第十三周 博格斯（Borges）的"皮埃尔·门拉德（Pierre Menard）:＜堂吉诃德＞的作者";沃尔顿（Walton）"艺术种类";西赛罗（Sircello）"艺术的表现属性";卡罗尔,第四章 第十四周 维兹的"理论在美学中的作用";曼德尔鲍姆的"家族相似与艺术概括";丹托的"艺术世界" 第十五周 迪基的"新艺术制度论";本克力的(Binkley)"块、片:反美学";列文森的"历史地定义艺术";卡罗尔,第五章	
3	第一部分:何谓艺术? 再现理论（迪基、斯伽拉芬尼（Sclafani）、罗布林（Roblin）合著《美学》中的柏拉图和亚理士多德文选;高曼（Goldman）《审美价值》第64—82页);情感理论（迪基等合著《美学》中的托尔斯泰和柯林武德文选;高曼《审美价值》第46—64页);形式理论（迪基等合著《美学》中的贝尔文选;高曼《审美价值》第82—91页);制度理论（迪基等合著《美学》中的维兹文、迪基文一、丹托文;高曼《审美价值》第1—5页。) 第二部分:阐释（迪基等合著《美学》中维姆萨特（Wimsatt）和比尔斯利文;课堂所发菲什（Fish）和赫什（Hirsch）文;高曼《审美价值》第四章。) 第三部分:审美评价（迪基等合著《美学》中的哈奇生、休谟、康德、西布利、沃尔顿文;高曼《审美价值》第二、五章。)	增加了高曼的《审美价值》一书。

学校	基本内容	特色内容
4	第一部分：艺术、自然与美学 黑格尔的《艺术哲学》第 501—506 页；艺术与艺术品（发放的资料）；丹托的《美学和艺术品》第 50—56 页；"对自然环境的审美欣赏"（艾伦·卡尔松）（文章）；"新美学"（王尔德)(文章)；科洛弗德(Donald Crawford)的《自然与艺术》第 207—217 页；艺术与自然（发放的资料） 第二部分：审美判断是客观的还是主观的？ 审美经验的本质是什么？（发放的资料）；休谟的《论趣味的标准》第 483—490 页；"趣味有高下"（比尔斯利）（文章）；"趣味无争论"（杜卡斯）（文章） 第三部分：艺术与再现 柏拉图的《反模仿》（第 5—9 页）和《洞穴的寓言》（第 119—121 页）；贡布里奇的《相似性的界限》第 35—39 页；古德曼的《再造现实》第 40—42 页；本杰明的《机械复制时代的艺术品》第 85—89 页；巴雷特的《照片与语境》第 110—116 页 第四部分：艺术与表现 柏拉图的《伊安篇》第 355—363 页；柯林武德的《情感的诗歌表现》第 314—319 页；"至上主义"（马勒维奇）（文章）；马勒维奇的"黑广场"（发放的资料）；创造性、知识与遵守的规则（发放的资料）；无意识的心理图式与不能言说的音乐知识（发放的资料）；拉夫曼（Diane Raffman）的《大量的无言知识》第 233—235 页 第五部分：艺术与形式 贝尔的《现代绘画中的形式》第 10—13 页；格林博格的《现代主义绘画》第 17—23 页 第六部分：当代艺术与当代艺术理论 维兹的"理论在美学中的作用"，教材第 518—524 页；艺术定义与充分必要条件（发放的资料）；迪基的"作为社会制度的艺术"，教材第 524—529 页；丹托的"艺术权力的哲学剥夺"，教材第 46—50 页 第七部分：艺术品的本体地位 沃尔顿的"艺术种类"，教材第 511—517 页；列文森的"论音乐概念"，教材第 269—274 页；乌尔姆森的"作为表演艺术的文学"，教材第 323—330 页	专门探讨了艺术与自然的问题，艺术、自然与美学的问题，以及艺术品的本体地位

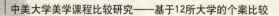

学校	基本内容	特色内容
5	第一部分：审美王国 审美价值；美；趣味；审美判断（休谟、康德、泽马赫、赞格维尔）。艺术的、文学作品的趣味判断谈论的是些什么？我们是怎么感受这些作品的？这些作品是怎么存在的？能把这样的趣味判断归结为就是一些心理的或社会现象吗？美或其他的审美属性真是对象所固有的吗？如果审美判断能被证实的话，我们怎样去加以证实？如果确有审美属性存在的话，那么审美属性与对象的物理属性是什么关系？ 第二部分：艺术哲学 艺术定义；试图定义艺术有意义吗？有意义的话，怎么定义才最好？反本质主义观点（拒绝定义）与艺术定义的主要理论（形式主义、审美主义；制度论；功能论。）欣赏艺术存不存在错误的方法？存在更好些的方法吗？比如，欣赏艺术时，我们应该忽视有关的背景知识呢，还是最好知晓并运用背景知识于欣赏当中？ 第三部分：开放时间。上课时视学生的兴趣所在再具体制定研讨主题。	专门设置了"开放时间"周，视学生的兴趣所在再临时具体制定研讨主题。
6	共36次课，分别讲了以下36个主题：美学的历史及劳动的分工；游戏理论和移情作用；心理距离与审美态度；艺术的制度论；作为客观化的快感的艺术；柏格森？作为经验的艺术；作为直觉的艺术；创造之神秘；古典美与酒神狂欢；心理学与美学；审美经验存在吗？"艺术"能被定义吗？艺术品；有意味的形式；审美外表；作为表现的艺术Ⅰ；作为表现的艺术Ⅱ；作为语言的艺术Ⅰ；作为语言的艺术Ⅱ；作为语言的艺术Ⅲ；艺术家的意图；审美概念；阐释中的忍耐；诠释学？艺术的本体论；真理与虚构；隐喻；什么是批评？我们真的辩论吗？艺术与伦理学；整一性；完美的批评家；情感主义；批评的逻辑；结语。 注：每次课的具体阅读材料见附录6。	专门探讨了柏格森的美学思想、作为语言的艺术及艺术与伦理学的关系问题。

（五）课程实施

　　如前所述，美国大学的美学课程大体分为"通识课程"和哲学系专业课程两类，前者多为本科生在第一、二学年选修，后者多在第三、四学年选修。学校与学校之间课程名称、结构、内容和选用教材并不统一。

美国美学课程的主要教学策略包括：讲课、讨论、案例教学、观看音像资料、参观艺术博物馆、实验室训练。一些院校在课程教学中还安排了批判性思维练习、论文写作和客座教师的讲座。美学的课堂教学时间一般为每周3—4学时，一学期学时多数在50、60学时左右，具体各校美学所占学时数见表1－7。教师在有限的课堂教学时间内只能介绍主要的教学内容，围绕教学主题组织学生讨论所读材料，回答学生在课前阅读中碰到的诸多疑难问题，其他大量的内容依靠学生自学，每所大学的教学大纲都详细列出每次课前学生需要仔细阅读的资料、文章及这些阅读材料的出处，对学生的自主学习要求非常高。

教学组织由课程负责的教师担任，这些教师全为具有博士学历的教授或副教授，负责课程的总体设计、教学组织实施。

表1－7　美国6所大学美学所占学时数

学　校	学　时
哈佛大学	52
马里兰大学	60
玛丽威廉学院	56
普度大学	56
科罗拉多大学	64
贝勒大学	72

（六）课程评估

美国大学美学课程的评估方式有一定的共性。一是课程评估的内容包括理论和实践两部分，并且两部分的成绩独立计算，理论与实践都合格才算课程考试通过；二是注重平时考核，调查的6所院校美学课程的考核次数3—6次，平均每个学生有5次课程评估的成绩，课程结束时的综合考试成绩只占课程总成绩的25%左右；三是考核形式多样，理论有多选题、案例分析题、问答题、论文等，围绕课程教学的重点，包括自学内容，注重考核学生对理论知识的理解、应用以及思维分析能力。实践的考核主要考核学生出勤和课堂参与情况、论文完成、任务完成、小组作业完成、目标达成情况。6 所大学各自的课程评估方式见表 1 - 8。

表 1 - 8　美国 6 所大学美学课程评估方式

学校	评估方式
哈佛大学	第四和第九周需交两篇小论文（各 5—6 页）。学期结束时需交一篇 12 页的学科论文。各教学环节的出勤率占学科成绩的 10%左右。
马里兰大学	按时上课；仔细阅读指定材料；两篇指定主题的分析论文；综合的期中、期末两次考试。
玛丽威廉学院	课程分为三个主要部分，每部分结束时各有一次论文考试。每次考试各占总成绩的 1/3。出勤率将影响成绩的等级。课前学生必须读完阅读材料并积极地参与课堂讨论。
普度大学	3 次课堂考试共占 60%，包括每次带回家自做的论文部分；论文占 15%；期末考试占 25%，也包括带回家自做的论文部分。出勤率和课堂参与情况将额外占 10%的分数。
科罗拉多大学	1. 保证出勤率和积极的课堂参与；2. 三篇各 10—12 页的论文或 2 篇 6—8 页的论文外加一篇 14—18 页的论文。3. 学生将轮流设计课堂的讨论问题。要求轮到的同学必须草拟 3—5 个能激发讨论的问题，并且主持讨论几分钟，还要对即将学习的新教材内容作一简要概括。
贝勒大学	上课的参与情况；一次 3 个小时考试的成绩和一次期末考试成绩；10—15 页学科论文的成绩，论文主题自选。

三、美国大学美学课程的主要特点

第一，课程形式多种多样、各有侧重。

由于美国的高等教育管理实行分权自治，因此各大学在专业课程设置方面具有较大的自主性和灵活性，授课教师在课程内容的选择和讲授方面也有很大的自由度。从调查的 6 所美国大学的情况来看，课程名称多种多样，课程内容五花八门，课程组织形式各式各样，课程的考核方式也各个有别。在学分（学时）安排、课程目标制定、教材选用等方面也都有很大的差异。

第二，学科知识体系各自不同，"因师而异"。

美国的美学课程所体现的学科知识体系性、系统性不强，不同的授课教师讲授的美学内容各不相同，区别很大。

第三，突出艺术中的美学问题。

在美国，"美学"这门课程经常被称作"艺术哲学"，或者被等同于"艺术哲学"，可见艺术在美学课程中的重要地位。综观调查的 6 所美国大学，几乎所有的大学"美学"课程都是围绕艺术谈美学问题，或者整门课程就只谈艺术中的美学问题，至于自然美、广义的"美"问题在这些课程里已了无踪迹，比如哈佛大学、马里兰大学、玛丽威廉学院和贝勒大学。此外，很多大学美学课程都强调通过本门课程的学习，使学生对艺术及艺术品的本质以及如何哲学地处理艺术问题等方面，获得了扎实的理论知识；同时为学生提供美学学术背景知识和分析技巧，使学生形成并磨练他们对艺术的哲学观点，并能就艺术问题展开美学分析。

第四，学生能力发展地位重要。

综观美国美学课程，课程目标、课程内容、课程组织实施以及课程评估全部围绕学生能力发展这个中心。尽管各个学校之间有一定的差异，但对学生的核心能力要求相同，这些核心能力包括：批判性思维的能力、自主学习

能力等，这些能力在他们的课程目标中都有具体和明确的要求和体现。在教学过程中，教师通过安排讨论、案例教学、观看教学音像资料、阅读书籍文章、写作论文等教学设计，给学生预留了相当大的能力发展的空间。学生在教师的指导下，循序渐进地不断构建和发展新的知识和技能，而不是单纯地通过教师的课堂灌输获得知识。例如，批判性思维能力包含提问、分析、综合、解释、推理、归纳、演绎、直觉、应用和创造等，在课程教学中教师通过设计具体的教学情境、引导学生运用美学理论、寻找资料评价课题结果并进一步修改课题目标和措施、参与创造性地解决问题的活动等多种方式，培养和发展学生的批判性思维能力。课程评估形式和方法也体现了对学生课程学习目标的达成、知识和能力进步与发展的动态考评，在考核内容方面也非常重视对学生能力发展的评价。在一些大学的课程考试中，还专门有考察学生批判性思维能力的试题。

第二章

中、美大学美学课程比较

第一节　课程目标的比较

　　课程目标表现的是通过美学课程的教学活动，师生预期要达到的学习结果和标准，是课程内容、教材选择与组织以及课程评估的基准。为了深入分析、比较两国美学课程教学目标的异同，我们从课程教学目标的层面（见表 2 - 1）和具体某一内容教学目标的层面分别加以比较。

一、课程教学目标

　　在描述性研究部分，我们应用布卢姆的教学目标分类理论，分别对两国的教学目标按照认知、情感和技能领域进行了归纳整理，因此，比较在分类基础上进行。

　　认知目标：

　　中国大学认知目标的制定是立足于美学理论知识，要求学生系统了解美学学科发展的历史，掌握美学研究的对象和范围，认识美的本质，知道审美活动是怎样产生的，审美活动中审美主、客体的关系；什

么是审美经验，它有何特点；哪些是人类的主要审美领域；作为人类主要审美领域之一的艺术有何特点；审美风格或审美范畴有哪些；何谓审美教育；它有何作用；等等。

分析中国大学认知目标的具体要求，可见其对美学理论知识的系统掌握要求较多，而对学生实际生活中碰到的活生生的美学问题提及甚少，比如如何认定一件作品为艺术品，流行乐算不算艺术，艺术和黄色作品的界限在哪儿，现代商业运作对艺术的影响，等等。总之，中国大学认知目标的制定是以学生对美学学科知识体系的系统掌握为前提的，对美学史上重要美学家的相关论述提及很少，对现实世界中涌现的诸多美学困惑关注不多。概言之，理论建构着力过多，实际应用指导过少，而且缺乏美学史材料的支撑，这主要是中国的美学分"美学原理"和"美学史"课程，"美学原理"讲理论，"美学史"讲历史的课程分工所导致的。

表 2 - 1 两国美学课程认知教学目标比较

比较内容 ＼ 国别	中国	美国
美学学科的历史发展、美学的研究对象、范围、方法和意义	详细介绍	一带而过
审美活动的历史发生、本质特征	详细介绍	无
审美主、客体	详细介绍	无
艺术的美学问题	一般介绍	重点详细介绍
美感（审美经验、审美态度、审美判断等）	详细介绍	重点详细介绍
审美范畴（优美、崇高、丑等）	详细介绍	很少涉及
审美领域	详细介绍	很少涉及
美育	详细介绍	无

美国大学的认知教学目标围绕艺术问题，要求学生了解从古至今西方哲学家、美学家们对于美、艺术、创造性的主要理论观点，强调艺术判断、艺术标准、艺术鉴赏，艺术与技术、艺术与社会、艺术与市场等等与艺术有关的美学问题。强调培养学生利用所学理论，完成各种专题学术论文的能力；强调学生批判性思维能力的培养，强调学以致用。为了达此目的，对学生的学习结果提出了严格的标准和要求。总之，美国大学强调对理论知识必须在理解的基础上，能够综合分析和灵活应用，重视对学生理解、接受和应用多元文化知识的要求，以及应用美学基本理论和批判性思维进行艺术赏析的要求。

情感目标：调查的 6 所中国大学都提到了美学课程的情感教学目标，归纳起来主要有以下几点：(1) 培养学生的审美感悟力；(2) 培养学生欣赏美、热爱美、创造美的情趣，注重其艺术修养的提高与完满人格的塑造；(3) 提升学生人生的审美境界，培养人格健全、品性高尚、富于艺术修养和审美情趣的，全面、和谐发展的时代新人。与此相反，调查的 6 所美国大学除了两所大学明确提到美学课程的情感教学目标在于"将学生从沉湎于教条的状况中唤醒，拓宽他们的智力和情感视野"和"让学生对美学的基本哲学问题及其历史发展有所喜爱"外，其他没有一所大学专门强调美学课程的情感教学目标，这与中国形成鲜明的对比。其原因可能在于当今中国特别强调美学人文学科的学科定位，强调其美育功能，对美学赋予太多的人文救赎的期望，尤其是在当前市场经济物欲横流、精神家园失落的情况下，更是强调其情感提升、艺术修养的培养这一面。

值得注意的是，尽管中国大学在课程大纲中都对美学课程的情感培养目标作了明确的表述，可由于前文所述之因，中国美学课程教学主要以教师的讲授为中心，偏重于理论知识的系统传授，并没有在情感态度的认同、接受和转化为行为表现上下功夫，致使课程情感态度的教学目标只是流于一纸描述。相反，美国的美学课程从实际的艺术作品入手，着眼于历史上美学大家们对艺术、对美充满智慧和灵性的论述、见解，虽然没有提出明确的情感培

养目标，但学生浸润于丰富多彩的艺术作品的赏析之中，思维活跃于从古至今的智慧的交流、碰撞之下，智能和情感得到充分的、自然的激活，实际上是达到了中国美学课程提出的情感培养目的的。这真应验了"无心插柳柳成荫"之说了。

技能目标：中国美学课程都有详细的技能教学目标的规定，主要有以下几点：(1)培养学生欣赏美、热爱美、创造美的基本能力；(2)注重对学生理论能力的培养，提高学生的分析能力与文字水平，能够对人类审美现象进行整体的剖析；(3)能够站在理解人生、把握人生、探讨人生的基点上，理性地指导自己按照美的规律来进行生活的塑造，在生活中不断发现和体会生命的无尽意味。(4)具有对美学问题的独立思考能力，具有较高的审美鉴赏能力和艺术体悟能力，具有较强的实施美育能力。

中国大学制定的技能领域的教学目标非常抽象和理论化，由于缺乏足够的实践活动，往往很难落到实处而显得空洞。

美国大学的美学课程也都有详细的技能教学目标，归纳起来有以下一些要点：(1)通过课程论文的写作，锻炼批判性思维和美学论文写作能力；(2)能将所学知识运用于实践，能运用课程所学理论分析某一具体艺术门类的美学问题，或运用于写作和专题演讲当中；(3)引导学生关注美学理论问题，形成自己的美学观点，并能借助所学论证自己的美学观点；(4)能列出并解释关于艺术的哲学问题；能识别并描述艺术家、哲学家关于鉴赏品位、美、模仿、创造性等理论的论著；能清楚说出美学理论及其对当代艺术的影响；能实际运用解决问题和批判性思维的技能；(5)让修本门课程的学生对美学领域有足够的了解，以便于他们毕业后在专科学校教美学这门课程。

相比中国而言，美国大学的技能教学目标非常具体，操作性较强，并且易于检验。总的来讲，强调理论联系实际；强调艺术领域的美学问题；强调批判性思维能力的培养；强调美学论文写作能力的培养。

综观两国的美学课程教学目标，我们可以得出以下结论：

结论一：在认知领域的教学目标中，两国的大学共同要求学习该课程的

学生了解艺术领域的诸多美学问题；了解审美态度、审美经验等美感问题，显示了高度的一致性。

结论二：中国的课程教学目标在认知领域对美学学科的基本理论知识要求比较系统和全面，对作为美学基本理论知识重要资源之一的美学史上美学家们的睿智见解缺乏充分利用；对现实生活中涌现出的诸多美学困惑缺少关注和解答。此外，对理论知识的教学目标定位在记忆理解层面的多，结合艺术实践，将相关知识综合分析、运用的目标体现不足。美国的认知教学目标则要求学生能将所学美学理论知识，在理解的基础上达到会分析应用的程度，要能应用这些理论解释、指导艺术实践。美国的认知教学目标较好的体现了人文学科的学科功能——批判性思维，较强的分析问题、论证问题、解决问题的能力及学术论文写作能力。

结论三：中国大学的美学课程都有明确的情感教学目标的要求，相反，美国大学则极少有这样的规定。然而由于前述诸多原因，实际结果却恰恰相反。中国的美学课程情感教学目标极难达到，而美国大学则在不知不觉间悄然达到了中国制定的情感教学目标，这确实值得深思。此外，美国大学明确提出对学生学习态度和终身学习习惯和能力的要求，这也应该属于情感领域教学目标，同样值得中国大学借鉴。

结论四：中国大学在技能领域的教学目标比较笼统和抽象，要求较为宽泛。相比之下，美国大学要求更加具体，可操作性强。

二、单元教学目标

艺术问题是中美美学课程都一致讲到的问题，中美12所大学的教学大纲都对这部分的内容有明确的教学要求。为了便于比较，我们分别从两个国家各挑选出一所学校的美学课程教学大纲，共归纳整理出对于艺术部分的六大类教学目标。两所院校对于这六大类教学目标的具体要求见表2-2。

表2－2　两国艺术部分的教学目标

国别	教学目标	1. 有关艺术的一般性问题	2. 美学史上美学家们对艺术问题的论述	3. 现实生活中的艺术难题	4. 艺术的学科前沿问题	5. 具有中国特色的艺术问题	6. 艺术中的美感问题
中国	记忆	✓	✓				✓
	理解	✓				✓	
	应用						
美国	记忆						
	理解	✓	✓		✓		✓
	应用	✓		✓			

　　上表中，"有关艺术的一般性问题"包括：何谓艺术？艺术品？艺术品的本体构成；艺术与工艺的区别？门类艺术的审美特征；艺术、自然和美学。对于"艺术、艺术品的定义"，中国大学要求记忆，美国大学要求理解；对"艺术品与工艺品的区别"、"门类艺术的审美特征"，中国大学要求记忆，美国大学要求应用；对"艺术、自然和美学"的关系，中美两国都要求理解。

　　"美学史上美学家们对艺术问题的论述"包括：艺术再现论、艺术模仿论、艺术表现论、艺术的形式理论等。

　　"现实生活中的艺术难题"包括：艺术标准问题；艺术的社会角色；商业与艺术的关系；流行音乐算不算艺术？艺术与黄色作品的界限？现代艺术。

　　"艺术的学科前沿问题"包括：现代艺术理论；后现代主义与拒绝真理；艺术自治；艺术的现象学视角和分析哲学的视角；艺术中的认知。

　　"具有中国特色的艺术问题"包括：艺术品的核心——审美意象；艺术意

境的形上意味。

"艺术中的美感问题"包括：艺术中的审美创造、审美接受；艺术审美接受过程的心理特点。

从表2－2可见，对于艺术部分的教学，中国大学要求的是一些常规问题的了解和记忆，比如对于什么是艺术、艺术品、艺术品和工业品的区别、门类艺术的审美特征等问题的记忆层次的掌握。对于美学史上的一些艺术哲学思想限于结论式的介绍，不是通过阅读原典、讨论获得。对于现实生活中的艺术难题缺少关注，也很少涉及艺术领域内的学科前沿问题。对于艺术的美感问题作了专门的理论介绍，并作了记忆层次的要求。此外，中国大学还有自己富有民族特色的艺术哲学理论，在教学中作了理解层次的要求。从调查可见，对于艺术部分的多数教学内容，中国大学强调的是记忆层次的掌握。

就美国而言，美国大学对艺术部分的教学目标具有以下几个主要特点：(1) 重视让学生掌握美学史上美学家们的艺术哲学论述，并且都是通过细读原典、相关的课程论文来实现此教学目标的；(2) 重视理论联系实际，重视运用所学理论解释实际生活中遇到的艺术难题，不回避这些艺术难题，而是直面难题；(3) 注重学科前沿问题，注重运用新理论解释艺术问题；(4) 只重视西方美学史资源，对其他民族、文化的艺术哲学资源没有涉及。与中国不同，美国大学对艺术部分的教学目标更多的是从理解层次和应用层次提出的。

第二节　课程内容的比较

　　课程教学内容是课程具体物化的形式，教学内容的比较是课程比较的重点之一。通过第一章两国美学课程的描述性研究，我们从比较宏观的层面对两国的课程内容有了粗略的了解。而比较性研究则试图通过比较分析，进一步在定性和定量两个方面继续寻求两国教学内容方面的异同。

一、大纲内容比较

　　共性内容：两国美学课程都要对美学的学科历史、美学的研究对象、美学与哲学、与艺术的联系加以介绍，都要讨论艺术领域的诸多美学问题，都要谈论美感问题。

　　特色内容：反映了较大差异。中国的美学课程主要认为美学的研究对象在于人类独特的审美活动，因此，其课程内容重在围绕审美活动进行组织安排。主要按照以下这样一个知识体系的逻辑顺序安排教学内容：考察审美活动的历史发生及其本质特征——考察审美活动中的审美主、客体及其联系——考察审美主体的美感——考察审美客体的存在形态（审美领域）和审美风格（审美范畴）——重点考察作为审美存在形态重要领域之一的艺术的美学问题——审美教育与人生。美国的美学课程则一般认为美学就是艺术哲学，或美的哲学、鉴赏哲学，因此，整个教学内容就是围绕艺术谈论其美学问题。从美学史的角度，从现实的艺术世界的角度，从最新的学术理论的角度，总之，从方方面面谈论艺术哲学问题。即或教学过程中安排有美学的学科历史、美感等教学内容，对前者一般是简要介绍，却将后者融于对艺术的哲学探讨之中。此外，在中国，由于将美学学科分成"美学原理"和"美学史"两门课程进行讲授，中国的"美学"课程重在理论体系的建构，系统性、逻辑性、理论性非常强，其课程内容结构的理论自足性非常明显，教师讲授的内容环环相扣，缺一不可，但美学大家、美学经典不见踪影，而这些由"美学史"课程介绍。反之，美国的美学课程则都是以问题带出人物、思想观点，即以史论结合的方式组织课程教学内容。具体而言，就是围绕艺术确定一些主要的讨论问题，然后从古至今梳理出重要美学家、哲学家们对于这些主题的论述，有论有史，有人物、有思想，讲授内容之间没有严密的逻辑关系，理论体系性不强。两国美学课程内容比较具体情况见表 2 - 3。

表 2 - 3　中美美学课程内容比较

比较内容　　国别	中国	美国
结构框架	围绕审美活动组织课程内容	围绕艺术组织课程内容
内容特点	理论性、系统性、体系性强。体现了以学科为中心；以教师的教学为中心的教学方式。	课程内容之间没有严密的逻辑关系，比较松散。体现了以问题为中心，以重要思想家的论述为中心，以学生的学为中心的教学方式。

二、授课内容比较

课程特色内容的比较，说明了课程理念的不同，与国家的课程设置体系、学术研究状况和课程的历史发展等一系列因素有关。实际上，不仅特色内容能说明这些不同，共性内容也能从另一个角度表现出这些方面的差异。

为了比较中美两国美学课程共性内容方面的异同，我们对两国课程的共性内容进行定量和定性分析。定量分析设定每个比较方面课堂讲授的具体内容种类、所用的讲课学时数为比较指标，资料来源为各校的教学大纲和时间进度安排表。定性分析则从中国和美国各抽取一份相同教学内容的讲课大纲，分析教师讲课的主要内容，要求学生掌握的重点。另外，教学所依据的教材也是一个重要的比较方面，鉴于第三章将专章详细比较中美美学课程所用教材的异同，此处从略。

在前述三大方面的共性内容中，就第一方面而言，中国大学详细讲述美学学科的历史发展，美学与哲学、与艺术的关系，美学的研究对象、研究范围，美学的研究方法和学习美学的意义。一般第一堂"美学导论"课都要交待这些基本问题。美国大学的第一堂"美学导论"课，只是简单介绍作为哲学分支的美学，其"美学"概念的出现和含义；介绍哲学与艺术家、艺术史家、艺术批评家谈论的问题一样，但各自谈论的视角和所站的高度不同的美学家；还介绍哲学美学研究的领域不限于艺术，还把研究的范围伸展到自然，伸展到与感性有关的其他更广阔的领域的问题。调查显示，这部分的讲授内容，中国大学明显多于美国大学，内容上更系统、完整；讲课学时也明显多于美国大学的讲课学时，前者平均为3学时，后者为20—30分钟。

就第二方面而言，中国大学主要讲解艺术的定义、分类，各类艺术的审美特征。美国大学则围绕艺术，主要讲解如下一些问题：艺术能被定义吗？"艺术"这个概念是肯定性的评价概念吗？我们称某件工艺品为艺术品是称赞它吗？存在一些为所有艺术作品共享的质素呢，还是"艺术"这个概念是随着历史发展的？有关艺术的诸多理论：再现理论、情感理论、形式理论、制度理论。再现论，即认为艺术再现现实。认为最好的艺术在于最忠实地再现现实。但是，正如柏拉图所追问的，再现的艺术，其价值怎么能与原型的现实相比？艺术表情论，即认为艺术在于表现情感，最好的艺术在于最真诚最强有力地表现了情感。然而同样，这样的艺术又哪能与直接充分地倾诉情感的形式相比呢？形式理论，认为艺术在于具有赏心悦目的富有意味的形式。可是，是什么形式使艺术成为艺术的呢？为什么这样的形式就令人赏心悦目呢？审美价值说到底就是源于这样的形式吗？制度理论，即认为艺术是由艺术世界业已接受的观念所定义的。但是，艺术世界是由什么组成的？如果艺术是由艺术机构、艺术世界决定的话，那么是不是什么都可称作艺术？那些不被艺术世界认同的标准型的艺术品又怎么解释呢？等等。对于共性内容的这第二方面，中国大学远没有美国同行讲得细致、务实、全面。美国大学既有理论的分析，又有现实的追问，还有历史的佐证。相应的，所用课时也远远多于中国大学，平均为总课时的一半共计 28 课时左右。中国却平均只有 5 课时的授课时间。

就第三方面来讲，中国大学主要结合心理学，以专题形式，从理论上讲解审美的心理要素和心理过程，以及审美愉悦和审美超越，平均用 4 课时。美国大学则一般用 2 课时探讨审美经验与非审美经验的区别；审美经验存在吗？审美经验和审美属性问题。此外，美国大学没有像中国大学那样对审美经验系统化的论述，更多的是散见于对艺术问题的美学探讨中附带谈论审美经验问题。比如，对于"视觉艺术的心理学阐释"，就会谈到审美经验问题。

审美经验或美感问题是中美两国美学课程一致的教学内容，为了进一步分析两国在本章教学内容和学时安排等方面的差别，我们分别从两个国家各抽取一所学校的教学大纲和学时进度安排进行比较。比较以教师的讲课大纲作为依据，具体分析两国教师在授课内容、讲课方式和教学重点等方面的不同。具体情况见表 2 - 4。

表 2 - 4　中美教师"审美经验"授课内容比较

	首都师范大学	普度大学
讲授问题数与学时	4 大问题，2 学时。	2 大问题，其中第 1 大问题包含 24 个小问题；第 2 大问题包含 2 个小问题。共 8 学时。
授课逻辑顺序	审美经验概念→历史上对审美经验问题的探讨→审美经验的本质与特性→审美经验结构及其功能→审美经验的过程→审美的文化动力	审美经验的本质→休谟的《论趣味的标准》→比尔斯利文章"趣味有高下"→杜卡斯文章"趣味无争论"
重点内容	审美经验的本质与特性、结构及其功能、审美经验的过程，占教学学时的 1/2—2/3。	审美经验的本质，占教学学时的 1/2—2/3。

中国的教师注重教学内容的系统性和完整性，从审美经验概念，到历史上对审美经验的探讨和论述，到自己对审美经验本质与特性问题的看法，到审美经验的结构和功能、审美经验的过程、影响审美经验的文化因素等，遵循的是先介绍所论述问题的历史背景知识，然后提出自己的观点，最后层层论证自己的观点的思路，注重的是对问题清晰、逻辑连贯、层次分明地介绍，讲解的程度比较深，理论性、系统性较强，在教学目标中也要求学生系统掌握审美经验的相关问题。

美国教师的讲课内容，并不注重教学内容的系统性和完整性，而是重在提出问题，重在提出历史上、理论上、现实中涌现出的与审美经验相关的诸多问题，启发学生对这些问题进行思考，得出自己的结论。总之，美国教师重在启迪学生的思维，而非给出貌似科学、正确的一成不变的结论。比如，对于"审美经验"概念，美国教师不是一开始就像中国教师那样给出何谓审美经验的定义，而是提出一系列问题：审美经验显然应被称作"情感的审美经验"，还是它只是总包含着"情感"的因素？看到、听见或视某样东西为美的，就一定是一种"情感"的判断吗？为什么？如果美的感受是情感的，那么这种情感感受与别的非审美的情感感受有何异同？如果审美经验是情感性的，那么它必须包括像悲伤这种独立于审美情景的情感吗？如果回答是肯定的，那么审美情感包含一种共同的感情比如悲伤，美感是附加其上的。另一方面，是否存在这样一些审美经验，我们可以称它们为情感的审美经验，但却不包含日常的比如悲伤这类的情感因素？如果确有这样的审美经验存在，那么，至少有些审美经验只包含审美情感，或者说这些审美情感作为一类情感经验，不同于非审美情感，也不同于含有共同情感因素比如悲伤的审美经验。这样的话，就存在两类审美情感：一类为含有共同情感因素的审美经验；一类为不含共同情感因素的审美经验。如果审美经验在以上两种情况下都是情感性的，那是不是面对不同的艺术形式都会有相同的审美体验呢？比如，我们从绘画作品中会获得与从音乐和诗歌欣赏中一样或类似的情感体验吗？如果这种体验只是相似的，那么是否仍然有共同的比如都是审美的因素存在呢？或像维特根斯坦所言它们只是具有家族相似的特点？或者可不可以说美感本身不是情感性的，而只是它引起人们情感性的反应？也就是说，感知某件事物为美是一回事，随感知而来的情感是另一回事。比如，我们可能感受到一首乐曲的美，然后通过感受这首乐曲独特的美，悲伤之情油然而生。如果能将美的感受与由其激起的情感如前所述截然分开，那么，美的感受就不是一种情感经验，或者说美的感受及与之相关的任何情感都不是一种单独经验的各方面，所以没有情感的美的感受事实上可能吗？如果可能，它仍然能被称作审美经验吗？比如，你能只听一首乐曲的美而不激起你的情感反应吗？如果是这样的话，这还能称为是一种审美经验吗？那么，美的感受与由美的感受激起的任何情感都是审美经验的不同组成部分吗？你可以单独将它们分开分析，但事实上它们却彼此制约、不可分开，这正如你不能仅仅不动感情地听一首乐曲的美，或者说你也不可能不听乐曲的美而只动感情地回应它。如果并非所有的审美经验都是情感性的，那么我们能否说审美经验只是包含某种感觉？这就需要搞清楚情感（emotion）与感觉（feeling）的区别，

比如幸福是一种情感，愉悦则是一种感觉。我们能否说所有的情感都是感觉，而非所有的感觉都是情感？那么，什么样的感觉才涉审美经验？有很多不同的感觉能被称为审美感觉吗？还是只有某种感觉是审美感觉？另外，面对某件物品的既非情感的又非感觉的反应能否是一种审美反应？比如某些审美经验能否是些认知经验，或由对知识产品的大脑的经验引起？古德曼就认为思考与推理是审美经验最重要的因素，将思想与情感截然分开是一大错误，你同意他的观点吗？审美经验只是对美的艺术品和自然的经验呢？还是还有别的，比如对丑的事物的经验？不同物体都能给人带来审美经验，那么这些不同事物带给人的审美经验是相同的还是不同的？艺术作品为了被称为"好"的或"有价值"的艺术品，必须给人以审美经验吗？艺术作品的艺术价值与审美价值有何不同？艺术作品的审美价值是由什么决定的？审美经验必须是愉悦的吗？反之，则不能被称为审美经验吗？对某件物品非道德的反应能否被称为审美经验？如果能，怎么能？如果不能，为什么不能？艺术家以艺术的名义的不道德行为能被认为具有某些审美价值吗？克里斯·博登在南加州曾持枪抢劫了一个加油站并有意将之作为一件他所创造的独特艺术品而非普通案件昭示于人。他使用的武器及戴的滑雪面罩在 70 年代末芝加哥现代艺术博物馆展览出来。我们怎么能理解这样的行为是一件艺术品呢？这可能吗？如果可能，这样的作品具有审美价值吗？伦理学与美学的关系是怎样的……可见，与中国教师对审美经验的灌输式讲解不同，美国教师重在提出问题，启迪学生思考问题，并得出自己的结论。

当然，美国教师对审美经验问题的讲课方式是与其教学的实际情况密切相关的。一般来讲，在美国大学，尤其是美国美学课程的教学一般为小班教学，多则 20—30 人，少则 10 人左右，教师便于组织课堂讨论，开展学生参与的课堂双边活动。同时，美国教师在上第一次课时，都要发给每一位学生该门课程的教学大纲（syllabus），详细列有教学内容和教学时间安排，比如普度大学对审美经验部分的教学内容安排在第 3、4 周讲解，要求学生课前的阅读材料有：审美经验的本质是什么？（发放的资料）；休谟的《论趣味的标准》第 483—490 页；"趣味有高下"（比尔斯利）（文章）；"趣味无争论"（杜卡斯）（文章）。并明确规定学生课前必须认真读完这些材料，其内容将列入考试范围。学生课前详细阅读了大量的相关资料，并形成、提出自己的疑难问题，上课时则能积极参与课堂讨论，各抒己见，彼此启发，从而形成自己对该问题的独特看法，锻炼了自己的批判思维能力及分析问题、解决问题的能力。对这部分教学内容，教学大纲还明确要求学生需就审美趣味的客观性、主观性问题写篇专题论文，就休谟、杜卡斯和比尔斯利对此问题的观点提出自己的看法，要求论文长度为 5—7 页，还必须附上脚注和参考文献，论文成绩将占总成绩的 15%。通过这种考核、评估方式，促使学生查阅资料写作论文的教学方式，既锻炼了学生的论文写作能力，又巩固、深化了他们对审美经验问题的学习和认识，从而使学生对知识的掌握更加牢固，学生的知识迁移能力也得到了增强和锻炼。

总之，通过共性内容的比较分析可以看出中美美学课程内容存在以下差别：

差别一：中国的课程教学非常重视学科理论知识体系的系统性和完整性，从一个理论原点出发，建构起彼此相连、逻辑性极强的理论体系，重视讲授内容的面面俱到和理论性。美国的讲课则更重视内容的问题性、前沿性和适用性，课堂讲授内容很少，他们的教学内容在学科理论知识系统性和完整性方面没有过多的要求，注重从历史和理论的角度，从实际需要出发，介绍最主要和最常见的美学问题，解答学生听课和阅读中的疑难问题，并要求学生在掌握基本理论知识的基础上，要有知识迁移的能力，在已有的知识基础上扩展掌握新知识，解决新问题。

差别二：美国的美学课程教学非常重视"艺术"问题，艺术是一条主线自始至终贯穿于整个美学教学过程中。即便是对审美经验的讲解，也通篇充斥着对具体艺术作品审美经验的分析。可以说，仅艺术领域的美学问题的讲解、分析、讨论就占了总学时的 70%。中国大学则将之作为美学领域的一小部分内容，所用课时甚少，平均只有 5 课时，与美国形成了极其鲜明的对比。

第三节　课程实施的比较

　　课程与教学虽有关联，但又是各不相同的两个研究领域，课程强调每一个学生及其学习的范围（知识或活动或经验），教学强调教师的行为（教授或对话）；课程与教学存在相互依存的交叉关系，而且这种交叉不仅仅是平面的单向的；课程与教学虽是可以进行分开研究与分析的领域，但是不可能在相互独立的情况下各自运作。[①]课程与教学有着紧密的关系，我们在进行中美两国美学课程的比较研究时，必然要将教学问题列入比较范围。课程实施从课程种类、教学组织形式、教学方法和考核方法等方面进行比较，见表2－5。

表2－5　中美美学课程实施比较

	中　国	美　国
课程种类	理论性课程	理论性课程
教学组织形式	班级授课为主，教学组织实施主要是教研室负责制	班级授课、小组学习和个人学习，教学组织实施是课程负责人负责（course leader or coordinator）

① 杨启亮：《课程改革中的教学问题思考》，《教育研究》，2002，(6)：49—53。

	中　国	美　国
课程种类	理论性课程	理论性课程
教学方法和手段	方法：讲课为主，一两次讨论 手段：多媒体电子幻灯、辅助学习课件	方法：讲课、讨论、案例分析（case study）、自学 手段：多媒体电子幻灯
考核方法	闭卷理论考试占 80%—90%，作业占 20%—10%	开、闭卷理论考试；论文、报告、综述、出勤率和课堂参与情况

一、教师与学生角色定位

中国的课程与教学传统，深刻地体现在教和学的行为规范中，教师的教是"师者，所以传道授业解惑也"，学生的学则是"博学之、审问之、明辨之、笃行之"。课堂教学形式一般为"单向传授型"或曰"讲座型"，即教师站在讲台前讲授，条分缕析，这种授课方式贯穿整堂课；学生坐在下面听讲记笔记。教师充当的是知识传授者的角色，处于主动地位；学生充当的是知识接受者的角色，处于被动地位。整节课基本上都是教师在讲，学生洗耳恭听，跟着教师的思路走。这种角色定位致使"教师为主导，学生为主体"的教学失去了平衡。一方面，教师的主导功能受到强化和扩张，因为高等教育改革、教学质量评价等的评价对象是教师，因此，教师非常强调和重视教的功能的发挥，很多专业教师在研究具体如何教方面花费了大量的时间和精力；另一方面，学生的主体功能遭到弱化而萎缩，因为从基础教育到高等教育阶段，学生习惯于听老师讲课，吸收老师传授的知识，掌握老师要求掌握的重点，一旦离开了老师，很多学生就不知道该学些什么、如何学。

美国的教育传统与我国的很不一样，教师和学生的地位与角色与我国有比较大的差异。教师与学生是平等的关系，课堂教学形式显得丰富多彩，一般多为"双向交流型"，即侧重教师与学生、学生与学生之间的相互交流。

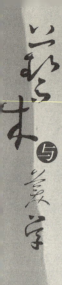

教室里没有高高在上的讲台，教师站在学生面前，或与学生围坐在一起。教师不仅是知识传授者，更多充当的是课堂教学组织者、协调者和指导者的角色。相应的，学生不是被动的知识接受者，更多的是充当积极参与者的角色。

二、教学方法和技巧

　　总体而论，中国大学的课堂教学非常严谨有序，中国教师在教学方法和技巧掌握方面明显高人一筹。在充分理解大纲和教材的基础上，教师往往非常重视课堂设计，对教材内容进行必要的加工，精心设计教学各环节，比如教学内容、教学时间、教学方法和教学手段等，以保证每堂课教学目标的顺利实现。中国的这种传统教学方式有其自身的优势和特色。专业教师通过系统的讲授，能够保证课程主要教学目标的实现，保证学生对学科课程专业知识学习的系统性和完整性，促进学生在掌握学科基本概念、基本事实、基本原理的基础上，从这些基本知识演绎推导出其他一系列知识，有助于提高学生的理解能力和分析能力，从而为发展其他职业能力建立坚实的基础。随着中国教育改革的逐步深入和推进，中国教师也在努力改进教学方法，在美学课程的教学中引进了讨论式教学、案例教学等方法，增加自学内容和自学时间，努力做到教学不但应"授之以鱼"，而且要"授之以渔"，解决好教知识与教方法的矛盾。

　　在美国大学的课堂里，教师不会介绍太多，常常会在课前给学生一份读书清单，要求学生一周内读完哪些书目并写出读书报告上交，让学生自己归纳总结知识并就读书内容积极参与课堂讨论；也会有大量写作练习，教师经常要求学生上交小论文。教师常常花大量时间评价学生的读书报告和论文，或组织大家一起讨论，而不是花大量时间直接讲解和传授知识。美国大学课堂的另一个特点就是专题讨论课。主讲人稍作介绍和要求以后，大家提问、讨论，教师鼓励学生充分发挥自己的想象力，而教师自己也以普通一员的身份参与讨论。这些讨论既结合教学内容往往也有些"超前"，课堂气氛总是轻松自由的，主讲人不时来点幽默，甚至每次课堂备有酒水，对听众的言行没有过多限制。生活化教学和专题讨论课确实是美国教育的特色和精华。在美国的大学里，很多教师在新学期开课时就把该门课学习结束时所要解决的问题介绍给学生，学生再根据教师推荐的课本及上课讲述的内容进行学习。由于有些问题事实上没有一个明确的答案，故学生在做练习或回答问题时难免有错，学生经常会就某一问题展开讨论，而这时候老师的责任就是如何引导学生积极思考，开拓思维。

（一）教学方法的比较

调查的中国 6 所大学除北京大学外，都建设有自己的美学课程网站，比较注重教学方式的改进与创新，主要表现在：1.改变单一的纸质媒介、板书教学的传统模式及"满堂灌"的传统教学方式，把先进的多媒体教学方法引入课堂，大都开发制作了与教材相配套的多媒体教学软件用于课堂教学；2.课堂教学除了教师主讲这种方式外，都安排有专门的课堂讨论时间，一般一学期 2 次；3.在课下努力展开科研式教学，都给学生安排有 1—2 次课题与论文写作，以提高学生的分析能力与文字表达水平。

美国大学的教学方法主要有讲演式（lecture）、课堂讨论式（seminar），并不注重借助多媒体教学课件图文并茂地讲解教学内容。在调查的 6 所美国大学中，除了一所大学教师课堂教学利用了电子幻灯，其余 5 所大学教师都主要采用的是讲演式和课堂讨论式的教学方式。美国大学一般是小班教学，所以，所谓讲演式（lecture）教学，是指教师一般花 10 来分钟讲完一个问题后，学生就可以结合预先所读材料和听课情况提问，师生双方一起共同讨论，直到没人对刚才讲的问题再提出疑问，教师接着讲下一个问题。美国大学普遍采用的是这种讲演式教学方式，实际上是一种教师主讲和师生一起讨论的混合式的教学方式。这种讲演式教学法是不同于中国大班教学中教师整堂课独占主角的讲课方式的。课堂讨论式（seminar）则是指教师讲课过程中，

学生可以随时举手发问。对于本科生而言，一般采取的是讲演式（lecture）教学方法。

另外，美国大学开课时就给每位学生发有课程大纲（syllabus），详细列有教学进度和每次课所需要提前看的资料清单，注重学生学习的自主性。

美国大学校园网络系统发达，虽然任课教师并不注重开发多媒体课件用于教学，但由于学校的网络资源非常丰富，学生几乎人手一机，且上网十分方便，所以教师一般都将所有的课程资料挂在网上，以方便学生的学习、研究。

总的来讲，调查的 6 所中国大学虽然在教学方法上都进行了一定的改革和创新，但相比美国大学而言，主要还是一种"灌输式教学法"，以积累知识为目的，以教师传授知识、学生记忆知识为手段。反之，美国大学则采用的是一种"发现式教学法"，以开发学生创造能力、批判性思维能力为目的，以教师启发、诱导，学生积极思维为手段。

（二）考核方法的比较

两国美学课程的考核方法也有很大的不同。如表 2 - 5 所示，中国大学主要的考核方法就是采取闭卷理论考试的方式，一般是一次期末考试（有的大学包括期中、期末两次闭卷理论考试）、两次平时作业（小论文，2000—3000 字左右）决定该门课程的成绩。闭卷理论考试的题型主要有：填空题、名词解释、单选题、判断题、简答题和论述题，重在考察学生对所学理论知识点的理解和记忆情况。闭卷理论考试占总成绩的 80%—90%，作业占 20%—10%。

美国大学的考核方法在其课程大纲（syllabus）中有清楚详细的规定，一般由以下几部分共同决定该门课程成绩：1. 出勤率和课堂参与情况。美国大学上课前一般都要打考勤，作为评价学生课程成绩的参考或加分因素，一般占总成绩的 5%—10%。对学生按时上课、积极参加课堂讨论都有明确、严格的要求；2. 论文。调查的 6 所美国大学全都规定学生必须撰写专题或学科论文，一般为专题小论文（题目已定或自选）2 篇（5—6 页），学科论文一篇（12—14 页），占总成绩的 15%—30% ；3. 开、闭卷理论考试。一般有 1—3 次课堂考试（或一次期中考试）和 1 次期末考试，均为全面的综合性考试，内容不仅包括所讲所学课堂、教材内容，还包括指定的阅读书目而未曾讲过的部分，从而督促学生自觉自主地学习。期末考试成绩一般占总成绩的 25%，课堂考试成绩则占 20%—60%。

　　总之，中国大学的考核方法着重考核检查学生对基础理论、基本知识的掌握情况，美国大学的考核方法则着重考核学生发现问题、提出问题及分析问题、解决问题的能力。较之中国，美国大学的考核方法更为多样、细致、易于操作和执行，能较为全面地考察学生运用所学理论知识批判性地分析问题的实际能力。

第三章

中、美大学《美学》教材比较

教材（教科书）是课程的具体化。《中国大百科全书》（教育卷）关于教材的定义是这样给出的："教材一般有两种解释：(1) 根据一定学科的任务编选和组织具有一定范围和深度的知识和技能体系。它一般用教科书的形式来具体反映。(2) 教师指导学生学习的一切教学资料。它包括教科书、讲义、讲授提纲、参考书刊、辅导材料以及教学辅助教材（如图表、教学影片、唱片、录音和录像磁带等）。"①本书取第一种解释。

教材（教科书）明示了必须教什么，乃至怎么教，贯穿了某种思想方式或思想体系，包含了一系列经过精选的基本概念、思考的方式方法、各门学科学习的指针。教材（教科书）是将预先规划好的课程，根据教学计划在教室中实施的重要媒体之一。许多教科书内容中还收集了各种相关信息、思考题（甚至测验题）、参考书目录、学习指引等重要的辅助素材。即使在电脑与卫星通信极其发达的现代社会，最强有力、最广泛普及的教育媒体依然是教材（教科书）。这就是说，教材（教科书）对于学生来说是获取该课程知识的基本渠道，对于教师来说是不可或缺的良师益友。因此，课程比较应该包含教材比较。为此，我们选择 10 本美学教材（中国 5 本，美国 5 本）进行比较，有助于加深对中美两国课程教学内容的了解。

用于比较的教材主要是基于以下一些因素确定的：(1) 为比较院校授课教师在其教学大纲中指定的美学教材；(2) 出现在授课教师指定的教学参考书中的教材；(3) 分别为中美两国现正通行的美学教材。需要说明的是，美国教材的编写与中国的有所不同，中国教材的编写往往是一种行政任务，按国家教材规划，由一批教材编写组成员或个人，按某一理论构想编写成自成体系、逻辑严密的理论著作而成，是某种程度的统编教材，全面、系统地阐述该学科的基本知识和已有学术成果，以理论专著的形式出现。进行比较研究的 5 本中国教材除一本外，全是"高校文科教材"、"国家级重点教材"、"面向 21 世纪课程教材"等，都以理论专著的形式出现。美国没有统编教材，

① 见《中国大百科全书》（教育卷）电子网络版"教材"目。

美国的教材除了个人编写的理论性质的专著外，还有一种很重要的教材形式，

即文选性质的教材。这是按时间顺序或以问题为中心，将该学科领域的重要文章、著作节选集结成册而成的教材形式。一般来讲，在美国大学的美学教学中，教师往往会给学生指定两种教材：理论专著形式的教材和文选性质的教材。所以，在比较的美国教材中，我既选有理论性质的教材，也选有文选性质的教材进行比较。选择依据也如前所述。另外需要强调的是，入选的所有美国教材在美国的官方学术网站——"美学在线"网站上均有良好书评，因此选择它们进行比较具有代表性，可据此了解美国当前的美学教学情况和学术讨论情况。入选教材的具体情况见表 3 - 1。

表 3 - 1 教材比较情况

序号	主编	教材	出版社	出版时间、版次
1	杨辛、甘霖	《美学原理新编》	北京大学出版社	1996 年 第三版
2	刘叔成等	《美学基本原理》	上海人民出版社	2001 年 第三版
3	王旭晓	《美学原理》	上海人民出版社	2000 年版
4	朱立元	《美学》	高等教育出版社	2001 年版
5	王德胜	《美学原理》	人民教育出版社	2001 年版
6	Dickie	*Introduction to Aesthetics:An Analytic Approach*	Oxford University Press	1997
7	Lamarque and Olsen	*Aesthetics and the Philosophy of Art*	Blackwell Publishing Ltd	2004
8	Neill and Ridley	*Philosophy of Art (Readings Ancient and Modern)*	McGRAW-HILL, INC	1995
9	Carroll, Noel	*Philosophy of Art, a Contemporary Introduction*	Routledge	1999
10	Gordon Graham	*Philosophy of the Arts, An Introduction to Aesthetics*	Routledge	2000 年 第二版

第一节　总体框架的比较

各教材的总体框架如下：

教材 1 自 1983 年出版后，先后出过三版，本文的比较依据其最新版。教材 1 的总体结构框架如下：除绪论也即第一章总体介绍什么是美学，学习美学的意义和怎样学习美学这些学科入门问题之外，包括 16 章，其中，第二至第十二章，从审美活动中审美客体的角度，分别讲述美的本质及形态（社会美、自然美、艺术美、形式美）、美的类型（优美与崇高、悲剧、喜剧）。第十三至第十七章，讲述审美活动中审美主体方面的内容，有美感的本质特征，美感的心理因素，美感的差异性、普遍性以及美育，认为美育属审美主体审美能力的提高，即如何培养正确的审美观与欣赏美、创造美的能力，所以也属审美主体方面的内容。需要说明的是，在审美客体部分的论述中，单列出第七章"意境与传神"这两个中国美学史上特有的属于艺术美范围的内容加以论述。在审美主体部分的论述中，也专门列出第十六章，介绍现代西方审美心理学的主要流派。每章后面均附有思考题。

教材 2 除绪论介绍美学的研究对象和范围，美学与其他学科的关系，美学研究的方法论问题之外，分三编分别介绍美（美的本质与特性；美的形式与形式美；现实美；艺术美；崇高、滑稽、优美与丑）、美感（美感的本质与特性；美的欣赏与判断；美感的心理要素）、美的创造（美的创造的一般规律；现实美的创造；艺术美的创造；美育）。每章后面附有复习思考题。教材最后附有参考书目。

教材3由绪论和五编共十三章组成。绪论概略介绍什么是美学，其余五编立足于审美活动，从各方面研究审美活动，在此基础上形成美学学科体系。具体讲，第一编（共3章）对审美活动与美进行总体地考察；第二编（共5章）对审美客体展开分析与具体考察；第三编（共2章）对审美主体展开分析与具体考察；第四编（共2章）对审美心理过程作具体地分析；第五编（共1章）对审美教育问题展开探讨。

教材4共六编19章，六编分别是：导论（美学学科与美学基本问题）、审美活动论、审美形态论、审美经验论、艺术审美论、审美教育论。全书在以实践论为哲学基础、以创造论为核心的审美关系理论的基础上，建构起美学理论框架。全书贯穿了"审美是一种基本的人生实践"、"广义的美是一种特殊的人生境界"的主旨。

教材5除了第一章"什么是美学"带有导言性质，介绍美学的历史与现状、美学的学科定位、美学的对象和方法、怎样学好美学之外，还包括九章，这九章以审美活动为基点，分别从人类审美发生、美的本质、美的存在、审美类型、审美经验及其结构与过程、审美判断、艺术审美与创造、审美文化特征及其生产与消费活动、审美教育等各个方面，对美学中的诸多重要理论问题进行了系统地论述。每章后面附有该章小结和"本章复习重点"和"本章阅读书目"，教材最后附有参考书目，帮助学生进一步学习。

教材6除前言外，由四编16章组成。第一编：分析美学的历史。包括六章，即：导论；美论——从柏拉图到19世纪；20世纪的审美态度；后批评主义——审美态度的替换物；艺术理论——从柏拉图到19世纪；20世纪的艺术理论——从1914年到20世纪50年代。第二编：20世纪的美学——从20

世纪 60 年代至今。包括两章，即：艺术理论的转向和新发展；艺术的制度理论。第三编：美学中的四大问题。包括四章，即：意图论批评；艺术符号论；隐喻；表现。第四编：艺术评价。包括四章，即：20 世纪的评价理论——主观论、直觉论、情感论、相对论和批评单元论；比尔斯利的工具主义；古德曼的工具主义；其他工具主义。教材最后附有结语和各章注释及参考书目和索引。

教材 7 是本美学文集。除了前言、致谢和对文集的总体介绍之外，包括十一章，分别是第一章：识别艺术，选编了维兹的《理论在美学中的作用》、乌尔姆森的"什么使得一种情境是美的"、丹托的"艺术世界"、列文森的"历史地定义艺术"、迪基的"艺术的新制度理论"、比尔斯利的"艺术的美学定义"和戴维斯的"维兹的反本质主义"；第二章：艺术本体论，选编了马格里斯的"艺术作品的本体论特性"、列文森的"什么是音乐作品"、基维的"音乐中的柏拉图主义"、格雷格·加里的"作为行为种类的艺术作品"；第三章：审美属性，选编了西布利的"审美概念"、沃尔顿的"艺术种类"、菲利普·柏蒂德的"审美现实主义的可能性"；第四章：意图和阐释，选编了俄尔森的"文学作品的意义"、比尔斯利的"意图和阐释：谬误复兴"、列文森的"文学中的意图和阐释"、罗伯特·斯德克的"结构主义者的两难选择"；第五章：艺术价值，选编了斯特罗森的"审美评价与艺术作品"、西布利的"特性、艺术与评价"、赛维尔的"时间的检验"、布德的"艺术价值"、拉马克的"悲剧与道德价值"、高特的"艺术的道德批评"；第六章：虚构（Fictionality），选编了雷德福特的"我们是如何被安娜·卡列琳娜的命运感动的"、沃尔顿的"惧怕小说"、赛维尔的"小说讲述的逻辑地位"、拉马克的"我们怎么会对小说产生害怕和怜悯之情"、斯托尼兹的"论艺术的认知点滴"；第七章：图像艺术，选编了沃尔顿的"再现是些符号吗"、斯古路顿的"摄影和再现"、梅兰德的"原作、复制品和审美价值"、布德的"图画是怎么看的"、乌尔汉姆的"论图像再现"；第八章：文学，选编了鲁滨逊的"文学作品中的风格与个性"、俄尔森的"文学美学与文学实践"、拉马克的"作者之死：分析的解剖"；第九章：音乐，选编了斯古路顿的"理解音乐"、基维的"音乐的深奥之处"、鲁滨逊的"音乐中情感的表现与唤起"；第十章：流行艺术，选编了卡罗尔的"电影的力量"、布卢斯·鲍的"给任何摇滚音乐美学的前言"、戴维斯的"摇滚音乐与古典音乐"；第十一章：自然美，选编了黑普本的"当代美学及其对自然美的忽视"、卡尔松的"欣赏与自然环境"、布德的"对自然的审美欣赏"。每章先总体介绍该章主题、所选文章，然后附上原文。

教材 8 也是一本美学文集，除了前言、致谢和总体介绍外，包括四章，分别是：第一章：艺术家——创造性概念，选编了柏拉图的《伊安》、华兹华斯的《抒情诗》前言节选、尼采的《悲剧的诞生》节选和《努力自我批评》节选；弗洛伊德的"富于创造性的作家与白日梦"；艾略特的"传统与个人天赋"；杜威的"实际经验"；伽达默尔的"艺术的游戏"；巴特斯百的《性别与天才》节选；第二章：艺术作品，有两个主题：内容与形式；艺术品的定义。前者选编了贝尔的"审美假设"、格林博格的"现代派绘画"、柯林武德的《艺术原理》节选、伊利亚特的"审美理论与艺术经验"、色赛罗的"艺术的表现属性"。后者选编了维兹的"理论在美学中的作用"、曼德尔鲍姆的"艺术的家族相似性"、丹托的"艺术世界"、迪基的"艺术的新制度理论"、列文森的"历史地定义艺术"、艾尔德里奇的"内容与形式：一种艺术的美学理论"；第三章：观众，包括两个主题：趣味的逻辑；意图与阐释。前者选编了休谟的"趣味的标准"、康德的"美的分析"、布洛的"心理距离"、西布利的"审美概念"、沃尔顿的"艺术的种类"、卡维尔的"审美判断与一种哲学主张"、伊森博格的"批判性交流"。后者选编了维姆萨特和比尔斯利的"有意图的谬误"、巴特的"作者之死"、赫什的"捍卫作者"、乌尔汉姆的"作为拯救的批评"、巴克森朵尔的"有意识的视觉兴趣"、鲁滨逊的"文学作品中的风格和个性"、菲什的"这个班里有教科书吗"、松塔格的"反对阐释"；第四章：艺术——目的和危险，选编了柏拉图的《理想国》节选、亚里士多德的《诗学》节选、托尔斯泰的《什么是艺术》节选、杜威的"艺术与文明"、阿多诺的"论音乐的物神崇拜特性与听力的衰退"、比尔斯利的"人类生活

中的艺术"、洛克林的"为什么历史上没有出现过伟大的女艺术家"。所选的每一主题下的每篇文章前都附有导读。

教材9除了致谢和导言之外,包括5章,分别是:艺术与再现;艺术与表现;艺术与形式;艺术与审美经验;艺术、定义和身份识别。教材每章结尾有小结和详细的供进一步学习、研究的推荐书目。

教材10除了导论外,包括九章,即:艺术与愉悦;艺术与情感;艺术与理解;音乐及其意义;从绘画到电影;诗歌与解释;作为艺术的建筑;评价与自然美;艺术理论。每章结尾有小结和供进一步阅读的参考书目。教材最后附有各艺术形式的网站和参考资料,供学生学习理论的同时,通过网站和列出的参考资料,欣赏、熟悉各种艺术形式。还附有供进一步学习的参考书目。

结论:总体框架方面,中国的5本美学教材,全都在开篇的导论、绪论或第一章里专门介绍了美学是什么、学习美学的意义和方法等学科入门性问题。5本教材虽然内容的编排各有特点,但大致分成四大块进行构架:审美客体或审美对象方面(讲述美的本质、根源及美的存在形态和审美类型);审美主体或审美意识或美感或审美经验方面(讲述美感的本质特征,美感的心理因素,美感的差异性、普遍性、美的欣赏与判断);艺术方面(阐明艺术的本质、内容与形式、种类,以及艺术创造活动的规律性和作为这种创造成品的反映、评价的艺术欣赏、艺术批评等问题);美育或审美教育方面(论述美育的内涵、目的、特点及功能、地位和实施)。教材1、2、4每章后面附有思考题,帮助学生理解所学内容。教材2、5后面附有供学生进一步学习、研究用的参考书目。

总体上看,美国的5本教材与中国教材有很大的不同。中国美学教材重理论构架,总是基于某一理论原点架构起逻辑严密的理论体系;美国美学教材则注重史料和问题,教材整体性、系统性没有中国教材强,主要是以各问题为纲,以从古至今的美学史料为线,呈散点状将教材内容串连而成。大体来讲,美国的5本美学教材主要围绕艺术,讲其方方面面的理论问题;另外,美国教材除了教材 9 外，每本教材各章节都有帮助学生理解、学习的导读部分；所有教材要么在每章之后，要么在全书最后都附有供进一步学习、研究用的参考书目和参考资料。

第二节 总论内容的比较

所谓总论内容，即是指每本教材对整本教材内容的总体说明。在两国的教材中，主要表现在绪论、前言、导言或第一章中。通过两国教材总论内容的比较，我们可以看出两国教材的编写目的及总的特色的不同。两国教材总论内容的大致情况见表 3 - 2。

表 3 - 2 两国教材总论内容的比较

教材	美学（分析美学）的历史和现状	美学的研究对象	美学与其他学科的关系	学习美学的意义	研究、学习美学的方法	教学基本内容的说明和安排	编写本教材的目的	致谢	占整本教材的比例
1	✓	✓		✓	✓	✓			4%
2	✓	✓	✓		✓				5%
3	✓					✓			3%
4	✓	✓	✓	✓	✓				17%
5	✓	✓	✓	✓	✓				9%
6	✓					✓	✓	✓	3%
7	✓					✓	✓		1%
8						✓	✓	✓	1%
9	✓					✓	✓	✓	6%
10						✓	✓	✓	1%

从表 3 - 2 所列信息可见，中国教材总论部分的内容与美国教材相比，前者占整本教材的比例明显多于后者，主要概述什么是美学（美学学科的诞生、美学的研究对象）；美学与其他学科的关系；学习美学的意义及方法。而美国教材则主要是对教材的编写目的、教材的基本内容作些说明，对帮助过自己编写本教材的方方面面致谢。中美两国教材总论内容的具体情况分述如下：

中国方面：对于什么是美学，主要观点是美学作为一门独立的学科形成于近代，但美学思想却中外自古有之。对于美学的研究对象问题，中国的 5 本教材都认为到目前为止，中外美学家皆尚无定说，分别论述了几种基本观点，即美学就是研究美的科学，美学就是艺术哲学，美学就是研究审美心理或审美经验的科学等，然后提出了自己的看法，主要有以下几种观点：美学是研究人类审美活动（或审美现象）的科学。审美活动的各个方面（审美活动与美；审美客体；审美主体；审美心理过程；审美教育）构成美学研究的对象，在对这种对象系统研究的基础上形成了美学学科体系。王旭晓、王德胜、杨辛编的教材就持此论。刘叔成等主编的教材则把人与现实的审美关系当做美学研究的对象，其具体的研究范围实际上跟前面所提到的教材的研究范围是重合的。朱立元主编的教材提出美学是对现实中以艺术活动为典范（重点）的审美活动进行思考、解释的学说与理论，具体来讲，主要包括审美活动的历史发生，审美活动中的主客体，审美经验（审美心理过程），作为人类审美活动中最重要、最典型、最高级的艺术活动的诸多问题，审美教育这样几部分内容。

中国教材认为美学是一门跨界的边缘学科，属于人文学科，同哲学、伦理学、心理学和艺术理论等有着密切的关系。

作为人文学科，中国教材认为学习美学的根本意义在于促进人生的审美化。同时，作为一种理论体系，美学要从哲学的高度分析人类的审美现象及其相关的各个方面，展现人类审美世界的丰富内涵，解答与美有关的各种问题，揭示审美规律，探索和帮助人们理解审美活动和美。美学还要指导人

类的审美实践。美学研究的方法是多元的，但其核心方法是哲学方法，具体讲，在美学研究中，应贯彻以下几项原则：思辨与实证相统一、理论与实践相统一、历史意识与当代意识相统一、兼收并蓄与民族特色相统一。要学好美学，则需"掌握一定的美学史知识、学习一定的心理学知识、爱好艺术并自觉从事一定的艺术实践"。

此外，王旭晓、杨辛还对教学的基本内容及教材的编排体系作了简要的说明。

美国方面：在当今美国美学界分析美学一统天下的情况下，反映到教学上，我所调查的 6 所大学所用的教科书也全都是分析美学的思路。无论是迪基、拉马克，还是卡罗尔、内尔，都要么在书名，要么在总论部分，直接、鲜明地表明了自己教材的立场。卡罗尔在导言中说："本书确切的名字应该叫做《当代分析艺术哲学导论》；迪基也说"本教材第一版于 1971 年，当时书名为《美学导论》，时隔多年，美学领域发生了诸多变化，为此将书名改成现在这样：《分析美学导论》，此一更改更准确地概括了本教材的内容及当今美学现状"。

其次，美国文选类教材的总论部分明确表明教材重在将美学史上和当代美学领域和艺术哲学领域内重要的论文、观点搜罗在一起，让初学者知道美学领域内都有哪些基本问题，这些问题是如何历史地、逻辑地互相关联的，从而为教学提供有价值的参考。专著类教材则在总论部分明确地表明将从哪些方面探讨美学问题。比如卡罗尔就开宗明义地讲，本教材将分析艺术概念、再现、表现、艺术形式、审美经验和审美属性这六大基本问题。至于迪基，其教材异于前两类，既非纯粹专著类，也非纯粹文选类，而是将所有从柏拉图至今有关美和艺术哲学的原文，按历史的顺序，用自己的语言依次逐一介绍，以追溯美学领域的中心议题，从而为理解当今的美学论争提供背景知识。

最后，美国的所有教材都详细地说明了本教材的大体框架、主要内容，以及如何使用本教材的建议。

第三节　具体内容的比较

一、中国美学教材中美学的主要问题

综观调查的 5 本中国美学教材，除了前述总论部分集中介绍了什么是美学、美学学科的诞生、美学的研究对象、学习美学的意义和方法等之外，主要讨论了以下四大问题：美、美感、艺术和美育。这四大部分可以说构成了中国美学原理的主要内容。四大部分各自所占教材比例见表 3 - 3。

表 3 - 3　中国美学原理四部分各自所占教材比例

教材 ＼ 比例	美	美感	艺术	美育
杨辛、甘霖 《美学原理新编》	44%	30%	20%	6%
刘叔成等 《美学基本原理》	52%	23%	19%	6%
王旭晓 《美学原理》	48%	25%	19%	8%

比例 教材	美	美感	艺术	美育
朱立元 《美学》	48%	13%	21%	18%
王德胜 《美学原理》	41%	21%	24%	14%

从表3－3可见，调查的5本中国教材中，按讨论内容所占教材的比例，依次为：美、美感、艺术和美育（朱立元和王德胜主编的教材对艺术的论述比例稍强于美感）。下面，我们具体考察这四部分各自包含的内容。

（一）中国美学教材对"美"的论述

表3－4　中国美学教材对"美"的论述情况

内容及所占 比例 教材	美的本质（含美的起源、审美活动及其发生）	美的存在领域	审美形态（审美范畴）	形式美
杨辛、甘霖 《美学原理新编》	26.5%	26.5%	35%	12%
刘叔成等 《美学基本原理》	38%	28%	20%	14%
王旭晓 《美学原理》	28%	46%	22%	4%
朱立元 《美学》	35%	7%	56%	2%
王德胜 《美学原理》	44%	22%	29%	5%

如表3－4所示，中国美学教材对"美"的论述主要集中在美的本质、美的存在领域、审美形态和形式美四个部分。需要说明的是，"形式美"部分，在杨辛、王德胜所编的教材中，是将之与自然美、社会美、艺术美并列，从

而把形式美放在美的存在领域中来讲的。王旭晓的教材也是将"各种形式因素"作为"物态审美客体"中的一种来讲的。刘叔成则认为形式美不能和自然美、社会美等相提并论，从而单独讲形式美。朱立元在其教材中则避而不谈形式美问题，只在"审美对象自身的客观条件"中涉及一点点。可见，对于形式美的归属问题还存在争论。尽管如此，由于形式美是美学领域的一个重要问题，因此，我还是将它放在"对'美'的论述"部分进行分析。

第一，对"美的本质"的论述。

什么是美就是美的本质问题。这是美学中一个最古老而至今还未有圆满答案的问题，也是传统美学中最基本的理论问题。对美的本质的追问，是对人类审美活动的终极意义的哲学探讨。调查的 5 本中国美学教材除朱立元将此问题转换为"审美活动的本质"外，都直接对"美的本质"问题进行了论述。杨辛、甘霖认为美是人的本质力量的对象化或美是人的本质力量的感性显现；美是内容和形式的统一。形式是感性形象，内容是自由创造的实践活动。刘叔成《美学基本原理》既承认美是人的本质力量的感性显现，也认为美是一种特殊的社会价值，审美属性是一种价值属性，这种价值关系的存在，在人的方面表现为主体对于客体的某种需要，在对象方面表现为客体对主体的效用，即满足需要的效用。审美价值是社会性的，是由人们的社会实践所规定和制约的；审美价值是客观性的，是基于事物的客观属性及其与人类社会的客观关系而存在的，审美价值是社会性与客观性的统一。王旭晓也从价值观念角度看美的本质，认为美是劳动创造的一种价值。价值是主体和客体之间的一种关系，它表明客体的属性有益于主体的生存和发展，能够满足主体这样和那样的物质精神需要，美便是主体和客体之间价值关系的一种。这种价值表示客体及其属性的存在和发展，能使主体产生愉悦之情，满足主体精神享受的需要。王德胜的《美学原理》，一方面摆脱了美学教科书从美的本体论出发的逻辑结构，以审美活动作为全书的逻辑起点；另一方面又并没有把美的本质问题"悬置"起来，提出美是在人的本质力量的对象化活动（劳动）中形成的主客观的统一。朱立元则探讨了审美活动的本质，认

为审美活动是一种价值活动，是人与世界的本己性精神交流，是最具个性化的精神活动，是有限无功利性与最高功利性的统一。美就是审美主体与审美对象在审美活动中相互作用所生成的一种特殊价值。

第二，对"美的存在领域"的论述。

杨辛、王德胜将"美的存在领域"分为四大方面：社会美、自然美、艺术美和形式美。刘叔成则认为形式美不属于"美的存在领域"。在他看来，任何美总是内容和形式的独特统一体，从内容上说，美是显现在感性形式中的人的本质力量；从形式上说，美是显现了人的本质力量的感性形式。因此，他分专章单独讨论"美的形式与形式美"问题。至于"美的存在领域"，他认为包括两类：现实美与艺术美。而前者又包括自然美与社会美。王旭晓则认为"美的存在领域"不是纯粹的自然界、社会生活和艺术作品，即所谓自然美、社会美和艺术美。"美的存在领域"（审美客体）的规定性是由审美主体的规定性决定的，审美客体的存在形态也需要从审美主体的内在需要和结构层次来进行区分。对应于审美主体的内在追求与标准，审美客体大体上可以分为三种存在形态，即物态审美客体、物化审美客体和物态化审美客体。

朱立元在这个问题上则提出了新观点。他认为任何一种审美对象都不能离开一定的物质基础，都必须以一定的客观物质材料作为其现实存在的必要条件。除此之外，还必须在具体的审美活动中，事物对象既超脱了功利性，又摆脱了抽象的分析，而得以如其所是地显现自身，才带着它鲜活的生命力和本真性向主体敞开和呈现，审美对象才得以现实地生成。可见，审美对象存在于审美主体对具备一定审美价值属性的客观事物独特的观照和体验之中，它一方面具有非实体性，即审美对象并非直接地等同于具备某种审美价值的感性客体，而是审美主体对具备一定审美价值属性的客观事物独特的观照和体验中形成的一种独特意象；另一方面，具有开放性特征，即审美对象具有不确定性和不可穷尽性。它绝不是一个站在主体面前寂然不动的纯粹的物，毋宁说，它是一个不断向主体敞开的生气勃勃的、流动着的生命世界。

第三，对"审美形态"的论述。

对于"审美形态"，有许多不同的叫法，比如：审美类型、审美种类、审美价值类型、美的范畴、美学范畴、审美范畴等等。调查的 5 本教材分别从不同的角度，依据不同的方法，对审美形态的分类进行了不同的界说。杨辛、甘霖直接借鉴西方审美类型的分类结果，列举式地介绍了优美、崇高、悲剧、喜剧。刘叔成在杨辛基础上增加了丑，并将"喜"也称作"滑稽"。王德胜将"审美形态"分为四大类：（1）中和之美、优美和壮美；（2）崇高和悲剧；（3）喜剧；（4）丑和荒诞。认为（1）是以和谐为本质特征的审美类型，属于与"崇高"相对应的审美范畴，突出了审美过程中主体与客体、人与自然、感性与理性及各种形式美因素的协调统一，给人以愉悦、轻松的审美快感。（2）侧重审美中主体与客体、人与自然、感性与理性的矛盾冲突，具有由不和谐到和谐、由痛感到快感的过渡性、双重性，是以痛感、压抑感为基础的复杂的主体情感体验。（3）也称喜剧性、喜、滑稽，是一种凸显了本质与现象、内容与形式、现实与理想、目的与手段、动机与效果等的不协调或不和谐，给人以笑的审美类型。（4）则突出了审美中主体与客体、个人与社会、感性与理性的尖锐对立，引起的是否定性审美态度、否定性情感。朱立元则将"审美形态"分成"西方的基本审美形态"和"中国古代的基本审美形态"两大类进行论述。前者包括悲剧与喜剧、崇高与优美、丑与荒诞；后者包括中和、气韵、意境。他认为"在承认审美类型具有世界性的同时，还要注意概括审美形态的范畴所具有的区域性以及这些范畴出现的文化学术背景。这正是我们对于东西方审美形态加以区分的逻辑依据。"王旭晓则从美是一种价值出发，以价值载体和主体感受的特点为分类依据，把审美价值类型分为美、悲、喜三大类，美下面有优美、壮美，悲下面有悲情、悲剧、崇高，喜下面有滑稽、喜剧；另外荒诞自成一类。

第四，对"形式美"的论述。

调查的 5 本教材中，除朱立元避而未谈"形式美"问题外，所有的教材都要么专章、要么作为某一章的一个问题作了专门的论述。杨辛、王德胜将

形式美与社会美、自然美、艺术美并列，作为"美的存在领域"之一加以论述。王旭晓、刘叔成也用专章论述了形式美问题。归纳起来，5本教材对"形式美"主要讲了以下几个方面的问题：（1）什么是形式美；（2）形式美的产生和发展；（3）形式美的构成因素；（4）形式美的组合规律；（5）美学史上对形式美的探讨。

对于"什么是形式美"，一致的看法认为形式美是自然、社会和艺术中各种感性形式因素（色彩、线条、形体、声音等）的有规律组合所显现出来的审美特性。形式美可以不依赖具体表现内容，而呈现相对独立的审美价值。形式美具有抽象性和时代性。

对于"形式美的产生和发展"问题，比较一致的看法认为形式美是在人类长期的生产劳动实践，包括审美创造和审美欣赏活动基础上形成和发展起来的。关于形式美的成因，王德胜认为，通行的积淀说没有揭示形式美赖以产生的心理生理机制和更深刻的精神根源。他认为，形式美的产生一方面由于宇宙自然中这些规律法则的存在，人们的主体心理结构对这种法则规律的深刻体验和认同；另一方面由于艺术审美与劳动生产和巫术礼仪活动的分离，由于原始思维的解体和原始功利实用态度向审美态度的转移，原始人出于人类深层次的审美心理需要，在自己的生命体验和生活实践中积累起均衡、节奏等一系列抽象的形式美经验。可见，在形式美的成因问题上，与积淀说强调的是实践活动的影响不同，王德胜强调的则是人的内在需要。

对于"形式美的构成因素"，调查的教材提到有点、线、形、面、体、色彩、光线、声音。

对于"形式美的组合规律"，大家提到的有以下六种：整齐一律；平衡对称；调和对比；比例；节奏；多样统一。

调查的教材还多多少少讲了中外美学史上对形式美的探讨问题。主要提到的西方美学史上的人物有：古希腊毕达哥拉斯"美在于各部分的比例对称"；柏拉图认为球形、圆形最美；贝尔"有意味的形式"；荷迦兹"蛇形线最美"等。还提到中国古代的书论、画论中也有许多关于形式美的论述。

（二）中国美学教材对"美感"的论述

谈到"美感"，一般有两种不同的含义。一是指审美意识，这是广义的"美感"，它包括审美意识活动的各个方面和各种表现形态，如审美趣味、审美经验、审美能力、审美观念、审美理想、审美感受等等。"美感"的另一个含义是狭义的，专指审美感受，即人们在欣赏活动或创作活动中的一种特殊的心理现象。审美感受构成审美意识的核心部分。这里"美感"作广义的理解。调查的教材中涉及的审美主体的审美理想、审美趣味、审美心境、审美愉快等内容，与审美过程中主体的心理变化分不开，所以这些内容可归入美感的生理、心理分析。审美标准问题在被调查的好几本教材中都作为单独的一个问题加以论述，审美的差异性和共同性、审美的共性和个性、审美的时代、阶级差异等也都是与此相关的问题，因此单独列出予以分析讨论。调查的5本教材对"美感"的论述情况及所占教材比例见表3－5。

表3－5　中国美学教材对"美感"的论述情况

内容及所占教材比例 教材	美感（审美意识）的本质特征	美感的产生、发展	美感的生理心理分析	审美标准	美学史上关于美感的理论探讨
杨辛、甘霖《美学原理新编》	19%	无	34%	19%	28%
刘叔成等《美学基本原理》	14%	11%	28%	38%	9%
王旭晓《美学原理》	14%	无	53%	31%	2%
朱立元《美学》	28%	无	58%	无	14%
王德胜《美学原理》	14%	无	53%	25%	8%

由表3－5可见，对美感的生理、心理分析、审美标准问题，以及美感

的本质特征的研究是美感研究中大家普遍关注的问题。

第一，对"美感的本质特征"的论述。

5 本教材反映出对美感本质的认识主要是从两个角度来说明的。一是从哲学认识论出发，注重对美的认识；二是淡化认识论，凸显审美认识与一般认识的差异，把审美看做一种综合的生理、心理体验，从经验的角度加以说明。杨辛认为，美感就是对美的认识、评价和欣赏，没有客观的美，美感也就无从产生。因此，美感和科学认识一样，都是客观世界能动反映的一种方式，都是意识形态，只不过美感又有自己的特点，从而形成了美感的本质特征，即美感是形象的直接性、精神的愉悦性、潜伏的功利性、想象的创造性这四种特性的有机综合，它是以精神的情感愉悦为纽带、为中心，将美感的直接性、功利性与创造性统一在一起，形成一个感性与理性、情感与创造的完整的统一体。刘叔成也认为美感源于对美的事物的观照，并认为实践最终规定着美感的本质。人经过实践，在对象世界中能动地、现实地复现自己的本质力量，创造了美，于是人也能从自己所创造的世界中通过感觉直接观照这一本质力量，肯定这一本质力量，从而引起由衷的喜悦而获得美感。所以正如美是人的本质力量的感性显现那样，美感是作为实践主体的人对自己本质力量的自我观照。美感具有重感觉而超感觉、富个性而隐共性、超功利而含功利这相互关联的三大特点。

王德胜、王旭晓则是从审美经验的角度来说明美感的。他们认为美感就是审美经验，就是人们欣赏美的物品时，所产生出的愉快的心理体验。只不过王德胜偏重从审美经验的综合性和复杂性来谈美感，而王旭晓则偏重从审美经验中的形而上意味来谈美感。王德胜认为审美经验和美感是一个意思，前者是当代西方美学的概念，后者是传统的概念。审美经验就是审美主体在审美活动中感受、知觉审美对象（自然、艺术作品和其他人类审美产品）时所产生的愉快的心理体验，是人的内在心理生活与审美对象（其表面形态及深刻内蕴）之间相互交流、相互作用的结果。王旭晓认为审美愉快就是美感或审美经验。审美愉快有层次性，分为感官层次、心意层次和精神人格层次。精神人格层次的审美愉快是在审美超越阶段获得的，是一种最高级的审美愉快。这时主体超越了自身存在的有限空间，似乎窥见了宇宙本体，发现了人生的永恒价值。

朱立元也将美感即审美经验解释为是在审美活动中，伴随着审美对象与主体同时生成，主体在全身心的投入中对审美对象的反应、感受或体验。它是审美主客体之间的一种活生生的动态关系，而不仅仅是主体的意识或精神。

第二，对"美感的产生、发展"的论述。

美感的产生、发展问题是一个与美感的本质直接相关的问题。对美感的起源和发展的研究会影响到对美感本质的认识。调查的5本教材中只有1本对此问题进行了专门的论述。刘叔成将美感的起源归于人类的社会生产生活实践，认为美感是随不断发展着的人类审美实践——美的欣赏和创造，特别是艺术美的欣赏和创造而向前发展的，归根结底是由人类物质生活的生产方式所决定的。刘叔成的这一观点是以马克思对此问题的经典论述为依据的。马克思认为：只是由于属人的本质的客观的展开的丰富性，主体的属人的感性的丰富性，即感受音乐的耳朵、感受形式美的眼睛，简言之，那些能感受人的快乐和确证自己是属人的本质力量的感觉，才发展起来或者产生出来的。

第三，对美感的生理心理分析。

对美感的生理心理分析主要从三方面来进行。第一方面指审美意识的最基本最主要的形式：审美感受的生理、心理要素；第二方面指在审美感受基础上经过逐渐概括和集中形成的审美理想、审美趣味，以及由此伴生的审美愉快、审美心境等，这主要是从审美主体来讲的，主体需要具有一定的条件才能进行审美欣赏；第三方面指审美经验的具体过程，这一过程常常是对上述心理、生理要素和主体价值情感的综合描述。

杨辛、刘叔成、王德胜、朱立元对美感的生理心理分析从普通心理学的角度进行了介绍。他们提出，感觉、知觉、想象、情感、思维（理解），是

审美感受中不可缺少的几种基本心理因素。感觉是人的一切认识活动的基础，是客观事物在人的头脑中的主观映像，知觉、想象、情感、思维等都是在感性材料的基础上产生的。知觉依靠以往的知识和经验把感觉的材料联合为完整的形象，在知觉中已有想象的成分。想象中还包括联想，联想一般分为接近联想、类比联想和对比联想三种。想象又可分为再造性想象和创造性想象两类，人们的联想和想象与生活教养、经验密切相关。具有浓厚的情感因素是审美感受的突出特点，主体的情感活动与审美对象的感性形式是密切联系着的。想象与情感一样都是审美感受中的重要内容。思维是在感性认识基础上产生的理性认识活动，它是通过概念、判断、推理的形式对现实所作的概括反映。虽然思维在审美中是有着重大作用的，但在审美感受中思维的地位与作用以及思维活动的形式如何还是一个有争论的问题。这些心理因素在审美感受过程中发生作用的机制，在心理学中也还没有得到充分的研究。

对美感生理心理分析的第二、三方面往往合在一起进行论述。王旭晓认为审美过程中主体的认识心理（知觉、认识、判断）和价值心理（审美注意、审美期望、审美快乐、审美欲望等）是综合到一起的，甚至审美鉴赏力和审美趣味的提高都是这一过程的继续。认为审美心理过程是一个阶段性、层次性的动态过程，从日常态度到审美态度，从审美感受到审美体验，直到审美超越。

王旭晓认为审美活动需要主体有审美需要、审美兴趣、审美欲望、审美理想；需要主体有审美能力：感觉力、想象力、理解力。在现实的审美活动中审美心理活动依次展开的阶段为准备阶段：审美态度的形成；初始阶段：审美感受的获得；深入阶段：审美体验的展开；升腾阶段：审美超越的实现。王德胜也认为审美经验过程包括预备阶段（中断日常状态）；高潮阶段（审美注意、审美知觉、感性愉快）和回味阶段（理解、想象）。朱立元也将审美经验的动态过程概括为审美经验的呈现阶段、构成阶段和评价阶段这样三个阶段。

第四，对"审美标准"的论述。

杨辛、刘叔成认为审美意识既具有客观的社会标准，又具有丰富的个性差异。审美意识的客观标准，要为不同时代、不同民族、不同阶级的社会实践的具体内容所规定和制约。同时，客观世界的多样性决定了人的感觉的丰富性；理解内容的个性差别；人们各不相同的审美活动中的心理特点和观察、思维的方式；个人受特定条件下的情感、机体生理情况的影响，等等，都会造成丰富的个性差异。审美感受的个性差异与审美感受的客观标准本质上是统一的。没有个性就没有丰富性，但是又要看到个性中的统一性。

刘叔成认为审美标准产生于人类的审美实践，是人们自觉不自觉地总结审美经验的积极成果，既具有主观性和相对性，又具有客观性和绝对性。凡是历史上真正能够获得社会普遍承认的美的事物，都是蕴含着"真、善"的内容，具有鲜明的独创性形式。同时由于美的现象的异态纷呈、绚丽多彩，极难确定出一个可以涵盖一切的统一模式，具体的审美对象还应有具体的审美标准。

王旭晓区分了对形式的审美标准和对形象及其意蕴的审美标准。王德胜认为审美判断既具有绝对性与相对性，又具有客观性和个性。

第五，关于美感的理论探讨。

杨辛在其教材中专章列举、介绍了现代西方审美心理学的几大主要流派：移情说、心理距离说、直觉说、"格式塔心理学"派、"心理分析学"派。王德胜、朱立元也在各自的教材中，专节回顾了西方美学史上有关审美经验的研究情况，介绍了从古希腊到现当代各主要美学家的审美经验理论。刘叔成在论述审美意识的根源和本性问题时，考察美学史上的理论探讨，梳理了唯物主义和唯心主义两条线索，认为唯心主义（柏拉图、夏夫兹博里、哈奇生、休谟等）从根本上否认哲学反映论的原则，以各种方式歪曲和否定审美意识的客观内容和社会性质。马克思主义以前的旧唯物主义（费尔巴哈、车尔尼雪夫斯基）总是在根本问题上离开人的社会性，离开人的具体的生产活动和历史发展，不能科学地揭示审美意识的根源与本质，不能正确说明审美意识作为感性和理性相统一的社会历史本质和心理反映特征，只是把美感的

本质归结为对生命或生活的一种抽象的眷恋。只有马克思主义美学才最终揭示了审美意识的根源和本质：人们的社会物质生活，人们的生产斗争和阶级斗争的历史具体的社会实践，它的特征在于情感与认识、感性与理性的统一。王旭晓在论述美感的本质特征时，也回顾了西方美学史上从古希腊的哲学家开始，直至近现代的美学家对美感（审美愉快）问题的论述。

（三）中国美学教材对"艺术"的论述

调查的5本教材全都论述了艺术问题，且集中在艺术的本质、艺术分类、艺术创造和艺术鉴赏四部分。刘叔成、王旭晓将艺术作为美的存在领域，即艺术美来进行论述，很显然并没有把艺术作为一个与美、美感同样重要的部分来对待。杨辛、王德胜、朱立元则明确提出艺术是美学研究的主要内容，因此专门对艺术问题专章专题进行了论述。5本教材对艺术各部分的论述情况及所占教材比例见表3-6。

表3-6　中国美学教材对"艺术"的论述情况

教材 ＼ 内容及所占教材比例	艺术（美）的本质特征	艺术（美）的分类	艺术（美）的创造	艺术鉴赏
杨辛、甘霖《美学原理新编》	7%	29%	32%	32%
刘叔成等《美学基本原理》	23%	37%	40%	无
王旭晓《美学原理》	18%	82%	无	无
朱立元《美学》	17%	28%	27%	28%
王德胜《美学原理》	18%	20%	10%	52%

第一，对"艺术的本质特征（包括艺术起源）"的论述。

杨辛、刘叔成从哲学反映论的角度看艺术，认为现实美是美的客观存在形态，艺术美是这种客观存在的主观反映的产物，是艺术家创造性劳动的产物，是美的创造性的反映形态。如果说现实美属于社会存在的范畴，即第一性的美；那么艺术美是属于社会意识的范畴，是第二性的美。它是艺术家创造性劳动的产物，和普通实际生活的美相比较，它具有"更高、更强烈、更有集中性、更典型和更理想"的特点。艺术品是极为复杂的统一体，在其中包括了现实美、社会审美意识、艺术家的创作个性以及一定的自然物质材料的审美特性，更充分的体现了艺术家自觉地运用美的规律进行生产，给人以深刻的精神影响。

王德胜从艺术的特点来看艺术，认为艺术的本质在于审美，艺术是人类审美意识最集中、最典型的物态化表现。艺术具有情感创造性和超越性。

王旭晓则从艺术品的角度来确证艺术。她对艺术品的界定是：一种人工制品、一种物质性的存在、一种技艺、一种精神产品。王旭晓认为艺术作品是物态化审美客体的典型形态。物态化审美客体是指表现着人的精神性存在、精神活动的感性物质存在。

朱立元等还从装饰、舞蹈、巫术模仿、洞窟壁画的角度探究了艺术的源头。提到了游戏说、劳动说、巫术说等。

第二，对"艺术分类"的论述。

"艺术的分类"有两个角度，一是从艺术作品内部分成内容和形式，一是从外部将艺术作品分成各个艺术门类。王旭晓就明确提出"任何艺术作品都是完整的内容与形式的统一体"。艺术作品的内容是在媒介中通过形式体现出来的题材和主题，艺术作品的形式和媒介则是艺术家借以使其题材和主题转化为内容的手段和方式，二者是不可分割的统一的有机体，构成了辩证统一的相互关系。一方面，内容具有主导作用，它决定和制约着形式；另一方面，形式又具有相对独立性，它不但直接影响到艺术作品的内容的表达和体现，而且本身有其独立存在的意义。

调查的5本教材在论述艺术门类的划分问题时，都谈到了美学史上对艺术分类问题的探讨。提到了中国的《毛诗序》区分了"诗、歌、舞"，曹丕的《典论论文》、刘勰的《文心雕龙》等都对分类进行了历时和共时的分析；西方美学史上，亚理士多德的《诗学》、莱辛的《拉奥孔》、康德、黑格尔，以及后来的卡瑞尔、哈特曼等都对艺术分类作出过论述。

在谈到"艺术分类的标准"时，刘叔成从艺术家的审美体验特点和利用什么材料作媒介、以什么样的物态化方式呈现在欣赏者面前这样两个方面，将艺术分为实用艺术、表演艺术、造型艺术、语言艺术、综合艺术五类。杨辛根据作品的再现与表现，以及所用的物质手段的不同，将艺术分为：再现的艺术、表现的艺术和语言的艺术。王旭晓从审美客体的角度来对艺术进行分类考察，以便理解艺术家是如何借助物态化的方式来传达自己的审美经验，理解不同门类艺术所产生的特殊的审美价值。为此，将艺术区分为空间艺术、时间艺术、综合艺术与语言艺术四类。王德胜则依据欣赏者感知的方式将艺术分为视觉艺术、听觉艺术、视听综合艺术和想象艺术四大类。朱立元则依据艺术品自身的存在方式，将艺术作品划分为时间艺术和空间艺术两种形态。

第三，对"艺术的创造"的论述。

刘叔成、王德胜、朱立元专章专题讨论了"艺术的创造"问题。刘叔成从社会分工中突出分析艺术家的特殊性，分析了艺术家的生活实践、世界观和艺术修养与艺术创作的关系。朱立元也提出艺术家的艺术创造力（艺术敏感、艺术想象力、艺术技巧）以及艺术家的学识、经历、传统和性情等等，直接影响着艺术创作、艺术品的特征、风格与情感思想倾向。朱立元还将艺术的创造过程分为触发阶段、展开阶段和生产阶段这样三个阶段。刘叔成将艺术创作分为审美体验、艺术构思、艺术传达这样三个阶段。认为构思有一系列的心理活动，传达需要技巧和方法。艺术典型与意境的创作是艺术创作的中心。一般来说，典型适于再现艺术，意境适于表现艺术。王德胜认为艺术的审美创造是形象的创造，艺术形象体现了创造主体独特的审美个性。创造过程包括艺术感受、艺术构思（想象和灵感）、艺术传达（再现和表现）。杨辛、甘霖也专节论述了"艺术的创造"问题，提出生活是艺术家进行创造的前提、基础，艺术家的创作激情、创作素材都来源于现实生活，同时，艺术美是艺术家按照美的规律进行创造性劳动的产物，是艺术家将其审美理想、思想感情融于其中的结晶。艺术创造中必须处理好主观和客观、内容和形式的关系。

第四，对"艺术鉴赏"的论述。

王德胜、朱立元和杨辛、甘霖都专章介绍了艺术鉴赏问题。朱立元认为完整的艺术活动包括三个环节：艺术创造、艺术作品和艺术的接受（包括艺术作品的鉴赏与批评）。艺术鉴赏是受众（接受者）通过对艺术作品的观照、欣赏获得审美愉快和体验的活动，而艺术批评则是指批评家根据自己的审美趣味和价值标准，对各种艺术现象和艺术作品所做出的判断与评价。二者的区别在于，前者基本上是一种感性的审美体验，而后者则是一种理性的思维和判断活动。当然，前者也是后者的前提和基础。按接受美学的观点，朱立元认为艺术鉴赏是一种审美再创造活动，受众与作者之间是一种主体间的交流与对话关系。同时，受众与作品之间的关系在于：一方面，受众要受到来自作品的制约与规范；另一方面，受众又具有自己的能动性和积极性。

王德胜由西方的接受美学来探讨审美接受，认为接受是文学艺术欣赏的重要环节，因而研究了接受者和审美接受的反馈。认为艺术的审美接受过程中，主体经历审美直觉、审美体验和审美升华三种心理状态。对于艺术的鉴赏过程，王将之归纳为三个阶段：观——审美直觉（知觉完形）、品——审美体验（读解体会）、悟——审美升华（理解、体验）。

杨辛、甘霖则用专章介绍了中国美学史上特有的"意境"与"传神"两个美学概念，指出直至今天，我们在谈论创造和欣赏艺术美时，常常把"意境"与"传神"作为两个衡量的标准。

（四）中国美学教材对"美育"的论述

调查的 5 本教材全都对"美育"专章专题进行了论述。其论述情况见表3 － 7。

表 3 - 7　中国美学教材对"美育"的论述情况

教材 ＼ 内容及所占教材比例	美育观的历史考察	美育的本质特征	美育的任务和意义	美育的实施
杨辛、甘霖《美学原理新编》	30%	26%	37%	7%
刘叔成等《美学基本原理》	14%	31%	21%	34%
王旭晓《美学原理》	46%	35%	19%	无
朱立元《美学》	40%	20%	28%	12%
王德胜《美学原理》	无	17%	43%	40%

第一，美育观的历史考察。

朱立元、王旭晓、刘叔成、杨辛等都用专节考察了中外美学史上的美育论述，主要介绍了中国古代以孔孟为代表的儒家的美育思想，老庄为代表的道家的美育思想，和近现代以王国维、蔡元培、朱光潜等为代表的美育思想。对于西方，主要介绍了柏拉图、亚里士多德、贺拉斯、朗吉努斯、席勒、苏霍姆林斯基的美育思想。朱立元还补充了中世纪的普洛丁、奥古斯丁，捷克的夸美纽斯和德国的福禄培尔以及 20 世纪英国著名的艺术教育家赫柏·里德的美育思想。王旭晓则补充了英国著名艺术批评家罗斯金、空想共产主义者和苏联的马卡连柯的美育思想。

第二，美育的本质特征。

朱立元分析了由于审美教育本身所具有的特殊性，以及在实践中审美教育与其他教育之间存在着的错综复杂的关系，历史上的美学家和教育家至今对美育的本质特征难以取得共识。归纳起来主要存在三种具有代表性的观点：审美教育是人格教育，审美教育是情感教育，审美教育是艺术教育。朱提出了自己的看法：审美教育是以艺术和各种美的形态作为具体的媒介手段，通过展示审美对象丰富的价值意味，直接作用于受教者的情感世界，从而潜移默化地塑造和优化人的心理结构、铸造完美人性的一种有组织、有目的的定向教育方式。

王旭晓则从美育区别于其他教育形式的特点角度，将其界定为是一种情感教育，以培养和提升人的情感为目的。而德育关注的是道德观念的灌输，着眼于人的意志能力；智育关注的是智力的开发，是理性能力的培养；体育则注重于体能的训练，着眼于人的身体健康。并提出美育具有形象性、体验性、愉悦性和陶冶性四个方面的特点。

杨辛认为美育是人类认识世界、按照美的规律改造世界、改造自身的重要手段。它主要是培养人们的正确审美观，提高人们鉴赏美、创造美的能力。它与德育、智育虽各有特点，但又是相互渗透的。具体讲，它具有以下几个特点：以情感人，理在情中；以生动鲜明的形象为手段；是在个人爱好兴趣的形式中、在娱乐中接受教育。

刘叔成则提出，美育是人类全面发展教育的组成部分，是人类实现自我发展需要的重要途径。它作为动态过程，包含施教者、媒介、受教者三个环节。施教者按照特定的审美趣味和审美理想，选择适当的审美媒介（包括美的艺术在内的美的事物和美的创造活动），向受教者施加审美影响，从而陶冶其情性，塑造其人格。总之，美育实质上是一种情感教育。

王德胜则从深层和表层两方面论述了审美教育的性质问题。从深层上说，审美教育是完善人生、强化人格、提高受教育者综合素质的重要方式。从表层方面来看，审美教育的性质则主要是由审美活动的特点以及教育实践的特点决定的。它是使人特别是青少年在娱乐中得到成熟和进步的教育，实际上是一种"素质教育"，一定程度上是德育、智育、体育的有益补充。

第三，美育的任务和意义。

杨辛提出美育的任务就是全面地培养人，通过爱美的教育，培养人们热爱生活，追求真善美相结合的人生境界。具体讲，在于培养正确的审美观，培养审美的敏感，培养创造美的能力。王德胜提出美育的功能在于训练人的感知能力，丰富人的想象力，拓展人的精神时空，培养人丰富而健康的情感，培养人的创新求异能力。王旭晓也提出美育的作用在于帮助人们树立正确的审美观、提高审美能力、丰富人的本质与完善人格，是人的全面发展不

可缺少的关键环节。朱立元则提出美育包括形式教育和理想教育，以提高人的精神素质为目的，以审美境界的实现为最终要求。

第四，美育的实施。

杨辛和刘叔成都提到美育实施的途径包括三方面：家庭美育、学校美育和社会美育。自然美、社会美和艺术美是实施美育的三大主要领域。

朱立元对"美育的实施"问题，主要从三方面，即实施的手段、实施的原则和实施的组织形式进行了论述，提出艺术教育是美育最重要和主要的手段。美育的组织形式有多种，如家庭美育、社会美育、学校美育等，其中学校美育是最基本的形式。美育中，必须遵循以活动为中心的原则和分阶段进行的原则。

王德胜则就学校的美育进行了详细的专题论述。就学校审美教育的任务、原则、基本类型，以及学校审美教育与学科教育的关系，与教师素质的关系问题进行了详细论述。

二、美国美学教材中美学的主要问题及主要人物

综观调查的 5 本美国美学教材，可以根据其内容和教材结构方式，将之分为四类：一类是按历史的顺序，介绍美学史上的主要美学问题和主要美学家的观点，比如迪基的教材；一类是按专题，介绍美学史上与某一专题相关的美学家们的论述，比如戈拉汉目的教材；一类是按专题，将美学史上美学家们的相关文章或著述汇集一处的文选性质的教材，比如拉马克和内尔的教材；最后一类是专著性质的教材，比如卡罗尔编写的教材。这也是当前美国美学教材书写方式的大致类型。归纳起来，这四类 5 本美国美学教材论述的主要问题及主要人物如表 3 − 8 和表 3 − 9。

表 3 - 8　美国美学教材论述的主要问题及所占教材比例

教材 ＼ 美学主要问题	美论	审美经验、美感论	艺术理论	各门艺术中的美学问题	自然美
迪基：《分析美学导论》	14%	16%	70%	无	无
戈拉汉目：《艺术哲学：美学导论》	无	7%	45%	44%	4%
卡罗尔：《艺术哲学：当代美学导论》	无	20%	80%	无	无
拉马克、沃尔森：《分析美学与分析艺术哲学读本》	无	20%	33%	40%	7%
内尔、雷德利：《艺术哲学读本》	无	38%	62%	无	无

注：

1. 迪基在其教材中虽没有专章论述"各门艺术中的美学问题"，但在其论述"艺术理论"时，实际上是零星论述了这个问题的。统计时，出于方便考虑，没有专门列出，都归入对"艺术理论"的论述当中。

2. 卡罗尔的教材实际上就是一本艺术哲学，整本教材全是在论述艺术的定义问题、艺术理论问题。虽然在统计时，我将其第四章"艺术及审美经验"列入"审美经验、美感论"目下，实际上这一章仍然是在从审美经验、从美感的角度论述何谓艺术。另外，卡罗尔在其教材中对"美"，对"门类艺术中的美学问题"及"自然美"都有不同程度的涉及、论述，可出于统计方便的考虑，加上卡罗尔并没有专章论述这些问题，所以，我列为"无"。

从表 3 - 8 可见，调查的 5 本美国美学教材主要论述了如下问题：美论、美感论、艺术理论、具体艺术中的美学问题和自然美。其中，对艺术理论问题的论述占绝对多数，每本教材都花近一半乃至绝大多数篇幅论述了艺术问

题。如果加上"各门艺术中美学问题"的论述，几乎每本教材都名为"美学"，而实际上都是在谈论艺术、谈论艺术中的美学问题。

另外，5本教材比较集中讨论的人物见表3－9。

表3－9　美国美学教材涉及的主要人物

人物 ＼ 教材	迪基:《分析美学导论》	戈拉汉目:《艺术哲学:美学导论》	卡罗尔:《艺术哲学:当代美学导论》	拉马克、沃尔森:《分析美学与分析艺术哲学读本》	内尔、雷德利:《艺术哲学读本》
柏拉图	✓		✓		✓
亚里士多德	✓		✓		✓
托马斯·阿奎那 (St.Thomas Aquinas)	✓				
夏夫兹博里	✓				
哈奇生	✓				
博克	✓				
休谟	✓	✓			✓
阿里森 (Alison)	✓				
康德	✓	✓	✓		✓
叔本华	✓				
尼采					✓
艾略特 (T.S.Eliot)					✓
华兹华斯		✓			
布洛	✓				

人物 \ 教材	迪基：《分析美学导论》	戈拉汉目：《艺术哲学：美学导论》	卡罗尔：《艺术哲学：当代美学导论》	拉马克、沃尔森：《分析美学与分析艺术哲学读本》	内尔、雷德利：《艺术哲学读本》
克罗齐		✓			
贝尔	✓	✓	✓		✓
弗莱（Roger Fry）			✓		
汉斯立克			✓		
苏珊·朗格	✓	✓			
柯林武德	✓				
托尔斯泰	✓				
弗洛伊德					✓
杜威					
维兹（Morris Weitz）	✓	✓	✓	✓	✓
柯亨（Marshall Cohen）	✓				
迪基（George Dickie）	✓	✓	✓	✓	✓
奥斯本（Harold Osborne）			✓		
帕蒂德（Philip Pettit）			✓	✓	
泽马赫（Eddy M.Zemach）			✓		
丹托（Arthur C.Danto）	✓	✓	✓		

教材 / 人物	迪基：《分析美学导论》	戈拉汉目：《艺术哲学：美学导论》	卡罗尔：《艺术哲学：当代美学导论》	拉马克、沃尔森：《分析美学与分析艺术哲学读本》	内尔、雷德利：《艺术哲学读本》
列文森 (Jerrold Levinson)	✓	✓	✓	✓	✓
戴维斯 (Stephen Davies)			✓	✓	
卡罗尔		✓	✓		✓
马格里斯 (Joseph Margolis)		✓	✓		
曼德尔鲍姆	✓		✓		✓
比尔斯利	✓	—	✓	✓	✓
维姆萨特 (W.K.Wimsatt)		✓	✓	✓	
古德曼	✓	✓	✓		
斯托尼兹 (Jerome Stolnitz)	✓			✓	
维瓦斯 (Eliseo Vivas)	✓				
奥尔德利希 (Virgil Aldrich)	✓				
阿恩海姆		✓			
戈拉汉目 (Gordon Graham)		✓			
伽达默尔		✓			
德里达		✓			
列维·斯特劳斯		✓			

人物＼教材	迪基：《分析美学导论》	戈拉汉目：《艺术哲学：美学导论》	卡罗尔：《艺术哲学：当代美学导论》	拉马克、沃尔森：《分析美学与分析艺术哲学读本》	内尔、雷德利：《艺术哲学读本》
阿多洛 (Theodor Adorno)					✓
本莱特 (Bennett,T.)		✓			
伊格尔顿 (Terry Eagleton)		✓			
卡尔松 (Allen Carlson)		✓	✓	✓	
黑普本 (R.W.Hepburn)		✓		✓	
斯古路顿 (Roger Scruton)		✓	✓	✓	
巴赞 (Bazin,Andre)		✓			
贡布里奇 (Ernst Gombrich)		✓			
布德 (Malcolm Budd)		✓		✓	
沃尔顿 (Kendall L. Walton)				✓	✓
米尔 (Mill)		✓			
乌尔姆森 (J.O.Urmson)				✓	

人物 \ 教材	迪基：《分析美学导论》	戈拉汉目：《艺术哲学：美学导论》	卡罗尔：《艺术哲学：当代美学导论》	拉马克、沃尔森：《分析美学与分析艺术哲学读本》	内尔、雷德利：《艺术哲学读本》
基维 (Peter Kivy)			✓	✓	
加里 (Gregory Currie)				✓	
西布利 (Frank Sibley)			✓	✓	✓
沃尔森 (Stein Haugom Olsen)				✓	
斯德克 (Robert Stecker)				✓	
斯特罗森 (P.F.Strawson)			✓	✓	
赛维尔 (Anthony Savile)				✓	
拉马克				✓	
高特 (Berys Gaut)				✓	
雷德福特 (Colin Radford)				✓	
塞阿尔 (John Searle)				✓	
梅兰德 (Jack W.Meiland)				✓	

人物 \ 教材	迪基：《分析美学导论》	戈拉汉目：《艺术哲学：美学导论》	卡罗尔：《艺术哲学：当代美学导论》	拉马克、沃尔森：《分析美学与分析艺术哲学读本》	内尔、雷德利：《艺术哲学读本》
乌尔汉姆 (Richard Wollheim)				✓	✓
鲁滨逊 (Jenefer M.Robinson)				✓	✓
鲍 (Bruce Baugh)				✓	
巴特斯百 (Christine Battersby)					✓
格林博格 (Clement Greenberg)					✓
伊利亚特 (R.K.Elliott)					✓
色赛罗 (Guy Sircello)					✓
艾尔德里奇 (Richard Eldridge)					✓
科维尔 (Stanley Cavell)					✓
埃森博格 (Arnold Isenberg)					✓
洛克林 (Linda Nochlin)					✓

教材\人物	迪基：《分析美学导论》	戈拉汉目：《艺术哲学：美学导论》	卡罗尔：《艺术哲学：当代美学导论》	拉马克、沃尔森：《分析美学与分析艺术哲学读本》	内尔、雷德利：《艺术哲学读本》
松塔格（Susan Sontag）					✓
费西（Stanley Fish）					✓
巴克桑德尔（Michael Baxandall）					✓
赫什（E. D. Hirsch, Jr.）					✓
巴特（Roland Barthes）					✓
黑尔（R.M.Hare）	✓				

注：

1. 由于卡罗尔《艺术哲学：当代美学导论》是本专著性质的教材，本处的统计结果果只是根据卡罗尔在书中的具体论述，加上每章后面的"阅读资料注解"的印证而得出的。虽不免挂一漏万，但能反映大致情况无疑。

2. 由于拉马克、沃尔森《分析美学与分析艺术哲学读本》是从分析美学的角度编选文章的，因此20世纪50年代前的美学论述均未曾收录。但本文选能充分反映美国当代美学的研究热点状况，故对这本教材的统计研究也非常具有价值。

由表3－9可见，5本教材比较集中讨论的人物主要有：柏拉图、亚里士多德、休谟、康德、布洛、克莱夫·贝尔、苏珊·朗格、柯林武德、托尔斯泰、维兹、迪基、丹托、列文森、卡罗尔、马格里斯、戴维斯、比尔斯利、西布利、沃尔顿、古德曼、曼德尔鲍姆、卡尔松、黑普本、基维、斯特罗森等。其中，在古典美学中，柏拉图、亚里士多德、休谟、康德的地位岿然不动。而布洛的"心理距离说"、贝尔"有意味的"艺术形式理论，以及苏珊·朗格、柯林武德、托尔斯泰各自不同形式的艺术表现论，在 19 世纪末、20 世纪初美学"自下而上"研究方法的裹挟下也大行其道，影响深远，直至今日，人们一谈到艺术理论，它们也总是绕不开的话题。而对于当代西方美学，维兹、迪基、丹托、列文森、卡罗尔、马格里斯、戴维斯、比尔斯利、西布利、古德曼等则是领军人物，他们的思想、观点既塑造了当代西方美学的现状，同时也是当今西方美学界正热烈争论的论题。

5 本教材涉及的主要人物的论著或观点见表 3 - 10。

表 3 - 10 美国美学教材涉及的主要人物的论著或观点

主要人物	论著或观点
柏拉图	美论和艺术模仿论。《伊安篇》和《理想国》
亚里士多德	美论和艺术理论。《诗学》
休谟	《论趣味的标准》
康德	《判断力批判》
布洛	心理距离说
克莱夫·贝尔	"有意味的艺术形式"理论。《艺术》
苏珊·朗格	"艺术是人类情感符号形式的创造"理论及其《情感与形式》
柯林武德	"艺术是艺术家创造性的情感想象活动的产物"理论及其《艺术原理》
托尔斯泰	"艺术的日常情感表现理论"及其《什么是艺术?》
维兹	"艺术是个开放的概念"的观点
迪基	艺术制度论
丹托	艺术后再现论
列文森	艺术的历史理论
卡罗尔	艺术的历史叙述理论

主要人物	论著或观点
马格里斯	"艺术品的本体特性"文
戴维斯	"维兹的反本质主义"文
比尔斯利	"艺术的审美定义"和"意图的谬误"文
西布利	"审美概念"文
沃尔顿	"艺术种类"文
古德曼	艺术作为认知方式的理论及艺术评价的工具主义理论
曼德尔鲍姆	"家族相似与艺术概括"文
卡尔松	"欣赏与自然环境"文
黑普本	"当代美学及其对自然美的忽视"文
基维	音乐论
斯特罗森	"审美评价与艺术品"文

下面，我们具体考察美国美学教材是如何论述美学主要问题的。

（一）美国美学教材论美

从表3－8可见，在所调查的5本美国美学教材中，只有迪基的《分析美学导论》在其第二章专章讨论了"美"的问题，占整本教材的14%篇幅。其他教材对"美"的问题实际上也有介绍，只是零星地分散到各章节当中。

迪基在其教材的第一章就指出，美学问题是从历史上对美和艺术的思考发展而来的，这两个问题都始于柏拉图。虽然哲学家们对艺术理论，确切地讲，对什么是艺术的问题缺乏共同的认识，但直到最近，他们都还是在当初柏拉图使用"艺术"概念的意义上讨论艺术问题。而对于美的思考，在18世纪却经历了一个重大的变化。早期的哲学家们只关注美的本质问题，18世纪却多了一些关注：崇高、画境等。与此相应，趣味概念在夏夫兹博里、哈奇生、博克、阿里森和康德那儿发展起来。这些哲学家试图建立一种趣味理论以解释在自然和艺术中所体验到的美、崇高、画境感及其他类似的审美体验。"无利害性"概念成为所有这些解释的中心，也是趣味理论的关键。

18世纪后，趣味理论被审美理论所代替。此时，"美"这一概念要么成为某物具有"审美价值"的同义语被加以使用，要么与"崇高"、"画境"等一样，成为一个美学宾词用以描述自然和艺术。从18世纪末直至20世纪中叶，美学家们关注的两大问题是审美理论和艺术理论，而且审美理论似乎成为美学家们尤为关注的重点，艺术理论和审美属性问题都从属于审美理论问题。迪基在其教材的第二章"美论：从柏拉图到19世纪"中，详细地论述了柏拉图、阿奎那的美论，以及18世纪以夏夫兹博里、哈奇生、博克、阿里森和康德为代表的趣味理论和"美论"的衰落。

（二）**美国美学教材论审美经验**

审美经验、美感涉及审美态度、审美属性、审美对象等问题。综观调查的5本美国美学教材，对这一问题全都有所论述，尤其是迪基、拉马克更是设专章论述这一问题。

迪基在其教材的第三章、第四章，专门论述了审美经验问题，他称为"审美态度理论"。在第三章，迪基专门讨论了布洛的心理距离说、斯托尼兹（Jerome Stolnitz）和维瓦斯（Eliseo Vivas）的"无利害性注意"理论，以及奥尔德利希（Vergil Aldrich）的"看做"理论。第四章，则讨论了比尔斯利对审美对象的元批评观点，并提出了自己对于批评对象的积极建议。最后得出结论：各种审美态度理论尽管对"何谓态度"的理解各不相同，但三种审美态度理论一致认为，通过达到某种合理的距离、无利害性地注意和"看做"的方式，人们能将任何对象变成审美对象，从而获得审美感受和审美经验。

拉马克在其教材的第三章"审美属性"中，选编了西布利的"审美概念"、沃尔顿的"艺术种类"和柏蒂德的"审美现实主义的可能性"来探讨这一问题。他首先介绍了西布利的"审美概念"观点。在西布利看来，用于形容艺术品的除了大量的审美概念外，还有许多非审美概念。后者的非审美属性只要视力、听力、智力正常，任何人都能识别出来。但要识别审美属性，就需要专门的趣味、感知能力方面的训练才行。生活中，极有可能对一对象的非审美属性了如指掌，而对其审美属性仍然一无所知。批评家的一个任务就在

于引导观众去注意艺术品的审美属性。西布利的这一观点引起了分析哲学家们广泛的讨论。大家尤其争论这样一个问题：审美概念和非审美概念相互依赖关系的实质到底是什么。为此，"相关性"（supervenience）概念被引入进来，认为二者之间存在着"弱相关性"或"强相关性"的关系。接着而来又一个问题：如果审美概念和非审美概念之间存在着"相关性"关系，那么构成非审美属性或基础属性的要素是什么？如果如西布利所言是由对象本身的内部属性，即物理属性或对象的结构属性所构成，那么审美属性和非审美属性就是等同的了，而这显然是错误的。丹托在其"艺术世界"文和沃尔顿在其"艺术种类"文中，都以不同方式论证了物理属性完全相同的两个物体可能具有完全不同的审美属性。拉马克在本章所选的另两篇文章也都是接着西布利关于"审美概念"的问题继续论述。

卡罗尔在其教材的第四章"艺术与审美经验"中从美感的角度介绍对艺术的定义问题时，也论述了审美经验问题。

（三）美国美学教材对"艺术理论"的论述

从表 3 - 8 可见，调查的 5 本美学教材都一致以重要篇幅论述了"艺术理论"问题。其中，迪基的《分析美学导论》对"艺术理论"的论述占整本教材的 70%；卡罗尔的《艺术哲学：当代美学导论》为 80%；内尔、雷德利的《艺术哲学读本》为 62%；戈拉汉目的《艺术哲学：美学导论》为 45%；拉马克、沃尔森的《分析美学与分析艺术哲学读本》为 33%。概括起来，5本教材对"艺术理论"的论述，主要包括以下几个方面：艺术的定义问题；艺术品的本体地位；艺术评价理论；艺术家的创造性及艺术的作用问题。具体情况见表 3 - 11。

表 3 - 11　美国美学教材对"艺术理论"的论述情况

论述内容＼教材及所占教材比例	迪基：《分析美学导论》	卡罗尔：《艺术哲学：当代美学导论》	戈拉汉目：《艺术哲学：美学导论》	内尔、雷德利：《艺术哲学读本》	拉马克、沃尔森：《分析美学与分析艺术哲学读本》
艺术的定义问题	64%	100%	69%	28%	35%
艺术品的本体地位					30%
艺术评价理论	36%		31%	38%	35%
艺术家的创造性				16%	
艺术的作用				18%	

　　从表 3 - 11 可见，美国美学教材对艺术理论的论述集中在两个问题：艺术的定义问题和艺术评价理论。对于"艺术品的本体地位"，只有拉马克的《分析美学与分析艺术哲学读本》作了专章介绍。"艺术家的创造性"和"艺术的作用"，也只有内尔在其《艺术哲学读本》中作了专章介绍。其他教材对这三个问题也都有所涉猎，但均为零星介绍。下面，我将就"艺术的定义问题"和"艺术评价理论"，具体考察各教材的论述情况。

　　第一，美国美学教材对"艺术的定义问题"的论述。

　　调查可见，美国 5 本美学教材都一致对艺术的定义问题作了较大篇幅的专题专章介绍，可见这个问题在当今美国美学界的热门和受重视程度。从表 3 - 11 可见，迪基在其教材"艺术理论"部分的论述中花了 64% 的篇幅讨论艺术的定义问题；卡罗尔为 100%；戈拉汉目为 69%；内尔为 28%；拉马克为 35%。

　　概括 5 本美学教材对"艺术定义问题"的论述，可见他们主要介绍了如下一些美学家的观点。具体情况见表 3 - 12。

表 3 - 12 美国美学教材对"艺术定义问题"的论述情况

人物及观点 \ 教材	迪基:《分析美学导论》	卡罗尔:《艺术哲学:当代美学导论》	戈拉汉目:《艺术哲学:美学导论》	内尔、雷德利:《艺术哲学读本》	拉马克、沃尔森:《分析美学与分析艺术哲学读本》
柏拉图	✓	✓		✓	
亚里士多德	✓	✓		✓	
贝尔	✓	✓			
苏珊·朗格	✓	✓			
柯林武德	✓	✓	✓	✓	
托尔斯泰	✓	✓	✓		
克罗齐			✓		
伽达默尔			✓		
古德曼	✓		✓		
伊格尔顿 (Terry Eagleton)			✓		
列维·斯特劳斯			✓		
德里达			✓		
戈拉汉目			✓		
维兹	✓	✓	✓	✓	✓
丹托	✓	✓	✓	✓	✓
迪基	✓	✓	✓	✓	✓
列文森	✓	✓	✓	✓	✓
卡罗尔			✓	✓	✓
比尔斯利	✓	✓	✓	✓	✓

从表 3 － 12 可见，调查的 5 本美学教材集中论述了柏拉图、亚里士多德的艺术模仿论；贝尔的艺术"有意味的形式"理论；苏珊·朗格、柯林武德和托尔斯泰不同形式的艺术情感表现理论；维兹的"艺术不可定义"的观点；丹托、迪基的艺术制度理论；列文森的艺术历史理论；卡罗尔的艺术历史叙述理论及比尔斯利的功能主义的艺术定义观等等艺术定义观点。

迪基在其教材的第五、六、七、八、十、十一、十二章，专门论述了历史上和当代的种种艺术定义观点。他首先论述了柏拉图和亚里士多德的艺术模仿论，接着论述了 19 世纪的艺术表现论和 20 世纪的艺术理论，着重分析、论述了贝尔、朗格、柯林武德和维兹的艺术定义观。迪基还论述了 20 世纪 60 年代起区别于传统的新的艺术理论，即柯亨和迪基提出的新的艺术经验论；丹托和曼德尔鲍姆提出的新的艺术理论。并且专章论述了迪基自己的前后两种艺术制度论（或称艺术惯例论）。还论述了艺术中的符号论、文学中的隐喻问题，以及有别于情感表现论的其他形形色色的表现论。

卡罗尔教材的宗旨就是分析艺术概念。在其教材的前四章，他分别分析了美学史上的艺术再现论、表现论、形式主义艺术观点和审美艺术观（认为审美经验或审美属性是区分艺术与非艺术的标准），在论述了这些艺术观都非周延的艺术定义后，第五章论述了后维特根斯坦主义的"家族相似"艺术观，在指出其仍然不能周延地给艺术下定义的情况下，接着论述了当前流行的两种艺术观：迪基的艺术制度论和列文森的艺术历史定义论。在论述其还不足以概括各种艺术形式共性的情况下，卡罗尔在其教材的最后提出了自己的观点：以历史叙述的方式区分艺术与非艺术。他认为这不是在定义什么是艺术，而是一种辨认艺术的行之有效的方式。

戈拉汉目在其教材的第一、二、三章专门论述了艺术问题。他开门见山地宣称，与别的美学试图定义艺术的本质不同，他则试图建立一种探讨艺术价值的艺术理论。要建立这一理论，首先得回答"我们期待从艺术中获得什么"的问题，答案显然是为了获得愉悦或享受。为此，他介绍、分析了休谟的趣味标准、米尔的愉悦理论、康德的美论、伽达默尔作为游戏的艺术论。

其次，戈拉汉目分析了艺术与情感的关系。他说，如果愉悦是艺术的价值所在，表现情感就应该是艺术的本质了。那么，情感真的是艺术的价值所在吗？他接下来分析、介绍了托尔斯泰的日常生活表现论和柯林武德在其《艺术原理》中的观点。最后，在分析了愉悦、美、游戏和情感都不能充分地解释艺术的价值问题后，戈拉汉目接着分析了现代美国哲学家古德曼广为人知的"艺术是一种理解事物的源泉"的观点，论述了我们能否并在何种意义上能从艺术中学到东西的问题。在教材的最后一章，戈拉汉目还专章介绍了历史上和当代哲学家们提出的种种艺术定义观。在戈拉汉目看来，美学始于康德。自康德起，美学压倒一切的任务就在于寻求一个艺术定义。康德定义艺术为"无目的性的合目的性"，克罗齐的"直觉主义"、贝尔的"有意味的形式"、苏珊·朗格的"艺术是人类情感符号形式的产物"，都是不同的艺术定义。当代，在传统的寻求艺术本质定义之外，崛起了第三种艺术观，即从社会的、历史的、文化的角度探讨艺术的新观点，比如迪基的艺术制度论、马克思主义美学的艺术社会学观、列维·斯特劳斯的结构主义艺术观、德里达的解构主义和后现代主义艺术观。戈拉汉目在介绍、论述了美学历史上和当代诸多的艺术定义及观点后，在全书的最后，还不忘再次重申自己教材的主旨：不管是传统的还是当代的艺术定义或艺术理论，都不能很好地解释艺术，为此，第三种方式——艺术的规范(normative)方式，即不是寻求艺术的定义而是探求艺术的价值，在当代对待艺术的问题上，足以展现其意义。这一新的艺术解释方式，也为黑格尔、叔本华和柯林武德，以及当代的美学家斯古路顿（Roger Sruton）和布德（Malcolm Budd）所认同。

内尔在其教材的第二章"艺术作品"中，对艺术作品从两方面加以了论述。一是从"内容与形式"方面，一是从"艺术的定义"方面。前者涉及到何谓艺术问题。对此，存在着诸多说法。内尔选编了柯林武德、贝尔、色赛罗、格林博格和伊利亚特的观点。比如柯林武德就提出艺术的意义在于它所表现的情感。贝尔则提出绘画的意义在于其"有意味的形式"。对于"艺术的定义"，存在着诸多让人迷惑不解的观点。内尔选编了从制度、从历史、从艺术特殊的审美属性等诸多方面为艺术下定义的观点，以回应维兹的"艺术不能被定义"的主张。

拉马克和沃尔森在其教材的第一章就集中讨论了艺术的定义问题，介绍、选编了维兹、丹托、迪基、列文森、戴维斯、乌尔姆森和比尔斯利对艺术定义的看法。

概括起来，对于"艺术定义问题"，调查的 5 本美国美学教材对历史上柏拉图、亚理士多德的艺术模仿论、柯林武德、苏珊·朗格等的艺术表现论、贝尔的艺术形式理论等作了介绍；对当今流行的艺术定义观点，比如丹托、迪基的艺术制度理论、列文森的艺术历史理论，以及比尔斯利功能主义的艺术定义理论作了论述；有的还提出了自己的观点，比如迪基在其教材中专章论述了自己前后两种艺术制度论；卡罗尔在其教材的最后也提出了自己的艺术历史叙述理论；戈拉汉目在其教材中则反复若隐若现地论证自己的艺术规范观点。

第二，美国美学教材对"艺术评价理论"的论述。

除了卡罗尔的《艺术哲学：当代美学导论》只有零星介绍外，调查的其他 4 本美国美学教材都专章论述了"艺术评价"理论。迪基在其教材的第九章"意向论批评"中批驳了艺术家的创作意向决定艺术评价的观点，并在其教材的最后，介绍、论述了 5 种传统的艺术评价理论：个人主观主义、直觉主义、情感主义、相对主义和批评单元论；以及 20 世纪 3 种新的艺术评价理论：比尔斯利的工具主义、古德曼的工具主义、迪基的工具主义。

戈拉汉目从自己教材的任务在于探讨艺术的价值为何的宗旨出发，自然要讨论判断艺术价值的标准问题。他在教材的第八章专门讨论了这一问题。他首先论述了常见的审美判断是主观的观点，介绍了休谟对此问题的看法，指出这种观点面临的诸多困难及其不可取性。然后指出，艺术作品不同于科学之处在于它所具有的诸多"意义"，这些"意义"有待于欣赏者去阐释，这就会出现"一千人眼里有一千个哈姆雷特"情况，从而表现出审美判断的主观性。但是从另外一个角度看，多种多样的审美判断总是针对某一客

观"艺术品"而言，所以实际上，审美判断最终是受制于客观的"艺术品"本身，而非欣赏者。戈拉汉目还进一步论述了艺术家的创作意向对评价艺术品意义的重要性，顺便也介绍、批驳了维姆萨特和比尔斯利的"反意向论"主张。他指出，任何艺术作品总要表现艺术家的某种创作意向，对艺术的审美判断除了涉及客观的艺术品本身外，还要涉及艺术家通过艺术品体现的某种客观的创作意向。这些特点充分保证了审美判断形式上的主观性，而实质是客观的。

内尔在其教材的第三章，也专门选编了"艺术评价"方面的文章，论述了历史上和当今的多种"艺术评价"观点和理论。他介绍了休谟和康德对此问题的看法，介绍了西布利的观点。此外，内尔还选编了一组谈论艺术家的创作意向以及对艺术品的阐释问题的文章，比如维姆萨特和比尔斯利的"意向的谬误"、巴特的"作者之死"、赫什的"捍卫作者"、乌尔汉姆的"作为拯救的批评"、松塔格的"反对阐释"等，认为这些问题也是关涉艺术评价理论的重要方面。

拉马克在其教材的第五章专章论述了艺术的价值问题，选编了斯特罗森、西布利、赛维尔、布德、拉马克和高特的文章，论述了有关艺术价值的如下一些问题：如何评价艺术作品？有否普遍有效的审美评价？对艺术的价值判断能达到多大程度的客观性？审美价值如何与其他价值，比如道德价值相连？有审美价值不属于艺术价值的情况吗？有否所有的艺术作品都共同具有的价值？艺术中的价值判断是具有历史性的呢，还是存在普遍有效的艺术价值？此外，在第四章，也讨论了与艺术评价问题密切联系的意向和阐释问题，选编了沃尔森的"文学作品的意义"、比尔斯利的"意向和阐释：谬误复兴"、列文森的"文学中的意向和阐释"等文章，介绍了对艺术作品阐释本质的两种不同观点：一种认为是观众或读者对艺术作品本身的意义或艺术家想借以表达的意义的再现；另一种认为是对意义的建构，是观众或读者在对艺术作品的意义的阐释过程中的重新建构。

（四）美国美学教材论具体艺术中的美学问题

调查的 5 本教材对此问题都不同程度地有所涉及，但只有拉马克和戈拉汉目两人设有专章讨论这个问题。

拉马克在其教材的第六、七、八、九、十章，专门讨论了小说、图示性艺术、文学、音乐和流行艺术中的美学问题。戈拉汉目在其教材的第四、五、六、七章，也专门讨论了音乐、绘画、电影、诗歌、建筑这些具体艺术形式是否体现了他在前面章节所坚持的审美认知主义的观点，这种观点认为艺术在作为人们的认知手段时最有价值。

（五）美国美学教材论自然美

从表 3－8 可见，调查的 5 本教材有两本即拉马克的《分析美学与分析艺术哲学读本》和戈拉汉目的《艺术哲学：美学导论》直接专章论述了自然美问题。卡罗尔在其教材的第四章零星提到过自然美问题。内尔和迪基则根本未提到。

戈拉汉目在其教材的第八章讨论了自然美的问题。他指出，在 18 世纪，自然美是审美评价的中心，艺术则居其次；自康德后，尤其是由于黑格尔，到 19 世纪中叶，美学几乎成为艺术哲学的同义语，逐渐变成一门几乎只研究艺术的学科。20 世纪下半叶，由于环境哲学以及相伴而生的环境美学的兴起，才又掀起了对自然美的研究兴趣。但是，对于自然美能否成为审美欣赏和审美判断的客观对象，还存在着诸多疑问。戈拉汉目对此问题进行了考察、论述，最后得出结论：对于自然美，我们既难以寻求其独立性，也难以将对艺术美的审美评价直接用于说明自然美，唯一的办法是从生态系统的角度去说明自然美问题，而这样一来，自然美就将屈居艺术美之下了。

拉马克在其教材的最后一章也专章论述了自然美问题。他也指出随着 18 世纪美论被审美理论所代替，哲学家们越来越倾向于从艺术的角度论述美学问题。黑格尔主张美学的主要任务就在于研究艺术的各不相同的形式及其内容。近来的许多美学也关注的是艺术问题。现在通过研究艺术来研究美学仍然是标准的美学治学方式。实际上，在分析美学早期，"美学"与"艺

术哲学"是作为同义语使用的。罗纳德·黑普本于 1966 年发表了《当代美学及其对自然美的忽视》一文,对于改变这一局面起了很大的作用。这篇文章重开了对自然美的研究领域,并直接促成了后来《环境美学》的诞生和发展。拉马克选编了黑普本的《当代美学及其对自然美的忽视》、卡尔松的《欣赏与自然环境》,以及巴德的《对自然的审美欣赏》这样三篇文章,介绍了他们各自对自然美的观点和看法。

三、中、美教材具体内容的异同

从前面对中、美共计 10 本教材具体内容的分析,可见两国美学教材的具体内容方面既有其共性的一面,也各有其特色。共性表现在:两国的美学教材都以重要篇幅专章专题论述了审美经验（或称美感、审美意识）和艺术问题。

两国教材各自的特色如下:

内容方面:中国教材立足于某一理论原点,比如审美活动,进行理论构架,形成从审美客体或称审美对象（讲述美的本质、根源及美的存在形态和审美类型）,到审美主体或审美意识或美感或审美经验（讲述美感的本质特征,美感的心理因素,美感的差异性、普遍性、美的欣赏与判断）,到艺术（阐明艺术的本质、内容与形式、种类,以及艺术创造活动的规律性和作为这种创造成品的反映、评价的艺术欣赏、艺术批评等问题）,到美育或审美教育（论述美育的内涵、目的、特点及功能、地位和实施）,构成一个完整严密的美学理论体系。美国教材则重史料和问题,教材整体性、系统性没有中国教材强,主要是以各问题为纲,以从古至今的美学史料为线,呈散点状将教材内容串连而成,重在从方方面面论述艺术的美学问题,虽也讨论美、讨论自然美,但所占比例甚少。具体来讲,中国美学教材中占重要比例的美育部分,美国美学教材只字未提;而美国美学教材重点论述的艺术部分,中国美学教材则只占很小比例。另外，中国美学教材重点论述的美的本质问题、审美形态（审美类型）问题，美国教材也论述得非常之少。

内容的讲述方面：美国教材强调史料，强调从历史的角度将美学领域和艺术领域内重要美学家、思想家们讨论的重要理论问题加以陈述，以人物、以问题为中心串连美学内容；而中国教材则重理论建构，以理论原点建构教材体系，缺乏历史的视角。另外，美国美学教材还非常重视当代的美学问题，教材讨论的内容与当代西方英语国家美学界正在论争的话题基本合拍；反之，中国美学教材在及时反映当代美学论争、美学学术研究方面则显欠缺。

值得注意的是，即便是两国共性的方面，仔细分析起来，实际上仍体现了个性差异。为了对此问题有较详细的了解，特以两国教材一致讲述的"艺术"问题为例，具体论述两国教材的不同。为了比较方便，特选中国方面朱立元的《美学》，美国方面迪基的《分析美学导论》，作为对"艺术"问题的比较样本。之所以作这样的选择，是因为无论是朱立元还是迪基，在他们的教材中都专章对艺术问题作了较之两国被调查的其他教材更为详尽、集中的较高水平的论述，可以各自代表本国对此问题的大致论述情况，从而使比较更具可比性和客观性。

朱立元在其教材的第五编"艺术审美论"中，专门论述了有关艺术的诸多问题，其具体编排情况如下：

第五编 艺术审美论

第一章 艺术的存在

第一节 艺术的本质与艺术品定位

第二节 艺术的存在及存在方式

第二章 艺术的创造

第一节 艺术创造与艺术家

第二节 艺术家的基本素质

第三节 艺术创造的过程

第三章 艺术作品

第一节 艺术作品的层次结构

第二节 艺术作品的形态

第四章 艺术的接受

第一节 艺术鉴赏

第二节 艺术批评

迪基在其教材的第五、六、七、八、九、十、十一、十二、十三、十四、十五、十六章中，也专门论述了有关艺术的诸多问题，其具体编排情况如下：

第五章 艺术理论：从柏拉图到19世纪

柏拉图 / 亚里士多德 / 19世纪：新转向——艺术的表现理论 / 什么是艺术理论？

第六章 20世纪的艺术理论：从1914年到1950年

贝尔：一种20世纪的艺术美论 / 苏珊·朗格：一种20世纪的艺术模仿论 / 柯林武德：一种20世纪的艺术表现论 / 维兹：作为开放概念的艺术

第二部分：20世纪的美学——从1960年至今

第七章 新转向和新发展

艺术经验的新转向 / 艺术理论的新转向

第八章 艺术的制度理论

旧版本 / 新版本

第三部分：美学中的四大问题

第九章 意向论批评

第十章 艺术中的符号论

第十一章 隐喻

第十二章 表现

第四部分：艺术评价

第十三章 20世纪的评价理论

个人主观主义／直觉主义／情感主义／相对主义／批评单元论

第十四章 比尔斯利的工具主义

第十五章 古德曼的工具主义

第十六章 别一种工具主义

由上可见，两本教材，虽同样论述艺术问题，但却存在较大差异：

首先，各自对艺术问题的论述所占整本教材的比例是不一样的。朱立元的"艺术审美论"占整本教材的 18%，而迪基的却占 73%，基本上是大半本教材都在论述艺术问题。中美其他几本教材的情况也大致如此，即总的来讲，艺术部分在中国教材中只占一小部分篇幅，可在美国的教材中却是重头戏。

其次，朱立元对艺术问题的论述，概括起来主要有这样一些问题：(1) 艺术、艺术品的定义；(2) 艺术创造；(3) 艺术作品；(4) 艺术接受。对于 (1)，先论述了"艺术的定义"，介绍了中外古今三种角度的艺术定义，即第一，从艺术起源角度定义艺术（包括游戏说、集体无意识说）；第二，从艺术本质角度定义艺术（包括模仿说、表现说、有意味的形式说、符号说）；第三，从艺术功能角度定义艺术（主要指中国历史上的载道说或教化说、娱乐说）。对于"什么是艺术品"，即面对众多物品，如何区分哪个是艺术品的问题，得出对于艺术品的初步定位：艺术品应是感性的精神性的人工产品。对于 (1)，朱立元还专门讲了"艺术定义与艺术品定位之难"的问题，提出为了有效地把握艺术、艺术品，我们应从传统的对艺术定义的"掌控"方式中解脱出来，转而以"体验"的方式去把握艺术，这样一来，对于艺术和艺术品，可以得出这样的结论：艺术首先存在于艺术品中，存在于以艺术品所蕴涵、所启发、所指称的意象为主的感性的精神性中；现实地存在于人的审美活动、审美经验中；整体上存在于"艺术创造→艺术品→艺术接受"的动态流程中。

对于 (2)，艺术创造离不开艺术家，朱立元首先讨论了何谓艺术家与艺术家的基本素质。对于前者，他提到艺术家是个相对概念，它与艺术创造、

艺术品等概念是相互关系着的。从逻辑上说，先有艺术，后有艺术家及其作为创造的活动，艺术家是不能独立、先在地存在的。对于"艺术家的基本素质"，朱立元从两个角度加以论述。一是从不可变的方面，即从艺术家所拥有的可供艺术创造的纯粹的内在机制；二是从可变的方面，即从可能影响这个机制运作快慢、偏向的方面。艺术家纯粹的内在机制指艺术家的艺术创造力，它包括艺术敏感、艺术想象力、艺术技巧等方面。后者则指艺术家的学识、经历、传统、性情等。对于（2），朱立元还结合中西艺术创造实践，论述了"艺术创造的过程"问题，认为艺术创造过程分为三个阶段：触发阶段、展开阶段、生产阶段。

对于（3），朱立元论述了"艺术作品的层次结构"和"艺术作品的形态"两个问题。对于"艺术作品的层次结构"，朱立元认为艺术作品作为艺术家审美活动的产物，必然要以一定的物质媒介和审美意象，来表达艺术家在自己的人生实践中所体验和把握到的人生价值和意义。同时，这种意义又必然是通过作品中的艺术形象和审美意境表达出来的，而这些意义和形象又必须借助于一定的艺术语言和物质材料才能够存在。为此，他将艺术作品的结构划分为以下四个方面：物质材料层、符号形式层、意象世界层、超验意境层。对于"艺术作品的形态"，朱立元讲了两点：艺术作品形态的划分标准和各类艺术的审美特征。对于前者，在回顾了西方历史上对此问题的诸多看法后，朱立元提出了自己的观点，即把艺术作品划分为时间艺术和空间艺术两种形态。其中，前者包括了音乐、戏剧、舞蹈、文学、影视等艺术形式；后者则包括建筑、雕塑、绘画、摄影等艺术形式。接着，朱立元对几类代表性艺术的审美特征作了分门别类的介绍。

对于（4），主要是指艺术鉴赏与艺术批评。前者是指受众（或接受者）通过对艺术作品的观照、欣赏获得审美愉快和体验的活动。后者则是指批评家根据自己的审美趣味和价值标准，对各种艺术现象和艺术作品所做出的判断与评价。朱立元将艺术鉴赏过程大致划分为艺术作品向审美对象的转化和读者对审美对象的评价与回味两个阶段。

迪基对艺术问题的论述，则包括如下一些问题：（1）艺术理论（艺术定义）；（2）艺术家的创作意图与理解、评价艺术品的关系；（3）艺术中的符号论；（4）文学中的隐喻；（5）艺术中的情感表现问题；（6）艺术评价。

（1）也就是关于艺术的定义问题。迪基在其教材的第五、六、七、八章，讨论的都是艺术的定义问题。在第五章，迪基讨论了艺术的模仿理论，认为从古希腊时期直至 19 世纪，这一理论都一直或多或少存在，且被认为是正确的理论。还讨论了柏拉图和亚理士多德的艺术起源理论和艺术对人们的作用问题。最后讨论了 19 世纪第一个挑战艺术模仿论的艺术表现论。

第六章讨论了 20 世纪，具体来讲，从 1914 年到 20 世纪 50 年代的艺术理论，包括苏珊·朗格和柯林武德的艺术观、克莱夫·贝尔的艺术观和维兹的艺术观。认为苏珊·朗格的"符号表现论"是模仿论的现代翻版；柯林武德"想象的表现论"是 18 世纪表现论的复杂化；克莱夫·贝尔的艺术观与传统的美论关系密切；而维兹对艺术定义的观点则是最近思想的产物，是将维特根斯坦的哲学创见运用到艺术理论中的尝试。认为这四种艺术理论在 20 世纪前半期美学的发展史上分别扮演着重要的角色。

第七章讨论了从 20 世纪 60 年代起至今美学的新转向和新发展。20 世纪 60 年代早期，几位哲学家发表的几篇文章，对艺术经验和艺术理论产生了重要影响，标志着美学发展的新转向。其中的三篇文章，一篇为柯亨所作，两篇为迪基所作，集中讨论艺术经验问题。另外两篇文章，一篇为丹托所作，一篇为曼德尔鲍姆所作，则集中讨论艺术理论问题。5 篇文章的共同之点在于一致强调从艺术得以产生的文化背景中去考察艺术。认为之前的美学理论，包括美论、趣味理论、审美态度理论、艺术理论，都忽视了生成艺术的文化背景因素。我们此处只介绍迪基对 20 世纪 60 年代起至今艺术理论新转向的论述情况。

迪基论述道，维兹"艺术是个开放概念"的观点，从 20 世纪 50 年代至 60 年代早期独占统治地位，别的美学家们几乎丧失了挑战这一观点的能力，对艺术定义问题的研究也暂时沉寂了。然而，从 20 世纪 60 年代中期起，丹

托和曼德尔鲍姆，分别从不同的方面提出了反对维兹的观点。

1965年，曼德尔鲍姆对维特根斯坦的游戏理论和维兹的艺术观点提出挑战，提出了自己对于艺术的哲学思考富有创见性的观点。他首先辩论道，游戏在其目的上就有某种共同性，游戏具有一种能把它的参与者和旁观者的注意力引向非实践的兴趣的能力。而维特根斯坦只是涉及各种游戏显示出来的具体特征，例如球是否能用之于游戏或游戏是否都要讲究输赢，而未能去注意到它的这种最共同的特征。曼德尔鲍姆虽然没有试图去给艺术下定义，但他提出艺术是可以定义的，兴许我们应从某些将艺术品与现实的或潜在的观众联系起来的不可见的非外显的特征方面去给艺术下定义。

1964年，丹托发表了三篇系列文章的第一篇。1981年，这些文章被扩充到《平凡的变形》一书中。在这些书籍、文章中，丹托视而不见维特根斯坦者们的艺术观，而提出了自己对艺术的新思考。他认为，杜尚的《泉》和日常生活中一模一样的男用小便池，前者被称为艺术品，后者却不是，可见，决定物品是否是艺术品的不可能是其外观可见的东西，而肯定有一些我们看不见的东西在起作用。于是，他提出了著名的"艺术界"理论。认为人们不能通过感知要素区分艺术与非艺术、艺术与生活用品。艺术之为艺术在于阐释，在于艺术理论和艺术知识。"将某物看成艺术，不需要眼睛的介入——而是需要理论氛围、艺术史知识所构成的艺术界……艺术界相对于现实世界的关系就像天使之城相对于俗世之城的关系"。①总之，在丹托看来，决定艺术的是艺术界，即理论氛围和艺术史知识。

迪基在其教材的第八章，继续介绍自己深受丹托启发而形成的"艺术制度理论"。按照迪基的这一理论，艺术身份或者资格的获得，主要取决于以下两个因素。首先，客观条件，即艺术世界的惯例（或制度）——艺术品赖以生存的庞大的社会制度。包括那些促使、保证、引导艺术品产生与存在的社会制度和传统，如原始艺术赖以存在的原始巫术、宗教仪式；古代希腊公共雕

① 【美】Jseph Margolis, *Farewell to Danto and Goodman*, The Journal of Aesthetics And Art Criticism, October 1998, Vol.38, No.4, p.368。

像赖以出现的古代希腊城邦民主制度与宗教体系；现代社会的国家或者私人的画廊与美术馆、剧院、年展或者奖赛等机构和制度等。它也包括一定社会历史条件下人们的艺术创作和欣赏的规范、习俗、鉴赏心理等等传统与时尚。事物是否符合或者能否具有艺术品资格，首先就取决于这些现在的条件，比如，作品是否人工制品，是否是艺术家或从事艺术行业的人士所为，是否可以陈列于美术馆中，是否是为了人们的欣赏而展示的，等等，所有这些条件决定事物能否具有艺术品资格，是不是艺术品。其次，主观条件——艺术家的"授予"。客观地说，这也是艺术世界的惯例之一。现代社会是一个分工社会，艺术家的职责就是制作艺术品，所以艺术品的归属当然就是艺术家。在迪基看来，艺术家根据"惯例"授予，是事物之所以具有艺术资格的关键所在。杜尚把一个小便器命名为《泉》，并拿去展览馆展出的行为，与一个铅管推销员把水龙头"摆在我们面前"的推销行为，之间的区别在于前者的活动是在艺术世界的制度范围内进行的，并赋予事物以艺术品的资格，而后者则不是。

在某种程度上，迪基从理论上揭示现成品能否作为艺术品存在的关键在于：现成品是否介入了艺术品赖以存在的先在性艺术关系之中。特别是与博物馆、美术馆、画廊等代表当代艺术品鉴藏资格的制度场所的存在环境是否建立了一定的关系；与观众的欣赏习惯之间是否构成了一定的"欣赏与展示"的意向关联；与艺术家是否建立了人工性的"授予"或"加工"的从属、所有关系，或者说著作权关系，等等。

迪基在教材的第九、十、十一、十二章，讨论了美学中的四大非核心问题，即"意向论批评"、"艺术中的符号论"、"隐喻"、"艺术中的情感表现问题"。除了"隐喻"只适用于文学外，其他问题都贯穿在所有的艺术形式中。

在教材的第九章，迪基讨论了艺术家的创作意图与理解艺术品、评价艺术品的关系，讨论了艺术家的创作意图与作品的意义的关系，论证了意向论批评派观点，即通过考察艺术家的创作意向来理解艺术品、评价艺术品的错误性。

在教材的第十章，迪基讨论了艺术中的符号论问题。认为艺术中的符号都有其特定的象征意义。迪基在本章讨论了符号的产生、符号的定义，艺术中符号的意义及其特征、功能，艺术家在创作中如何运用符号于艺术，如何在艺术中创造象征符号。象征符号与例证（exemplification）的区别。

在教材的第十一章，迪基讨论了隐喻问题，讨论了隐喻与明喻的区别，讨论了隐喻在文学作品中是如何发挥作用的，具体考察了两种隐喻理论：目标比较理论（object-comparison view）和对向理论（verbal-opposition view）。

在教材的第十二章，迪基介绍了作为艺术定义的表现理论是失败的，但艺术确实某种意义上经常在表现情感，因此，美学很有必要探讨情感是在何种意义上被艺术所表现的？经过严格的语言分析，得出表现情感的词汇是在隐喻意义上而非字面意义上描述艺术作品的，而且这些表现情感的词汇是在描述艺术作品而非描述艺术家或观众。

对于"艺术评价"，迪基在其教材中专门用了四章的篇幅讨论这一问题，介绍、论述了5种传统的艺术评价理论：个人主观主义、直觉主义、情感主义、相对主义和批评单元论；以及20世纪3种新的艺术评价理论：比尔斯利的工具主义、古德曼的工具主义、迪基的工具主义。

从以上朱立元和迪基对"艺术"问题的论述情况的分析比较，我们很容易看出三点明显的不同：

第一，虽同是论述"艺术"问题，各自在教材中论述的具体内容是不一样的。朱立元讨论了艺术、艺术品的定义；艺术家及其艺术创造过程；艺术作品的层次结构及其形态划分标准和各类艺术的审美特征；艺术鉴赏和艺术批评。迪基则讨论了艺术理论（艺术定义）问题；艺术家的创作意图与理解、评价艺术品的关系问题；艺术中的符号论；文学中的隐喻；艺术中的情感表现问题；艺术评价问题。即便是同样论述"艺术的定义"问题，两人论述的内容也有着很大的差别。

第二，论述的方式不同。从教材总的论述方式来看，朱立元总是先概括历史上对某个问题的观点，然后立足某一理论原点，提出自己的观点，论证自己的观点，重理论建构，理论性较强，对"艺术"问题的论述也不例外；而迪基则注重历史线索，将观点置于特定的历史背景当中，以人物为中心，分析概念，反复论证观点的合理性和不合理性，就人物论人物，就观点论观点，非常细致。总之，重个案分析，实证性较强。

第三，朱立元结合中西艺术状况谈论艺术问题；迪基则仅就西方艺术而言艺术问题，没有非西方文化的视角。

总之，以朱立元和迪基的教材为例，可见两国的美学教材虽有共性的方面，但更多的是存在很多不同的地方。如何借鉴美国美学教材的内容和论述方式以充实、完善我国的美学教材情况，是一个亟待进一步专门探究的问题。

第四章

影响两国美学课程的学术背景分析

一个国家的高等教育课程设置、教学内容、教材编制、教学方式等等，会受到整个国家的教育思想、教育资源、经济水平以及学科的学术传统和学术研究现状等诸多因素的影响。为了进一步明确两国美学课程的差异，我们有必要具体分析导致两国美学课程重大差异的原因。限于篇幅，我着重从两国美学学术研究背景这一角度，分析比较为什么同是美学课程，在教学内容上会有如此重大的不同。

第一节 中国美学学术研究的历史变迁

一、"美学"初入中国

众所周知，美学作为一门学科源于西方。美学与中国结缘是比较晚近的事情，公认的时间是在 19 世纪晚期。黄兴涛认为，"美学"一词的中文发明者似为德国传教士花之安，在 1873 年他以中文著的《大德国学校论略》中称西方美学课讲求的是"如何入妙之法"，并谈到美之所在者有"绘事之美"、"乐奏之美"等七论，这大概是近代中国介绍西方美学的最早文字。1875 年，花之安又著《教化仪》一书，认为"丹青"、"音乐"二者"皆美学，故相属"，此处的"美学"一词与前面的论述并视，可见出此词已大体是现代意义上的使用。

"美学"一词正式在中国流行开来是 20 世纪初的事，即从日本引进此词之后的事。日本的中江肇民用汉字"美学"翻译了"Aesthetics"，给了美学一个至今沿用的名称。黄兴涛认为：虽然王国维在早期传播

西方美学的活动中贡献突出，并且频繁使用"美学"一词，但不能称为最早。据他考证，早在1897年，康有为编辑出版《日本数目表》一书，其美学类所列第一部著作即名为《维氏美学》。1900年，侯官人沈清在《东游日记》中也提及"美学"、"审美学"等词。1901年，京师大学堂编辑出版的《日本东京大学规制考略》中更是多次使用现代"美学"概念，而在王国维1902年以前的文字中，似还见不到"美学"这一现代词汇。关于谁最早传播西方美学的问题，黄兴涛认为：一个名叫颜永京的中国人早在19世纪80年代，就曾对西方美学思想作过颇有特色、值得重视的译介，而美学界似未对此引起注意。1889年，颜氏翻译出版美学心理学家约瑟·海文的《心灵学》，其中他译"美学"为"艳丽之学"。这本译著所创译的美学词汇及内容在当时和稍后的中国士人中产生了一些影响。黄兴涛还特别提醒人们注意，在近代中国早期传播西方美学知识和建立现代美学概念的过程中，有关教育、心理、哲学的译著和编著书籍发挥过那些专题美学译著或论著所无可替代的先驱导引作用，其中又以心理学和哲学译著中的介绍最为突出。事实上，"美学、美感、审美"等词的传播、使用和和阐发最早都是在这些译著中实现的。①

二、1949 年以前中国的美学状况

如果说中国初识美学始于19世纪晚期，那么，把美学作为一门学科引进中国的时间则要推到20世纪早期。王国维对此有开山之功。正如阎国忠在《美学建构中的尝试与问题》的"序"中所讲的："我们应该庆幸，最初接触美学并作出阐发的是王国维、梁启超、蔡元培这样一些大思想家、大学问家……美学一经他们阐释和发挥，便充分体现了一种启蒙精神、一种深厚的文

① 黄兴涛：《"美学"一词及西方美学在中国的最早传播——近代中国新名词源流漫考之三》，《文史知识》，2000年第一期。

化底蕴、一种对人生和宇宙的深刻关怀。"①

这一代知识分子引进西学的最初情况，正如鲁迅在其《文化偏至论》中讲的："中国既以自尊大昭闻天下，善诋諆者，或谓之顽固；且将抱守残阙，以底于灭亡。近世之人，稍稍耳新学之语，则亦引以为愧，翻然思变，言非同西方之理弗道，事非合西方之术弗行，挖击旧物，惟恐不力，曰将以革前缪而图富强也。"②即是为了"借思想文化以解决问题"。王国维作为中国引进西方美学的第一人，也是中国主张学术自由独立的第一人，在其自由独立精神的背后，同样渗透着借思想文化以解决中国面临的问题的不可解脱的倾向。在其写于1903年的《论教育之宗旨》中，他接受了西方启蒙运动以来的教育思想，认为完全的教育必须具备智育、德育和美育三个方面。"德育与智育之必要，人人知之，至于美育有不得不一言者。盖人心之动，无不束缚于一己之利害；独美之为物，使人忘一己之利害而入高尚纯洁之域，此纯粹之快乐也。孔子言志，独与曾点；又谓'兴于诗'，'成于乐'。希腊古代之以音乐为普通学之一科，及近世希痕林（谢林）、希尔列尔（席勒）等之重美育，实非偶然也。要之，美育者一面使人感情发达，以达完美之域；一面又为德育与智育之手段，此又教育者不可不留意也。"③在王国维看来，只有美育能够把德育智育带动起来，渐达真善美之理想，又加以身体之训练，"斯得为完全之人物，而教育之能事毕也。"美学或美育被放在了获致"完全之人物"的关键环节。

另外，王国维认为，政治家给予国民的是物质上的利益，而文学家给予国民的是精神上的利益，两相比较，后者更为重要，因为"物质的文明，取诸他国，不数十年而具也，独至精神上之趣味，非千百年之培养，与一二天才之出，不及此。而言教育者，不为此谋，此又愚所大惑不解者也。"④所以，王国维在1906年向清廷上书，批评原来的"学

① 阎国忠等：《美学建构中的尝试与问题》，安徽教育出版社，2001，第1页。
② 转引自汝信、王德胜主编：《美学的历史：20世纪中国美学学术进程》，安徽教育出版社，2000，第390页。
③《王国维文集》第三卷，中国文史出版社，1997，第58页。
④《王国维文集》第三卷，中国文史出版社，1997，第64页。

校章程"的"根本之误"在于废弃了哲学这门学科，并驳斥"哲学有害"、"哲学无用"、"哲学与中国古来之学术不相容"等观点。认为："以功用论哲学，则哲学之价值失。哲学之所以有价值，正以其超出乎利用之范围故也。且夫人类岂徒为利用而生活者哉，人于生活之欲外，有知识焉，有感情焉。感情之最高之满足，必求之文学、美术，知识之最高之满足，必求诸哲学。"①以此之故，王国维在其所设计的大学文学科中，包括了5个分科：经学、理学、史学、中国文学、西洋文学，在每一分科的课程中都有哲学，而美学的课程，除史学科未设外，其他4科都开设。由此也可见出王国维对美学培养"完全之人"方面的作用，是多么的重视。

蔡元培在引进美学和提倡美育及倡导"教育救国"时，也同样是基于"借思想文化以解决问题"的态度，他的教育观和美育观，目标都在于培养健全的人格。

从20世纪这些最初接触和引进西方美学的大思想家们这里，我们也可看出为什么中国20世纪80年代后绝大多数美学原理教材都当然地将美育视为美学必不可少的组成部分的端倪。此外，这批学人以"借思想文化以解决问题"的态度引进西方美学观念、建立美学学科时，是把美学放在树人、立人、培养健全的人这样的关键位置的。可以说，美学经过王国维、蔡元培等人之手，从其一进入中国起，就不是仅仅被看成学术，而是被看成重新阐释中国文化，创构现代思想观念，改造社会和人生的手段，因而在某种意义上成了真正具有形而上学的品位和丰富的文化底蕴，并充满现代意味的学科。而这也正是我们今天赋予美学提升人的精神境界、促进人生审美化的学科品格的一脉相承的良好传统。

今天从学术史的意义上来看待王国维的价值，王国维美学主要意义在于启蒙，它开启了美学学科进入中国、进入民众的大门，破除了人们对封建文艺的迷信，崇尚自由与个性。但是对于美学自身来说，王国维引进的只是美学的一些基本词汇和部分内容，就此而言，并没有对中国学界产生"学科"冲击。

① 《王国维文集》第三卷，中国文史出版社，1997，第69—70页。

真正使中国人感受到美学的是朱光潜。朱光潜把兴盛于西方 19 世纪末到 20
世纪 20 年代的审美心理学诸流派——直觉说、内模仿说、距离说、移情说，
综合成为一个完整的美学体系，以《文艺心理学》、《谈美》向人们展示了什
么是美学，这是一种中国文化以前从来没有过的知识形态。如果说中国美
学可以分成三大阶段的话（从王国维到 1949 年，1949—1976 年，1978 年以
后），那么第一阶段的中国美学，则主要是以开放姿态，全盘接受西方美学
的思想成果，以建构自己的美学理论体系。可以说，这个阶段中国的美学观
念、体系、范畴以及基本问题的形成与发展，都是在西方美学的强大影响下
进行的。朱光潜可以说是这一阶段的代表，他的《谈美》可以说是这一阶段
最有成就、最具持久影响力的美学体系著作。与朱光潜同时代的吕澂、范寿
康、陈望道等也同样借助西方学术资源，开始自觉的学术建设，他们撰写的
美学原理著作一方面直接成为 50 年代"美学大讨论"的本土前提；另一方
面其美学建构范式也为 80 年代的美学原理写作奠定了雏形和基础。

如前所述，朱光潜的美学理论代表了学科意义上的中国美学 1949 年以
前的最高成就，而这个成就，主要是通过学习、借鉴、分析、综合西方当时
最新的美学理论，再把它运用于反观中国文化的美学和艺术材料之中而取得
的。朱光潜的《文艺心理学》基本上是介绍当时西方最新的审美心理学诸流
派，如距离说、直觉说、内模仿说、移情说，但朱光潜在介绍的同时又把它
们归纳、综合、总结为一个理论整体。因此，虽然这里已经有朱光潜自己的
思考和思想，但整个部件和结构，还是源于西方。因此人们甚至可以将这本
书看成是一本西方美学流派史或断代史。而《谈美》，虽然好像是《文艺心
理学》的"节略本"，书中的核心思想也是西方的，但从行文和结构来看，
都可以说是朱光潜自己的创造，是他自己建立起来的美学体系。正是这一混
杂的美学体系成为随后 50 年代美学界重新建构本土美学时反思批判的对象，
并由此引发了中国美学史上有名的五六十年代美学大讨论，也启发了 80 年
代美学原理著作的写作构架。

《谈美》分为四部分。从第一节到第三节，讲的是"美是什么"的问题；

第四到第六节，讲的是"美与非美的区分"；第七、八节，讲的是"自然、现实与美的联系与区别"；第九到第十四节，讲艺术美；第十五节，从宇宙人生的高度，也就是从哲学的高度讲美的意义。《谈美》的核心思想有二：一是关于美的定义，即"美是什么"，简单地讲，就是"美＝美感＝距离＝直觉＝移情"；二是关于美对于人生的意义，从开篇讲审美只有与实际人生拉开距离才能产生，到最后得出审美也是整个人生的一个必需的部分，美和艺术是人生中的情趣，是人生中的欣赏和创造，离开了情趣、欣赏和创造的人生是可怜的人生的结论。

如果说，20世纪前25年，康德、叔本华的美学思想在中国学人中占据统治地位的话，那么20年代中期以后，叔本华的影响开始减退，而里普斯的"移情论"与康德的理论有平分秋色之势。这期间，吕澄、范寿康、陈望道等人都根据"移情论"来编写其美学著作，并以之作为解释美的本质的核心理论。以吕澄为例，他根据自己对里普斯移情理论的理解，切实地将一种心理学的模式移植到中国来，真正把美学奠基在心理学之上，精心建构起一个美学框架，从而把中国美学的研究，从理论与方法上推到了一个新的层面，给后世学人以许多启示。

吕澄的《美学概论》作为师范学校用教材于1923年由商务印书馆出版发行。他的美学思想从美的价值谈起，确认了以下几点：第一，美的价值必属于物象；第二，美的价值又必属于物象所固有（非外在价值）；第三，此固有价值又必与生命相关；第四，欲体验得之必用美的观照。由第一、二两点引出了对审美客体——美的形式的讨论，由第三、四两点引出了对审美主体——感情移入的讨论。又由感情的不同性质，即量的感情与混合的感情讨论了审美范畴即崇高、优美与悲壮、谐谑。美的形式与感情移入是美感发生时的两种因素和契机，但美感的发生还需要主观心理上与客观条件上的准备。这一思路又引发了对美感心理机制，即美的观照及艺术本质的讨论。对艺术美与自然美、艺术的表现与再现、艺术的合现实性与超越性、艺术的内容与形式等问题也一一进行了讨论。其后的范寿康在其《美学概论》一书中完全沿袭了这一思路。

　　总之，"自王国维首倡在大学的哲学（经学）、中文、外文等系（科）开设美学课，蔡元培最先在北京大学实践了王国维的这一建议，并且自己编写美学讲义。在蔡元培的积极倡议下，以美育作为国民素质教育重要组成部分的思想为社会普遍接受，一时间，各高等院校及艺术专科学校纷纷开设美学课程，在形势的鼓舞下，许多大学教师也纷纷加入美育行列，自己动手编写美学教材，并由此成为20世纪前期中国美学界的生力军……据不完全统计，从20年代到40年代，社会上流行的概论类美学著作就有二十多部。"①这些概论类美学著作在理论深度上并不引人注目，但是重要的在于它们形成了一种群体优势：它们的出现，在美学界起到了转换研究方法、思维形式的作用，从根本上扭转了清代朴学家们的传统的研究思路，在研究对象、研究方法上成功实现了由微观到宏观、从点到面的转换，在基础理论研究方面填补了传统的古典美学所最不擅长的一项空白。从此时起，学人对美学的理解也发生了根本的变化：美学不只是带有功利性的改善国民精神的武器，不只是一般哲学史的补充部分，也不只是给中国古典文化注入新鲜西方气息，而是成为有着独特性质和对象的相对独立的学科。虽然在表述上主要是化解西人的美学理论，但是这些原理却完全是按照近代学科规范和形式逻辑来撰写的作品，这也使得该期美学研究的多数成果形式初步实现了与西方的接轨，这样一个起点，使得美学这一在西方有美有学，而在中国有美无学的学科，实现了它在中国学科化的雏形。而作为这一雏形的标志，便是众多《美学》教科书的出版发行。如，1923年，吕澄的《美学概论》作为师范学校用教材首先在商务印书馆出版。随后，1927年，范寿康的《美学概论》也作为师范丛书在商务印书馆出版，陈望道的《美学概论》也于同年问世。稍后，1928年，徐庆誉的《美的哲学》作为世界学会哲学丛书发行。1932年，朱光潜的《谈美》在开明书店出版。这样一些著作群形成了1949年以前美学原理的大体面貌。他们的共同特点在于这些

① 汝信、王德胜主编：《美学的历史：20世纪中国美学学术进程》，安徽教育出版社，2000，第122—123页。

原理都以作者自己所接受的西方某个美学家或某个流派的思想来组织写作，或者青睐"移情说"，或者青睐"康德、叔本华"，或者受到日本某个"二传手"的影响（范寿康在其《美学概论》的自序中就提到自己搜集的材料"以采诸日本阿部次郎之美学者为尤多"）。这批著作初步辨析了美学的学科性质，界定了美学的对象和方法，设计了美学的理论框架，探讨了美的性质，讨论了美、美感、艺术的关系，提出了艺术创作、艺术类型、艺术的内容与形式之关系等问题。尽管它们还不能严格的被称为美学的写作"范式"，但是，它们已具备了范式的"雏形"，并直接成为50年代"美学大讨论"的本土前提；同时，也为"文革"结束后80年代以来美学原理的写作提供了样本。对比80年代后美学教材论著，可以发现其建构框架，其论述的主要问题及其论述问题的方式，无不处处留有这个阶段这些美学论著的痕迹。

三、中国五六十年代的美学大讨论

美学传入中国后，1949年前，除了前述主要以引进、介绍西方美学思想为主流外，当时一些倾向马克思主义的文艺工作者和一部分从事宣传和青年运动的共产党人，把马克思主义的基本理论如唯物论、辩证法和阶级分析等与文艺实践相结合，对文艺（首先是文学）提出新的要求，尝试着用唯物史观和阶级方法做出新的分析。尤其是1930年"左联"成立后，随即创立了马克思主义文艺理论研究会，创办刊物，出版丛书，翻译马、恩原著，阐释马克思恩格斯文艺思想，甚至直接借助于当时俄罗斯和苏联的马克思主义美学研究成果和模式，建构自己的美学体系。[①]其中，尤以成形于40年代的蔡仪以"典型"概念为核心建构起来的客观论美学为其代表。蔡仪是当时唯一以马克思主义观点楔入美学领域并建立了自己美学体系的人。他深受车尔尼雪夫斯基，特别是恩格斯的影响，把美理

[①] 聂振斌主编：《思辨的想象：20世纪中国美学主题史》，云南大学出版社，2003，第229页。

解为纯粹客观的东西——"典型"。蔡仪的这一马克思主义客观论美学成为后来50、60年代美学大讨论中与所谓旧社会朱光潜的"反动"美学对垒的重要方面之一。20世纪50年代以后,由于意识形态领域马克思主义指导思想地位的确立,加上经过50、60年代的美学大讨论,在美学领域,马克思主义美学成了中国唯一的美学派别。当然,由于对马克思主义理论内涵理解的不同,在马克思主义这一相同旗号下仍然出现了对美的本质的不同观点,这也正是50、60年代美学大讨论中各派美学观点各持己见,纷纷认为自己是马克思主义的,别派是非(反)马克思主义的原因。20世纪50年代开始,可以说才真正开启了新中国马克思主义美学学术研究的历程。在这里,我们先介绍一下50、60年代的美学大讨论,因为这场大讨论在中国的美学历史上具有特殊的重要意义。在这场讨论中形成的几家有代表性的学术观点或派别至今仍在发生着影响。而且正是在这次讨论中,奠定了20世纪后半期中国美学的基本格局,产生了20世纪中国马克思主义美学中影响最大的学说——实践美学的基本观点。

1956年在"百花齐放、百家争鸣"方针的号召下,《文艺报》发动了一次针对朱光潜美学思想的批判和讨论。在朱光潜的自我批判文章《我的文艺思想的反动性》于1956年6月号的《文艺报》上公开发表后,早已组织好的一批批判文章,如贺麟的《朱光潜文艺思想的哲学根源》、黄药眠的《论食利者的美学——朱光潜美学思想批判》、蔡仪的《朱光潜美学思想的本来面目》、敏泽的《朱光潜反动美学思想的源与流》等等,很快在《人民日报》、《文艺报》、《哲学研究》等报刊杂志上发表。然而随着批判的深入,批评者之间发生了严重的分歧。如黄药眠在《文艺报》发表文章批判朱光潜;蔡仪即在《人民日报》发表《评"论食利者的美学"》批判黄药眠;李泽厚又在《人民日报》发表《美的客观性和社会性》批判蔡仪和朱光潜;朱光潜也展开了反批判,他在《人民日报》发表《美学怎样才能既是唯物的又是辩证的》,对蔡仪、李泽厚等人的思想展开批判。《人民日报》在短短两个多月的时间里,连续发表观点迥异的循环批判文章,美学问题一时成为全国人民关注的热

点。随后美术界、文艺界的人士纷纷写文章参加讨论，这就是我们常说的五六十年代的美学大讨论。据统计，这场讨论持续时间长达九年，参加讨论者近百人，发表论文三百多篇，是建国以来学术界出现的一次罕见的"百家争鸣"。①

在这次讨论中，逐渐形成了四派观点，即人们常说的中国当代美学的四大流派：以蔡仪为代表的客观派，以吕荧、高尔泰为代表的主观派，以朱光潜为代表的主客观统一派和以李泽厚为代表的客观社会派。

以李泽厚为代表的客观社会派以马克思主义的历史唯物主义为指导，把马克思主义的实践观点运用到美学上来，以马克思的《1844年经济学－哲学手稿》中关于自然的人化和人的自然化的观点去考察研究美的本质问题，提出美并不是某种外在于人的自然物的自然属性，也不是人的主观心理的幻觉，而是人类长期的社会实践的产物，具有客观社会性质。这种解决美学问题的新思路，为实践美学在中国的建立奠定了基础。由于有了这样一个基础，当80年代再次出现美学热时，50年代各种观点的持有者们都向实践观点靠拢，以实践观点作为自己的指导思想，实践美学终于水到渠成地产生了，并成为20世纪后半期最有影响的美学学说。

当然，我们也应看到，这场大讨论中的种种限制性前提对中国当代美学产生的影响也是不可忽视的。总体上看，大讨论存在的以下一些问题，直接对80年代后美学原理教材的写作以及美学教学内容打下深深的印记。

首先，美学学科定位上，50年代的美学大讨论将本应属于实践论和价值论的美学当做一门认识论学科，用认识论中的反映论原理去直接套用、说明美和美感的关系。这样做的结果就是完全不顾审美活动是人类的精神性实践活动这一事实，把美说成是客观事物的自在属性，完全不依赖于人的存在，美感则被看成是主体的属性。李泽厚虽然已经运用了实践观点，用实践去解释美的起源问题，用人化自然去解释美的本质问题。但是在学科定位上，他还是明确地把美学定位于认识论学科。

① 彭锋：《美学的意蕴》，中国人民大学出版社，2000，第2—3页。

他多次明确地指出，美是第一性的，美感是第二性的，美感是美的反映。这在今天的美学教材中还处处可见其影响。比如在调查的中国美学教材中，杨辛、甘霖的《美学原理新编》第 1 页，就有这样的观点："人类社会生活中出现了美，并相应地产生了人对美的主观反映，即美感。"

其次，50、60 年代的美学讨论直接用哲学原理去套用、说明美学问题，其具体表现是在美的本质问题上执著于唯物唯心之分，而且把这种分别作为一个重大的理论差异来对待。即：把一切主张美在主观的观点说成是唯心主义，而认为美是客观的便是唯物主义的观点。把美学的哲学基础问题当成美学本身的问题，试图直接运用哲学原理尤其是唯物主义客观性原则来从根本上解决复杂的美学问题。这一方面是因为 20 世纪 50 年代以后，马克思主义作为中国的指导思想的领导地位的确立；另一方面也是由于受到苏联美学的影响。苏联美学继承的是西方古典美学基础，首先解决美的本质问题；解决问题的思维框架，是马克思、列宁、斯大林主义的方法，即首先认定事物的哲学基础，是唯物还是唯心，是客观还是主观。

再次，美学的全面功利化。美学上的功利与非功利之争由来已久，"诗言志"与"诗缘情"一直是我国诗歌领域中相互对立又相互补充的两种观点。总的来看，我国整个古典美学的发展历程，其趋势是愈到后来，无功利的声音愈响亮。特别是到了明清之际，李贽的"童心说"、公安派的"性灵说"、汤显祖的"唯情说"等学说的提出，极大地冲击了美学和艺术中的功利主义传统，形成了一股巨大的非功利主义潮流。近代以来，由于深重的民族危机和社会矛盾，美学和艺术中的功利主义思想逐渐又成为主导性的思想。社会改革的先行者们希望用艺术和文学作为武器，为社会的变革制造舆论。如黄遵宪和梁启超等人所大力提倡的"诗界革命"、"小说界革命"等口号，就是把文艺当做鼓吹和宣传革命的手段和工具。到了 20 世纪，在内忧外患日渐深重、启蒙救亡任务迫在眉睫的社会背景下，美学和文艺理论中的功利主义倾向发展为一股巨大的洪流，一批左翼激进主义理论家根据当时译介的苏联模式的马克思主义美学，猛烈攻击文艺和美学的超功利主义思想，主张文艺

的阶级性和审美的功利目的性。这种新功利主义美学思想成为50、60年代美学和文艺理论的主流。美的功利性被当做一个不证自明的理论前提被广泛采纳。其理论渊源和哲学基础来自当时流行的苏式马克思主义哲学的意识形态理论。这种理论把一切思想文化现象都纳入了意识形态范畴。意识形态则被看成是上层建筑的理论形式。上层建筑是被经济基础所决定、并为经济基础服务的。在这种理论看来，一切意识形式都是被经济基础直接决定的，并且是为经济基础服务的，文学艺术自然也不例外。因此，根本不存在什么超功利的美，也不存在什么超越现实和政治的文学。文学就是要为政治服务，为政策服务。文学只有阶级性，没有超越阶级偏见的共同人性。美只有功利性，不可能有超功利的美。

我们说，在审美感受和审美经验中，的确存在着由于阶级、民族、个体的社会地位和文化艺术修养等因素所带来的差异。但这种差异性的存在并不否定审美经验和审美感受的共同性。正是由于这种共同性的存在，不同的民族之间、不同社会的人们之间才有可能在审美和艺术上进行交流，才有可能产生一些人类共同的文化艺术瑰宝。而且，在审美经验和审美感受的差异性上，民族间的差异、个体的文化审美修养层次上的差异可能还比阶级间的差异更大一些。可是在50、60年代的讨论中，阶级间的审美差异被无限夸大，成为不可逾越的鸿沟，甚至连共同的美感也否定了。在审美经验上过分强调阶级性和功利性，否认共同美感的存在，导致中国当代美学研究在审美经验和审美心理方面极其落后，在长达三十年的时间中几乎成为空白！与此相关的是美学研究的政治化。新中国文艺理论和美学的主要指导思想是毛泽东的《在延安文艺座谈会上的讲话》。这个讲话对于澄清解放区的文艺创作中的一些混乱观念、规范文艺创作中的指导思想、督促艺术家们创作出更多的具有现实精神的作品的确起了重要的作用，并且它至今仍在发挥着作用。但是，毋庸讳言，这个讲话作为一个特定历史条件下的产物，是有它的历史局限性的。它关于文艺创作的核心思想主要体现在它关于文艺的标准的规定中。在这个标准中，它明确提出："政治标准第一，艺术标准第二。""革命的政治内容和完美的艺术形式相结合。"这样，文艺本应是无限丰富多彩的内容被剔除了，只剩下了政治内容。文艺被完全从属于政治，被彻底政治化了。

最后，在对待美学遗产问题上，50、60年代的美学大讨论采取了一种历史虚无主义态度。除了马克思主义经典作家之外，只有很少的思想家能够荣幸地得到中国当代美学家们的首肯。这些思想家包括黑格尔、普列汉诺夫、车尔尼雪夫斯基、狄德罗等人。这些人之所以能够得到美学家们的肯定，是因为他们曾经被马克思主义的经典作家肯定过或引用过，中国古代美学家则基本上是被否定的。除了上述几个有限的美学家之外，中外美学史上的绝大多数美学家都属于否定和批判的对象。这种批判和否定并非学术上的批判和否定，而是一种政治上的定性。即按照美学上的阶级分析法，以前的美学家，不是代表地主阶级就是代表资产阶级的利益，而这些阶级在无产阶级登上历史舞台以后都变成了反动阶级，因而，它们的思想家的思想也成了反动思想，变得一文不值。这种简单可笑的思维方式和推理在当时的人们看来却是天经地义、理所当然的。这种历史虚无主义的做法导致了中国当代美学的整体水准下降，学术视野褊狭。从近代中国的国门被迫打开以后，中国人一直在努力翻译、介绍西方文化学术思想。到了三四十年代，当时西方流行的一些美学思潮几乎是被同步介绍过来。康德、叔本华、尼采、克罗齐、弗洛伊德、杜威、柏格森等近现代哲学家和美学家的思想和著作大都已经被译介，有的还有过很深入的研究。美学上的移情说、距离说、内模仿说等曾对国内美学界产生过重大影响。前述朱光潜、吕澄等人的美学体系还是据此建立起来的。可是，这些努力和成果从五十年代开始就被一笔勾销。一些最基本的、前人已经有过很深入研究的美学问题却被当做了最重大的问题来争论，如美的主观性和客观性问题。这就使这次讨论在整体水准上与它所应该而且能够达到的高度不成比例，其学术价值打了折扣。

总之，50、60年代的美学大讨论对中国当代美学的贡献是很大的，在讨论中形成的实践美学努力用马克思主义的实践观点来解决美学问题，为实践美学在中国的建立奠定了基础。但由于以上列举的这场大讨论四个方面的

缺陷，使得中国马克思主义美学在自身形成时就存在着先天不足的缺陷。今天，导致这些缺陷的原因，有的已经消除或部分消除了，如美学研究的政治化、美感经验的普遍性和共同性问题、反映论问题等。但有的至今没有消除，如美学的哲学基础和美学学科的定位。实践美学至今还仍然把实践范畴当做其核心范畴，把作为美学基础的哲学理论当成美学本身，这使它既不能同哲学区别开来，形成自己独立的学科对象和研究方法，同时又无法面对纷纷兴起的"后实践美学"对它的挑战，从而使自身的生存、发展陷入深重的危机当中。

四、80 年代以来实践美学的发展

由于特殊的时代历史状况，80 年代，我国的各项事业才进入到健康有序的发展状态，美学也不例外。80 年代以来，中国美学一方面在 50、60 年代的基础上继续探讨美的本质并将之体系化；另一方面，又力图吸收西方新思想使这种体系化建设更全面。就第一方面而言，自李泽厚"社会实践美学"观点在 50、60 年代的大讨论中脱颖而出后，经过 80 年代的进一步发展、完善、体系化，基本上成为中国当代美学的主潮。80 年代以来美学教材的写作及美学课程的教学内容深受以李泽厚为代表的实践美学观点的影响。所以，我们此处着重分析李泽厚实践美学的主要观点，从中可以看出其美学观点是如何影响 80 年代后美学教材的写作及美学课程的教学内容的。

关于美学的研究对象及学科性质。

李泽厚在其《美学四讲》开篇就提出，对美的追求可以说是内在于人的生命活动本身的一种永恒的需要，它是由人的生命活动的独特性质所决定的一种特殊的人类活动。那么，究竟什么是美学？或美学究竟以什么作为自己的研究对象？

李泽厚指出，尽管迄今为止，关于美的对象、研究范围，还一直存在各种不同的看法和争论，但不管怎样，从历史上看，这却并没有影响美学自身不断向纵深发展和不断开拓前进的步伐。事实上，从古代起就既有关于美的哲学议论，也有关于艺术的理论探讨，还有关于审美心理的种种考察。可以说，今日美学所研究、所包括的对象、领域和内容，在历史上都早已存在并早已在不断发展了。因此，在美学研究的对象问题上，我们应该明智地采取一种比较开放的态度。"今天的所谓美学实际上是美的哲学、审美心理学和艺术社会学三者的某种形式的结合。比较完整的形式是化合，否则是混合或凑合。在这种种化合、混合中，又经常是各有不同的侧重，例如有的哲学多一些，有的艺术理论多一些，有的审美心理学多一些，如此等等，从而形成各式各样的美学理论、派别和现象。"①此处李泽厚对美学研究对象和范围的总结，即将美学分为三大块：美的哲学（即美的本质论）、审美心理学、艺术社会学（即讲艺术），成为一般美学原理的结构方式。试看我们调查的几本美学教材，无论是比较早期的刘叔成等的《美学基本原理》，杨辛、甘霖的《美学原理新编》，还是新近出版的王旭晓、王德胜、朱立元的教材，其美学原理体系大体都是由这三部分，最后加上美育组成，只不过由于各人的着眼点与侧重面不同，各自的美学体系所贯穿的逻辑线索与编排有所不同。

对于美学的学科性质，李泽厚是从对美的本质问题的论述表明其看法的。在李泽厚看来，对美的本质进行追问，实质上就是对人本身进行追问，就是对人类总体和个体存在的意义、目的、终极理想与现实命运进行深刻的自我反思。"美的本质是人的本质最完满的展现，美的哲学是人的哲学的最高级的峰巅。"②因此，与其说美学是一门科学，毋宁说，它更像一首韵味无穷的"人生之诗"。"这'人生之诗'是人类高层次的自我意识，是人意识其自己存在的最高方式，从而拥有永恒的魅力。"③这种将美学与人的生命意义、与人对一种终极理想的追求联系起来的观点，也一脉相承地直接影响了其他美学学人在其美学教材中对美学作为一门

① 李泽厚:《美学四讲》，广西师范大学出版社 2001 年版，第 13 页。
② 李泽厚:《李泽厚哲学美学文选》，湖南人民出版社 1985 年版，第 162 页。
③ 李泽厚:《美学四讲》，广西师范大学出版社 2001 年版，第 19 页。

人文学科、肩负着人性或人格的完善的学科定位。如除了杨辛、甘霖的教材开篇讲美学为一门社会科学外，调查的其他4本教材一致认定美学为一门人文学科，关系着人类自身的生存与发展，体现出对人的整体性关怀，其目的在于促进人生的审美化。

关于美的起源、美的本质问题。

李泽厚主张美既是客观的，又是社会的，是客观性和社会性的统一。李泽厚认为，所谓美的客观性，并不是说美可以先于人类社会而存在，或者说美可以离开人类社会而存在。因此，不能把美归结为或理解为一种不依存于人类社会而独立存在的自然属性或条件，并进而得出没有人类或在人类出现之前，美就客观存在着，存在于自然界本身中这样的错误结论。"应该看到，美，与善一样，都只是人类社会的产物，它们都只对于人、对于人类社会才有意义。在人类以前，宇宙太空无所谓美丑，就正如当时无所谓善恶一样。"①因而，所谓美是客观的，就主要是指美是不依赖于人的主观意识、情趣、愿望而独立于个人之外的。"美是客观的。这个'客观'是什么意思呢？那就是指社会的客观，是指不依存于人的社会意识、不以人们意志为转移的不断发展前进的社会生活、实践。"②如果说客观论的错误，主要在于他们割裂了美与人类社会生活的联系，把美仅仅看成是客观事物本身的某种自然属性的话，那么，美学上主观论的错误则在于无视美的客观性，把美感与美混淆起来、等同起来，从而把美看成是人的主观心灵的一种属性。美在主观说中虽然在解释具体的审美现象时显得很有说服力，但它却不能从根本上回答为什么有的客体能够引起人的美感愉悦成为审美对象，而有的则不能？此外，人的这种审美能力究竟是天生自在、与生俱来的呢？还是别有来由？正如李泽厚所批评的那样："诚然，作为客体的审美对象和许多其他事物一样，是依赖于主体的作用才成为对象。椅子不被人坐，就不成其为椅子。再好看的画，若没有人观赏，也不成其为艺术。没有审美态度，再美的艺术、风景也不

---

① 李泽厚：《美学论集》，上海文艺出版社1980年版，第59页。
② 李泽厚：《美学论集》，上海文艺出版社1980年版，第160页。

能给你以审美愉快，不成其为审美对象。情绪烦躁、心境不佳，再好的作品似乎一点也不美。美作为审美对象确乎离不开人的主观的意识状态。但是，问题在于，光有主体的这些意识条件，没有对象所必须具有的客观性质行不行？为什么我们要坐在椅子上，不坐在一堆泥土上，因为泥土不具有椅子的可坐性。同样，为什么有的东西能成为审美对象，而有的就不能？我们欣赏自然美，为什么要去桂林？为什么都喜欢欣赏黄山的迎客松，画家都抢着画它……这就是因为这些事物本身有某种客观的审美性质或素质。可见，一个事物能不能成为审美对象，光有主观条件或以主观条件为决定因素（充分条件和必要条件）还不行，总需要对象上的某些东西，即审美性质（或素质）。"[①]

那么，这种客观存在于人类生活之中的美究竟是如何产生的呢？它们的最终根源和最后依据是什么？李泽厚对这一问题作了具有划时代意义的全新回答。在李泽厚看来，美的根源既不存在于人的心灵之中，也不是来自上帝的一种恩赐，更不是客观自在的自然产物。美作为人类社会生活的一种客观存在，它只能是也必然是人类物质实践活动的一种积极成果。物质实践，不仅创造了人，创造了人类社会，而且也创造了美，创造了人类能够欣赏美的能力。因此，美的本质存在于人的本质之中，美的根源存在于人类制造工具、使用工具的物质实践活动之中。只有实践，才是唯一能够解开一切美学之谜的金钥匙。正如李泽厚自己所说："为什么社会生活中会有美的客观存在？美如何会必然地在现实生活中产生和发展？要回答这些问题，就只有遵循'人类社会生活的本质是实践的'这一马克思主义根本观点，从实践对现实的能动作用的探究中，来深刻地论证美的客观性和社会性。从主体实践对客观现实的能动关系中，实即从'真'对'善'的相互作用和统一中，来看'美'的诞生。"[②]一方面，善得到了实现，实践得到肯定，成为实现了（对象化）的善。另一方面，真，为人所掌握，与人发生关系，成为主体化（人化）了的真。这个实现了的善（对象化的善）与人化了的真（主体化的真）便是美。

[①] 李泽厚:《美学四讲》，广西师范大学出版社 2001 年版，第 61—63 页。
[②] 李泽厚:《美学论集》，上海文艺出版社 1980 年版，第 161 页。

人们在这客观的美里看到自己本质力量的对象化，看到自己实践的被肯定，也就是看到自己理想的实现或看到自己的理想，于是必然地引起美感愉快。为主体所掌握的"真"即客观规律是美的内容，也因此，美的内容必然是社会的、功利的；对象化的善与客观的真相结合，具有了普遍的形式。实践通过自由的活动使"真"主体化和"善"对象化，产生了蕴含着对象的自由形式的"美"。这样，李泽厚给美下了一个颇具代表性的定义："就内容言，美是现实以自由形式对实践的肯定，就形式而言，美是现实肯定实践的自由形式"。①

关于美与美感。

李泽厚以早期马克思的著作《1844年经济学－哲学手稿》作为理论武库，以马克思主义的实践观为基点，从马克思的"自然人化"理论出发，把克莱夫·贝尔的"有意味的形式"与荣格的"集体无意识"学说嫁接起来，提出了一种审美的"积淀说"，用以解释美与美感的产生、形成和结构。

所谓"积淀说"，即认为人类的社会生产实践活动，在劳动产品和人的主体本身两个方面产生历史的效用和结果，在外在的世界中形成工艺——社会结构，而在人的主体中形成了文化——心理结构。美感就是在这种实践活动中"积淀"在主体和客体双方，在双向进展的"自然人化"中产生了美的形式和审美的形式感。比如，"在对象一方，自然形式（红的色彩）里已经积淀了社会内容；在主体一方，官能感受（对红色的感觉愉快）中已经积淀了观念性的想象、理解。"②

用李泽厚"积淀说"的观点看，人不同于动物的一切特征都是人类社会实践的产物，因此，人们在审美活动中所产生的美的对象和美感，无论是主体的还是客体的，其根源都是在于人类的社会实践活动。

李泽厚用以回答美、美感机制的另一重要思想是"自然人化"说。"自然的人化说是马克思主义实践哲学在美学上（实际上也不只是在美学上）的一种具体

① 李泽厚：《美学四讲》，广西师范大学出版社2001年版，第78页。
② 《李泽厚十年集 美的历程》，安徽教育出版社，1994年，第11页。

的表达或落实。就是说，美的本质、根源来于实践，因此才使得一些客观事物的性能、形式具有审美性质，而最终成为审美对象。这就是主体论实践哲学（人类学本体论）的美学观。"①

具体来讲，李泽厚把"自然的人化"的历史过程分为外在的和内在的两个方面。外在的"自然人化"指主体以外的客观世界的自然所发生的变化，有"硬件"和"软件"两个部分。"硬件"指被人类改造过的、发生变化的自然，即可以直观的外在自然世界的变化；"软件"指人与自然之间的关系发生变化，即自然成为人类存在的一部分。比如"社会越发展，人们便越要也越能欣赏暴风骤雨、沙漠、荒凉的风景等等没有经过改造的自然，越要也越能够欣赏像昆明石林这样似乎是杂乱无章的奇特美景，这些东西对人有害或为敌的内容已经消失，而愈以其感性形式吸引着人们。人在欣赏这些表面上似乎与人抗争的感性自然形式中，得到一种高昂的美感愉快。"②李泽厚认为，在这种外在"自然人化"的过程中，美和美的形式出现了。"各种形式结构，各样比例、均衡、节奏、次序，亦即形式规律和所谓形式美，首先是通过人的劳动造作和技术活动（使用－制造工具的活动）去把握、发现、展开和理解的。它并非精神、观念的产物。它乃是人类历史实践所形成、所建立的感性中的结构，感性中的理性。正因为此，它们才可能是'有意味的形式'。"③

可见，形式美是"自然人化"的一个成果。抽象美和形式美的来由和根源仍然在远古的人类劳动造作的生产实践活动之中。这种形式美不仅是外在于人类的一种现象，而且也是与人类有着密切的内在关系，并且已经属于人类的一个部分："人在这形式结构和规律中，获得生存和延续，这就正是人在形式美中获得安全感、家园感的真正根源。"④这就涉及内在的"自然人化"。

内在的"自然人化"也分"硬件"和"软件"两个部分。前者指如何改造人的身体器官，比如劳动和社会实践使人的双手变得灵巧，使人具有了能听音

① 李泽厚：《美学四讲》，广西师范大学出版社，2001年版，第462—463页。
② 李泽厚：《美学四讲》，广西师范大学出版社，2001年版，第96—97页。
③ 李泽厚：《美学四讲》，广西师范大学出版社，2001年版，第90页。
④ 李泽厚：《美学四讲》，广西师范大学出版社，2001年版，第90页。

乐的耳朵、能看艺术作品的眼睛等等；后者指人的心理状态。人类的心理不同于动物的心理，它不仅有个体性（动物性、感性），也有社会性（文化性、理性）。内在的"自然人化"建构了人类的一种"文化心理结构"，这种"文化心理结构"不仅包括人类的审美能力，还包括人类的认识和意志能力，即传统哲学所划分的知、情、意三个方面。在认识论方面，内在的"自然人化"形成人所独有的思维形式，如数学、逻辑、时空观念、因果范畴等，同时还形成自觉注意、类比联想、灵感、顿悟等等能力。意志方面，李泽厚说："作为人类伦理行为的主要形式的'自由意志'，其基本特征在于：人意识到自己个体性的感性生存与群体社会性的理性要求处在尖锐的矛盾冲突之中，个体最终自觉牺牲一己的利益、权力、幸福以至生存和生命，以服从某种群体（家庭、氏族、国家、民族、阶级、集团、宗教、文化等等）的要求、义务、指令或利益。"[1]他认为这种"自由意志"具有康德所说普遍必然性的"绝对律令"，但不是先验的，而是在内在的"自然人化"中形成的。

总之，人类主体的一切内涵，包括人的"自由"的本质，在李泽厚看来都是在人类的社会实践中获得的。他说："自由（人的本质）与自由的形式（美的本质）并不是天赐的，也不是自然存在的，更不是某种主观象征，它是人类和个体通过长期实践所自己建立起来的客观力量和活动。……自由形式作为美的本质、根源，正是这种人类实践的历史成果。"[2]

在内在"自然人化"所形成的知、情、意这三种能力中，情不仅仅具有审美的功能，而且也具有认识和伦理的功能，人们可以"以美启真"和"以美储善"。所谓"以美启真"，"就是以直观、灵感、隐喻、显喻等非逻辑形式的思维来启迪、引导而发现真理。"[3]而"以美储善"则是说明一种美感与道德的关系：美也是达到善的最好手段。比如孔子讲"立于礼"却"成于乐"，即个体人格的培养，完成在美学而非伦理学。

在李泽厚看来，无论是真和善，知

① 李泽厚：《己卯五说》，北京，三联书店，2006年第2版，第143页。
② 李泽厚：《己卯五说》，北京，三联书店，2006年第2版，第139页。
③ 李泽厚：《己卯五说》，北京，三联书店，2006年第2版，第162页。

识和伦理，都与形式感的审美领域大有关系。人格中最本质的东西与审美的关系极大："审美高于认识和伦理，它不是理性的内化（认识）或理性的凝聚（伦理），而是情理交融，合为一体的'积淀'。"①

所以，李泽厚认为他的"自然人化"理论决不仅仅是一种美学理论，在他看来，"自然人化"的最终结果是建立一种理想、健全、完美的人格——"新感性"。可以看出，李泽厚是把审美作为人生的最高境界。他的整个哲学目的是建立"新感性"，即建立一个艺术的、审美的人格。在李泽厚看来，建立这种"新感性"不仅是作为个体的人的理想，也是作为人类社会发展的最高阶段："总之，如何使社会生活从形式理性、工具理性的极度演化中脱身出来，使世界不成为机器主宰、支配的世界，如何在工具本体之上生长出情感本体、心理本体，保存价值理性、田园牧歌和人间情味，这就是我所讲的'天人合一'。……我讲的'天人合一'，首先不是指使个人的心理而首先是使整个社会、人类从而才使社会成员的个体身心与自然发展，处在和谐统一的现实状况里。这个'天人合一'首先不是靠个人的主观意识，而是靠人类的物质实践、靠科技工艺生产力的极大发展和对这个发展所作的调节、补救和纠正来达到的。这种'天人合一'论也即是自然人化论（它包含自然的人化与人的自然化两个方面）。"②

关于自然美。

如何理解自然的美，是美学本体论中一个关键性问题。对此，李泽厚用"自然的人化"观作了很好的解释、说明，提出了自然美的本质在于自然的人化的观点。

如前所述，"自然的人化"包括"外在自然的人化"和"内在自然的人化"两方面。前者又包括狭义自然的人化和广义自然的人化。"狭义自然的人化"是人通过劳动、技术去改造自然事物，使自然事物发生直接的变化。"广义自然的人化"是指人和自然的关系的改变，即指经过社会实践使自然从与人无干的、

① 李泽厚：《己卯五说》，北京，三联书店，2006年第2版，第160页。
② 李泽厚：《己卯五说》，北京，三联书店，2006年第2版，第158页。

敌对的或自在的变为与人相关的、有益的、为人的对象。可见，自然的人化，不能仅仅从狭义上去理解，仅仅看做是经过劳动改造了对象。"狭义的自然的人化即经过人改造过的自然对象，如人所培植的花草等等，也确乎是美，社会越发展，人们便越要也越能欣赏暴风骤雨、沙漠、荒凉的风景等等没有改造的自然，越要也越能欣赏像昆明石林这样似乎是杂乱无章的奇特美景。这些东西对人有害或为敌的内容已消失，而愈以其感性形式吸引着人们。人在欣赏这些表面上似乎与人抗争的感性自然形式中，得到一种高昂的美感愉快。"①可见，自然美存在于通过实践达成的外在自然的人化当中，人类直接的实践活动创造了美；通过实践活动改变了人与自然的关系，使之从以前敌对的、与人无关的、自在的状态转变为现在亲近的、属人的、为我的情况，从而使天生的自然也能成为人们的审美对象，产生自然美。同时也正是在外在自然的人化过程中，伴随着内在自然的人化过程，从而使人成为真正的人，成为能观照自然美的人。

李泽厚关于"美的本质"、"美与美感"、"自然人化"、"自然美"等美学题域的论述，直接影响了20世纪80年代多数美学教材的编排体例与讲述方式；李泽厚用马克思哲学美学、康德哲学美学、现代心理学及中国古典哲学美学相互融合的形态来重建现代中国意义上的美学，开启了美学在中国的新的存在和发展形态，使美学第一次真正在中西视域的比照下获得了现代学科的逻辑发展形态（从立论基点、学科方法到体系建构），这种形态经后来被中国美学学人以美学教材的形式扩展和放大，成为影响一代中国美学学人的重要思想资源。

五、实践美学之后

① 李泽厚：《美学四讲》，广西师范大学出版社2001年版，第96—97页。

如果说，新中国成立后至"文革"前，中国马克思主义美学的最大成就是把唯物主义反映论原理引入美学理论、确立了唯物主义美学观念，即明确了"文艺是社会生活的反映，社会生活是文艺的唯一源泉"这一基本思想的话，那么，"文革"后至今，中国马克思主义美学的最大成就则是建立了以李泽厚为首的"实践美学"。实践美学正是在对反映论美学原理的机械论弊端的反思和批判中建立起来的，因而，可以说，它标志着中国马克思主义美学的新发展。当然，实践美学远远不是没有缺陷的，这种缺陷随着80年代后大量现当代西方哲学和美学思潮的涌入，随着中国学人对西方现当代美学知道得日益增多，它也越是成为20世纪90年代以来美学界的"众矢之的"，成为各家美学学说批判的对象和所要超越的目标。归纳起来，人们对实践美学的批评主要有：实践美学具有理性主义倾向，强调理性、必然性和群体性，忽视感性、偶然性和个别性；实践美学简单地把审美活动等同于实践活动，忽视了审美活动自身的特征；实践美学用审美发生学问题取代了美学问题，认为美的本质等于美的根源；实践美学强调实践的物质性、现实性，并从物质实践出发研究审美活动，忽视了审美活动的精神性和超越性。事实上，早在20世纪80年代后期，刘晓波就以"感性－个体反对理性－集体"的方式拉开了对以李泽厚为代表的实践美学进行批评的序幕；在90年代初，陈炎又开始向"积淀说"发难；接着，杨春时也提出超越实践美学，走向"后实践美学"的主张；潘知常等人则提出了"生命美学"、"生存论美学"等来反对实践美学。与此同时，实践美学内部，也有一批学者对处于变化中的实践美学作具体分析，从各个方面为实践美学中的合理因素辩护，当然也承认实践美学的观点存在局限，需要改进和发展。所有这一切汇成了美学在中国90年代后寻求突破、发展的洪流。其中，生命美学、超越论美学、存在论美学、人学美学等等这些被称为后实践美学的学说，正如许多论者已经指出的那样，在学养和理论基础上都存在着明显的缺陷和不足，其提出来用以对抗实践美学的诸种学说在哲学基础的坚实程度和理论的严密性上都无法与实践美学匹敌。所以，今天可以说，实践美学仍然是中国美学的主流。而在实践美学内部诸多变革的声音中，以蒋孔阳"创造论"美学为基础，经朱立元等发展起来，并

通过其受教育部委托主编的"面向 21 世纪课程教材"《美学》展现出来的实践存在论美学，已产生一定的影响，在所调查的中国 6 所大学中，1 所将其作为学生教材用书，另有 4 所将其列入"教学参考书"行列。在此，我以朱立元的论述为据，①试对实践存在论美学的要点作一简述：

第一，美是生成的而不是现成的。

五六十年代美学大讨论中形成的美学四大派，虽然成就不同，观点各异，但有一点却是共同的，那就是他们的讨论基本上都局限在一种主客二元对立的认识论思维方式和框架之中来讨论问题，都把美作为一个先在的、现成的实体来认识。"文革"以后，美学大讨论中各派的观点借助于对马克思《巴黎手稿》思想的阐释都有所坚持、发展和完善，但总的来说，还是在认识论的框架里来谈怎样认识美、美是什么等问题，没有新的重大突破。以李泽厚为代表的社会性与客观性相结合的美学理论，充分结合马克思《1844 年经济学－哲学手稿》的思想，用"自然的人化"的实践和历史"积淀"作为贯穿整个美学思想的基础，发展成了他的人类学本体论美学，把美和人的物质生产劳动实践结合在一起来研究美学，已经对认识论美学所局限的范围有所拓展，因此具有一定的生命力，影响是非常大的。但这一时期的实践美学仍然围绕着怎样认识美的本质这个中心论题研讨，没有真正跳出认识论的思维框架。虽然在实践美学后来的发展中，其他代表人物，比如蒋孔阳已经开始注意到如何超越单纯认识论美学模式的问题，他以实践论为哲学基础、以创造论为核心的审美关系说美学就是试图超越认识论美学框架而进行的颇有成效的尝试，但总的来讲，美学在中国发展到今天，现有的美学模式主要还是停留在主客二元对立的僵化的认识论思维模式上，成为制约中国美学取得突破性进展的主要障碍。为此，朱立元认为中国当代美学要创新要发展，就必须彻底突破这种主客二元对立的认识论美学的思维方式，而他们所提出的实践存在论美学，正是一个初步尝试。

① 参见朱立元：《走向实践存在论美学》，《湖南师范大学社会科学学报》，2004 年第七期。

根据实践存在论美学的观点，实践是我们人存在的基本方式，或者更准确地说，人生在世的基本方式就是实践。我们每个人每天都要进行大量的各种各样的活动，包括学习、工作、经济、道德、艺术、审美等等活动在内，都是实践活动的组成部分。我们就是在各种各样的实践活动中生存和发展的。在此意义上，也就是在存在论意义上，实践存在论美学认为实践是人存在的基本方式。这与李泽厚对实践的理解是不同的。李一直强调实践就是物质生产劳动，这在实质上把实践狭隘化了。实践存在论美学理解的实践是广义的人生实践，它固然以物质生产为最基础的活动，但还包括人的各种各样其他的生活活动，既包括道德活动、政治活动、经济活动等，也包括人的审美活动和艺术活动。审美活动是人的一种基本存在方式和基本人生实践。没有审美活动人也就成为非人了，整个人类要健康、全面地发展，审美活动是不可或缺的。

而"美"不是现成的，而是生成的。主客二分的认识论美学的一个基本立足点就是把"美"作为一个早已客观存在的对象来认识，预设了一个固定不变的"美"的先验存在，从而总是追问"美"是什么，"美的本质"是什么一类问题。实践存在论美学吸收海德格尔生成论思想，认为万事万物总处在一种缘发状态和当下生成之中，处在永不停息的运化之中，"美"也不例外，也是生成中的。因此我们不能追问"美是什么"，而得换成"美是怎样生成并呈现出来的"。要回答这个问题，必须从人的审美活动入手将美看做是在审美活动中现实地生成的，只有在具体的审美活动中，才有审美主体与审美客体的存在。自然美也是人类发展到一定阶段，社会文化、审美活动、各个民族的历史积累等进展到一定的阶段，人与自然开始形成某种超越于实用功利关系的审美关系（或者至少是具有明显审美因素的关系）时，自然界中一些事物才逐渐成为审美对象或准审美对象。例如后羿射日、精卫填海等神话传说体现出当时人并没有把太阳、大海等自然对象看做美，相反是当做恐怖、灾难的对象，只是后来才逐步被作为审美对象的。这一点可以说明美是动态地在具体审美关系中生成的，没有一个客观固定的美先在地存在于世界某个地方，美只能是在现实的审美关系和活动中生成的。

　　第二，审美是一种高级的人生境界。

　　人在各种生存实践活动中，在与世界打交道的过程中，会有各种不同的经历和体验，这些经历和体验会有着不同的层次和水准，就会形成不同层次的人生境，而审美境界则是其中一个比较高层次的境界。审美有一个基本条件是要求主客体之间，或者说人与世界之间实现比较高程度的"交融"，即中国美学所说的"物我两忘"、"天人合一"。如果主客体始终处于隔离、割裂、矛盾的状态，那就不太可能是审美的。从心境来说，审美境界较大程度地超越了个体眼前的某种功利性和有限性，达到相对自由的状态。所以，审美境界属于比较高层次的人生境界，审美境界不同于、高于一般的人生境界，可以说是对人生境界的一种诗意的提升和凝聚，也可以说是一种诗化了的人生境界。

　　总之，在实践存在论美学看来，以李泽厚为首的主流实践美学总体上没有完全超出认识论美学主客二分的思维方式，未能完全摆脱本质主义的理路。而实践存在论美学则不正面去寻找、界定美的本质，而是以审美活动（作为审美关系的具体展开）作为逻辑起点，认为审美对象和审美主体都是在审美活动中现实地生成的。接着分别从对象形态和主体经验两个方面论述审美形态和审美经验，认为审美形态可理解为人对不同样态的美（广义的美）即审美对象的归类和描述，它是审美活动中当下生成的自由人生境界的对象化、感性表现形式和具体存在状态；而审美经验则体现为在审美活动中主体直观到了超越现实功利、伦理、认识的自由人生境界，体验到了人与世界的存在意义而产生的自由感、幸福感和愉悦感。而艺术和艺术活动，其重要性就在于：由于艺术最集中、典型地体现、凝结了审美活动的诸方面，因此，美学应该通过研究艺术和艺术活动来把握一般审美活动。最后落实到审美教育即美育，美育指有意识地通过审美活动，增强人的审美能力，提高人的整体素质，焕发人的精神风貌，提升人的生存境界，建构人向全面发展成长的存在方式，促进人向理想的、自由的、健康的、精神丰满的人生成。综上所述，实践存在论美学的逻辑构架是：审美活动论－审美形态论－审美经验论－艺术审美论－审美教育论。

当然，实践存在论美学这一以审美活动取代美的本质作为逻辑起点建构美学体系的思路并非仅有。事实上，早在20世纪80年代末，随着西方现当代美学思想的大量涌入中国，在中国学人得知西方美学早已以严密的逻辑完全否定了美的本质后，以蒋培坤《审美活动论纲》(1988) 和叶朗《现代美学体系》(1988) 为代表，就已经有一批学人开始在其美学论著 (主要是教材) 中以"审美活动"置换了"美的本质"，以建构美学体系。当然，当前的中国美学占主导地位的还是一个以20世纪50、60年代美学核心和基础发展起来、丰富开来的体系结构。这个结构正处于发展过程当中。一方面，由于西方美学的影响，美学的核心和基础正在逐渐消失；另一方面，由于前述50、60年代形成的美学先天不足的缺陷的惯性作用及仍然占据人们头脑的主客二分的认识论思维模式的影响，美学的外在结构还存在着。中国美学正在和将要走向何方还是一个值得期待的问题。

第二节　美国美学学术研究的历史变迁

　　美国的"美学"学科，遵从的是源于古希腊的西方美学传统，为此，在当代的美国美学教材中，从古希腊的柏拉图、亚理士多德，到近代的休谟、康德，直至现代的叔本华、尼采……我们总能见到这些大家的美学论述。

　　西方美学可大致分为两个时期：古典美学和现代美学。古典美学指的是从古希腊到近代的美学，其开端的代表是柏拉图，其成"学"的代表是鲍姆加通，其顶峰的代表是康德，其集大成者的代表是黑格尔。与现代美学相比，古典美学从实质上看，是以美的本质来统帅自己的体系。现代美学，按张法在其《20世纪西方美学史》中的观点，指从1900年至今的美学。与古典美学相比，现代美学表现为各种美学流派纷纷涌出。就美国而言，秉承的是英美传统，分析美学独霸一方。

　　就西方"美学"这门学科而言，虽然早在18世纪，鲍姆加通就给"美学"命了名，但作为一门真正的、现代意义上的学科，美学与其他许多新兴学科一样，都是在所谓的学科现代化大潮中，即 20 世纪 30 年代末直至 40 年代中期才形成的。美国也不例外。

根据华勒斯坦的观点，一门学科的出现，需要具备两个方面的条件。一是从外部而言，需要学会、期刊、学者以及必不可少的高校和研究机构，联合在一起构成现代学科的建制，构成学科共同体；二是需要学科内部的范式统一，比如研究的语言、研究的对象、研究的方法等得到统一。就美国"美学"学科来说，这些条件的具备始于 20 世纪 40 年代"美国美学学会"和《美学与艺术批评》杂志的诞生。

1940 年，一些美学家在纽约会晤，为一个独立的美学学科作准备，他们商议着要为美学学科找到"共同的语言"（common language），为"共同的问题"（common problems）给出确切的定义。之后又有多次筹备会议。1941 年，达格柏特·鲁恩斯创立了《美学与艺术批判杂志》。此后不久，即1942 年，美国美学学会也正式诞生。再后来,《美学与艺术批判杂志》的编辑、出版权都被美国美学学会掌握。经过一段时间的发展，学会和杂志便成为掌控美国美学发展方向的津要因素。至此，以美国美学学会和美国《美学与艺术批评》的正式出现为标志，一个介于固定与松散之间的学科共同体出现了。[1]从亲身参与了美学学科建立和发展的托马斯·门罗对当时情况的描述中，我们可以获知，当时美学在大学中尚未占据稳固的位置，这一方面固然与战争刚刚结束，一切还处于混乱之中，大学还不能摆脱直接实用，甚至于有直接军事价值的功利性教学有关；另一方面，也是由于美国美学当时并不发达所至。门罗认为，美国的美学和战前德国的美学以及美国其他的哲学分支相比，还处在初级的发展阶段。情况确实如此。幸运的是，二战中，随着希特勒上台，德、奥等国的大批哲学家、心理学家、美学家因不堪法西斯分子的迫害而纷纷乔迁美国，从而使美国成为战后西方美学的中心。门罗就说："美国美学的成长现在还在被这些涌入的迁居者

[1]【美】Goehr, *The Institutionalization of a Discipline: A Retrospective of The Journal of Aesthetics and Art Criticism and The American Society for Aesthetics: 1939-1992*, JAAC Spring, 1993。

所推动，他们给我们带来的不仅是他们自己的个人才干，而且还有德国美学最优秀的成果。"①从战后美国成为西方美学的中心至今，分析美学一直是其主流。舒斯特曼（Shusterman）总结过他对分析美学的特征的看法：分析美学把自己看做是以逻辑为中心的，元批评的活动（艺术批评是一阶的活动，美学是在艺术批评基础上的二阶的活动，是对艺术批评所用概念的澄清和改进）；反本质主义和对明晰性的要求；重视艺术而不是自然美；非规范性、非评价性的特征；非历史性、非社会背景性的孤立的研究方法；在批评实践中拒绝多元化，缺少实用主义的元素。②总的来讲，它一反传统美学执著于对"美"进行形而上学的探讨，把研究的中心集中在与艺术和审美判断有关的语言问题和意义问题上，对艺术和审美判断中所使用的语词、句子和意义作精密的语义分析。著名的美国美学家马戈利斯（Joseph Margolis）在 1962 年发表了一篇论文"当代美学的若干问题——美学近况"，系统总结了英美 40年代中期到 60 年代中期的美学研究状况，概述了这期间美学的广泛研究议题：有关艺术批评的问题，即对艺术品的解释、描述和评价等；有关文艺的问题，例如小说的虚假性和诗歌的隐喻；两个激烈的争论，即比尔斯利提出的"意图的谬误"和维兹对艺术定义的讨论；审美经验的问题。拉马克发表于 2000 年的《英国美学杂志 40 年》也提到 60 年代末至七十年代，艺术的意义，尤其是文学艺术作品的意义问题，关于批评的意图及其关联性的问题、隐喻义的特性、小说语句的真值、虚构性(fictionality)问题等等是当时的热点问题，尤其是艺术的意义问题，更是"成了后来持续争论的热点"。还说"最近 20 年里最重要的论争，就是关于艺术的定义问题"。③总之，分析美学发展到当代，已经形成了比较稳定的研究领域和议题，包括（1）美学的核心问题：艺术的定义、艺术的本体论、对艺术的描述、解释和评价、审美经验或审美情感、表现性或再现性、审美属性等；（2）美学与其他领域的关系问题：

① 【美】门罗：《走向科学的美学》，石天曙、滕守尧译，北京，中国文艺联合出版公司，1984，第 125 页。
② 【美】Richard Shusterman, *Analytic Aesthetics,* Basil Blackwell, 1989.
③ 【美】Peter Lamarque,《〈英国美学杂志〉40 年》，章建刚译，《哲学译丛》，2001第二期。

艺术与宗教、艺术与道德、艺术与认知或艺术与科学、自然美等；(3) 用哲学的方法来研究各门艺术的艺术哲学：有关文学、电影、音乐、戏剧、舞蹈、绘画、悲剧等艺术的哲学探讨。另外，需要注意的是，在今天，分析美学不再极端地对实用主义、后现代主义和欧陆哲学等哲学流派持对立态度，而是采取一定程度的融合和吸收。实际上，当代著名的分析美学家都不再是狭义意义上的分析哲学家，而是在分析的基础上，融合实用主义、社会学、符号学和其他哲学流派来建构自己的艺术理论，例如迪基的制度理论、丹托的艺术界理论、古德曼的象征理论等。下面，我具体对艺术的定义、审美经验等这些英美美学界最热烈争论的核心问题作深入考察，以便对前述美国美学教材的具体内容有更切实而深入的认识。

一、关于艺术的定义

拉马克《英国美学杂志 40 年》的标题四就是"20 年里最重要的论争：艺术定义，能还是不能"。确实，对艺术的定义，或"什么是艺术"，经常被看做是美学或者艺术哲学的一个基本问题，毕竟美学的其他议题，例如审美经验、对艺术品的描述、评价和解释、艺术品的本体论等，都要以确定什么是艺术为前提。没有对这个问题的答案，我们甚至不知道美学的学科题材是什么，也不知道如何来推进我们的研究。正如拉马克所讲的，关于艺术的定义问题，最近 20 年，更是成为英美分析美学最热烈争论的中心。

对于"什么是艺术"这个问题，有两种提问方式：一是传统美学的"什么是艺术的本质"的提问方式；二是分析美学的"什么是艺术的定义"的提问方式。前者主要有三种观点：模仿论、形式论和表现论。强调艺术的共性和基本特点，强调通过描述和概括，对艺术作出具有普遍意义的界定。大都是提出比较宏大的体系，笼统地形成对艺术本质的看法。后者则否定了寻求艺术本质、概括艺术共性的可能性。强调任何艺术理论都需提出艺术品所要

满足的"充分和必要条件",即对艺术下定义。定义联系着语词的意义。传统哲学由于有形而上学的预设,倾向于通过辩证分析来界定语词的内涵,从而把握对象的本质。分析哲学兴起后,或者说语言学转向后,哲学家们不再热衷于探讨对象的本质,而是力图澄清命题或语词的逻辑结构或者内涵意义,通过定义语词来提供必要和充分条件。后期维特根斯坦根据对语言的语用学研究,指出语词没有精确、本质性的内涵意义,语词的意义就是它的用法。维特根斯坦对定义的否定被维兹引入美学领域,提出了对定义艺术的可能性的否定,从而引起旷日持久的争论,围绕着艺术能否定义,以及如果能定义则如何定义,产生了一系列的辩论和观点。

维兹(Morris weitz)于1956年发表了"理论在美学中的作用"一文,提出了著名的艺术不可定义的观点,从而引起了分析美学界对艺术定义的半个世纪的热烈争论。

维兹是维特根斯坦美学理论最忠实的继承者。他从维特根斯坦对"游戏"的分析中得到启示,认为艺术和游戏一样,是一种"开放性结构"概念,"艺术作品"是由一种"相似的组成部分"和一种"家族相似"而获得它们的特征的,并不存在着一种共同的种类,因此不可能对艺术下一个行之有效的定义。在他看来,我们要开始的问题并不是"艺术是什么",而是"'艺术'是属于哪一种类的概念""在美学中我们首要的问题便是去阐明艺术概念的实际使用,去给这一概念的实际使用以一种逻辑的描述,包括对我们怎样正确使用它以及与它有关的事物的条件作出描述。"①除此之外,纯属空谈。

肯尼克(Williom E.Kennick)1958年发表的论文"传统美学是否基于一个错误"可以看做是对维兹观点的维护和发展。他在文章一开头就说,"传统美学至少基于两个错误,本文的目的正是试图证明这一看法"。在肯尼克看来,传统美学的错误之一在于试图通过概括的方式定义艺术。事实上,艺术与艺术之间根本没有共同点,只存在相似点,因此,试图用"艺术"一词包罗所有出现在这一名词下的实例的共同性质,是一种徒劳无益的事情。错误

---

① 【美】Morris weitz, *Problems in Aesthetics,* New York 1970, p. 174。

之二，传统美学假设艺术的本质是非常隐秘的，只要我们努力寻找就会发现答案。肯尼克认为这样的解释不对，要回答"艺术是什么"之所以如此困难，并不是艺术品的本质中有什么神秘或复杂的东西，而是"意义即用法"，"艺术"的意义在于我们对它的使用。由于"艺术"一词在我们的生活中会以多种不同的方式来使用，因此不能像定义"氦"一样，精确的定义"艺术"。然而我们在生活中是知道怎么使用"艺术"这一词的，所以我们是知道"什么是艺术"的，知道如何在生活中区分艺术和非艺术。肯尼克举了一个例子，叫一个人到一个大仓库（装了各种物品，如图画、交响乐、赞美诗、机器、工具、教堂、家具、诗集等等）去把里面的艺术品取出来，这个人虽然不知道艺术的定义或者艺术的共性，但是他也能成功地完成任务。可如果让他把里面一切有意味的形式的东西取出来，他一定会踌躇。通过这个例子，肯尼克认为艺术的定义无助于我们对艺术的理解，例如有人提出"艺术是有意味的形式"，当我们仔细揣摩这一概念的含义时，发现它比艺术或美的概念更加模糊而不易理解。

对于这些否定艺术可以定义的观点，西布利在其 1960 年的论文《艺术是一个开放的概念吗？——一个悬而未决的问题》中，曼德尔鲍姆在其 1965 年的论文《家族相似及艺术概括》中，戴维斯在其 1991 年发表的专著《艺术的定义》的第一章"维兹的反本质主义"中，都提出了反驳的意见。除此之外，丹托、迪基、列文森、卡罗尔、古德曼、比尔斯利等不是在讨论艺术能否定义的问题，而是实际地提出了各自的艺术定义理论，因为只要能提出合理、恰当的艺术定义，本身就证明了维兹观点的失败。

丹托（Arthur Danto）是当代美国艺术界最有影响力的艺术批评家，他在 1964 年发表了他的第一篇论文《艺术界》，并因此一举成名。他提出，"艺术界"是由艺术理论，或者说艺术史的知识而构成。艺术史知识或艺术理论是最根本的东西，它形成艺术界，而艺术品正是由于在艺术界中处于某个位置而成为艺术品，从另一角度来说，艺术品是在艺术理论的阐释中成为艺术品，是一定的艺术理论把展览会上作为艺术品展出的布里洛盒子和其他布里

洛包装盒子区分开，"理论把它带入艺术界，防止它坠入普通的真实事物"，"是理论使艺术界和艺术成为可能"。①丹托把定义艺术的方向从关注艺术品的内在知觉属性，转移到艺术品所处的外在的艺术史框架中，为艺术定义打开了一片新的领域。迪基的艺术定义正是丹托的艺术界理论的发展。

迪基的艺术制度理论分为早期和晚期两个时期。早期观点见于1969年发表的论文"何为艺术"，这篇论文经过修改后纳入了他发表于1974年的著作《艺术和美学》（Art and Aesthetics）的第一章。迪基用丹托的"艺术界"来指"艺术品赖以存在的庞大的社会制度"。他从艺术品的人工性和艺术地位的授予这两个角度，来对艺术下了一个定义："1. 人工制品；2. 代表某种社会制度（即艺术界）的一个人或一些人授予它具有欣赏对象资格的地位"。认为艺术作品的人工性产生于授予而不是加工，比如当人们把浮木送入艺术展览馆授予艺术品地位时，浮木就具有人工性。

迪基于1983年发表了论文"艺术制度的新理论"，这篇论文后来收入他于1984年发表的《艺术圈》（The Art Circle）中。他自己介绍说这篇论文对他早期的艺术定义理论作了不小的修改，是他新的艺术制度理论。这一新的艺术制度理论如下：

1. 艺术作品是一种创造出来展现给艺术界公众的人工制品。

2. 艺术家是理解性地参与制作艺术作品的人。

3. 公众是这样一类人，其成员在一定程度上准备好去理解展现给他们的对象。

4. 艺术界是所有艺术界系统的整体。

5. 艺术界系统是一个框架结构，以便艺术家能够把艺术作品展现给艺术界公众。

相比早期的艺术定义理论，晚期理论有几点改进：（1）对人工性做了新的解释。认为在浮木的例子中，浮木的人工性不是被授予的，而是因为浮木被用

① 【美】Arthur C. Danto, "The Artworld", from The Philosophy of Art, edited by Alex Neill & Aaron Ridley, Mcgraw-Hill, Inc. 1995。

做艺术媒介而获得人工性。（2）在早期理论中，艺术地位的核心是授予，艺术品是由于艺术家授予它以艺术地位。晚期则认为，艺术品的地位不是被授予，而是作为在艺术界框架内创造人工制品的结果而获得的。（3）相对早期理论，迪基更加强调艺术的公众性。认为艺术家总是为公众创造他的艺术品，艺术家和公众是最小化的创造艺术的框架结构，艺术界公众不仅是一群人的集合，而且是依靠类似于艺术家的知识和理解，知道如何去履行他们的职能。

列文森（Jerrold Levinson）受到丹托和迪基的"艺术界"的启发，于1979年发表了论文《历史性地定义艺术》，提出了历史性的艺术定义，以替代迪基的艺术制度的艺术定义，认为能更好地阐明艺术的本质。他认为，他的理论与艺术制度理论都认为艺术的本质不是在于艺术品自身的显明性质，而是在于关系属性，但是两种理论的不同之处在于：（1）艺术品是联系于个人（单个的艺术家）的意向，而不是联系于处于艺术制度中的授予艺术地位的行为；（2）意向涉及艺术的历史，而不是艺术制度。所以，他认为，艺术品是这样的事物，人们严肃地将之看待为艺术品，就像对待以往的艺术品一样。

1988年，卡罗尔也提出了艺术的历史理论，认为要将一个新的作品认同为艺术，必须采取艺术资格证书的策略，即将新的作品和已经被认为是艺术品的作品联系起来考察。他说："将备受争议的作品和传统的艺术作品及事件联系起来。如果该作品可以看做是以往艺术思维和创作的可理解的结果的话，那么该作品就是艺术品。"①

古德曼（Nelson Goodman）是著名的分析哲学家，其美学代表作是《艺术的语言》，在其论文《什么时候是艺术》中，他从象征理论来探讨了艺术的本质问题。古德曼根据日常生活中样品的例示功能，例如一块布料的样品例示这种布料的某些属性，提出：艺术作品，甚至是抽象主义或形式主义的作品，也是例示某些属性，例示也就是象征。艺术就是以某种方式起象征作用

① 【美】Noel Carroll, *Philsophy of Art*, Routledge 1999, p. 251。

的东西。古德曼认为,正如一个对象在某些条件和情况下是一个象征符号,而在另外的情况下则不是象征符号一样,一个对象也许在某些条件和情况下以某种方式起象征作用而成为艺术品,而在其他时候则不这样,因此也不是艺术品。比如一块放在艺术馆的石头由于以某种方式起象征作用,例如例示了某些属性,而使这块石头成为艺术品,而当这块石头被放在路边时,它就不是艺术。所以,古德曼认为,最首要的问题是"什么时候是艺术"而不是"什么是艺术",因为没有什么东西必然就是艺术,以某种方式起象征作用时就是艺术品,而当艺术品被用做其他用途时,就不再是艺术,例如用绘画作品来补窗户。

比尔斯利(Monroe C. Beardsley)于 1984 年发表了他的论文"艺术的美学定义",提出了"艺术品是被制作的东西,制作的意图是给予它以满足审美兴趣的能力"。比尔斯利的这一定义是针对艺术制度理论提出来的。他说,尽管艺术制作有一定的社会性,但是社会性不是艺术的本质,即使一个制作过程独立于艺术传统,我们也没有理由不授予所制作的东西以艺术品的称号。他还阐述了其艺术定义中的"意图"。艺术家的意图是:在制作过程中他总有某些想要做到的目标,并且有理由相信会获得成功。尽管意图是私人的,但是意图总要表现为艺术品的某些显明的属性,我们可以通过一个对象的显明属性来了解制作者的意图,并判断制作者是否具有审美意图。

以上关于当今英美热烈争论的艺术定义问题的论述,在我们所调查的 5 本美国美学教材中,都有详细的介绍和讨论。正如拉马克所言:在英美,"人们有一种相当牢固的看法,即艺术是美学的核心。"①分析美学更是离开传统的对"美"作形而上学的讨论的做法,转向与艺术有关的诸多课题。自维兹提出艺术不可定义起,迄今半个多世纪,艺术的界定问题一直是英美美学界热烈争论的中心,这也难怪所调查的每本美国美学教材,都不惜笔墨,浓墨重彩地论述这一问题。

事实上,除了艺术的定义问题外,与艺术问题相关的艺术品的本体地位,

① 【美】Peter Lamarque,《〈英国美学杂志〉40 年》,章建刚译,《哲学译丛》,2001。

即艺术品究竟有无客观性？艺术品究竟是不是物质实体？艺术品的意义究竟有无客观内容？艺术品是否是审美对象？对艺术品应该作何认识？等问题，也是当今英美许多美学家所十分感兴趣的课题。拉马克在其教材中专章选编了这方面的论述文章，包括马格里斯 (Joseph Margolis) 的《艺术作品的本体论特性》、列文森的《音乐作品是什么》、基维 (Peter Kivy) 的《音乐中的柏拉图主义：一种辩护》和加里 (Gregory Currie) 的《作为行为种类的艺术作品》。

此外，艺术品的本源和艺术品的创造过程；艺术品的价值标准；艺术品形式与内容统一的标准；审美价值判断的主观性、客观性问题；批评的意图及其关联性问题等，也都是当代英美美学界关注的问题。调查的 5 本美国美学教材也都作了不同程度地反映。比如内尔教材的第一章就专章讨论了艺术品的创造过程，介绍了柏拉图、华兹华斯、尼采、弗洛伊德、杜威、伽达默尔等人的理论。第二章的第一部分则专门讨论了艺术品的内容和形式问题。第三章涉及审美价值判断问题。拉马克在其教材的第五章专门选编了有关艺术评价问题的论述。迪基在其教材的最后一部分也以 4 章的篇幅专门论述了艺术评价问题。戈拉汉目在其教材的第八章也论述了艺术评价的主观性、客观性问题，以及阐释和批评的意图及其关联性问题。

另外，对当代英美美学界关注的各部门艺术的美学问题，艺术与道德、宗教、认知或科学的关系问题，自然美的问题等，调查的教材也都有所反映。比如，拉马克就专章选编了部门艺术哲学及自然美方面的论述文章，戈拉汉目也对这两大问题进行了专章论述，内尔则专章论述了艺术与道德、宗教等其他领域的关系问题。

二、关于审美经验

在西方美学史上，随着近代哲学的认识论转向，西方美学的研究重心也转向了审美经验的探讨，夏夫兹博里、荷加兹、哈奇生、休谟等人对审美经

验问题都作了很好的论述。现代，在英美美学界，审美经验问题虽然不像艺术问题那样炙手可热，但围绕审美知觉、审美经验的来源、特征，审美中的认识和感觉因素等审美经验的有关问题，仍然是他们关注的中心问题。

现代英美美学界对审美经验问题的探讨，可从以下几个方面加以论述：

第一，何谓"审美经验"、审美对象？

肯尼克（Williom E.Kennick）在《论审美经验》一文中提到西方哲学家在企图给"审美"下定义时，通常采取这样三种方式：要么从寻找客观事物入手；要么从寻找客观事物的某种特质着眼；要么从主体的审美感受，来对审美经验作出规定。当代西方美学主要采取第三种方式。在这种方式中，"审美态度"理论是关键。迪基说："今天的美学继承者们已经是一些主张审美态度的理论并为这种理论作出辩护的哲学家。他们认为存在着一种可证为同一的审美态度，主张任何对象，无论它是人工制品还是自然对象，只要对它采取一种审美态度，它就能变成为一个审美对象。审美对象是审美经验的焦点和原因，因此，它是注意力、理解力和批评的对象。"[1]也就是说，只要对事物采取一种审美态度，任何事物都可以成为审美对象，用迪基的话来说就是："只要审美知觉一旦转向任何一种对象，它立即就能变成一种审美对象。"[2]对相当多的当代西方美学家来说，他们所认可的那种审美经验，并不是来源于那些具有审美特质的审美对象，而来源于审美态度在一个对象上得到肯定的经验。斯托尼兹明确地说过："传统美学很少像我们这样去问：'什么是审美经验？'传统美学把'审美'的东西看做是某些对象所固有的特质，由于这些特质的存在，对象是美的。……但我们却不想在这种方式中去探讨审美经验的问题。"[3]总之，按照"审美态度"理论，审美态度决定审美对象，审美对象决定审美经验。核心的问题是审美态度。审美态度决定审美对象的重要理论根据之一，就是认为世界上并没有一种

① 【美】George Dickie, *Introduction to Aesthetics,* Oxford University Press, 1997, p.45。
② 【美】George Dickie, *Introduction to Aesthetics,* Oxford University Press, 1997, p.57。
③ 【美】Jerome Stolnitz, *Aesthetics and Philosophy of Art Criticism,* Boston, 1960, p.29。

固定不变的"审美对象"作为一种特殊的物种存在在那里，也不存在审美对象与非审美对象的严格区别。过去讲到审美经验，总要讲到它的各种心理因素，感觉的、知觉的、想象的、理智的因素，而现在这些因素被认为都可以包容在"审美态度"这一概念之中。门罗认为：审美态度是种集成类型的概念，它把种种不同的构成方式，想象、推理、能动性和情感等因素，所有意识的作用，任何一种感性知觉的模式都连接在一起。这也就是我们在看画、看电影和戏剧，以及读诗、听音乐时所经验到的一种共同态度。①

当然，把审美经验看做是对客观对象审美特质的一种反映，这种观点也并没有完全消失。普赖斯（Kingsley Price）在《是什么使一种经验成为审美的?》一文中就主张审美经验是审美特质的一种客观反映。他认为，每种经验实际上都由两种因素所构成，一种因素来自客体，一种因素来自主体的感知。"那种造就一种经验成其为审美经验的东西，不是那种经验中感知的东西，而是他的对象的某种特质。""审美性"必然源出于被经验的对象。

基于以上对审美经验来源的不同看法，对什么是审美对象也就有两种不同的看法：一种看法认为审美对象即审美态度的对象。任何事物都可以成为审美对象，只要能对它采取一种审美态度就行。另一看法认为审美对象是种本体论意义上的概念，它与非审美对象是有区别的。比尔斯利就坚持审美对象必须是这样的一种知觉对象，"它具有某些能直接诉诸感官的特质"。并不是所有知觉对象都是审美对象，"审美对象是一些特殊的对象，而不是一些像母牛、杂草、浴室中的装备之类的东西。"②与比尔斯利的看法相似，沃尔顿（Kendall L. Walton）认为：艺术作品是具有多种特质的单纯化了的客体。这些特质也就是我们知觉的兴趣所在。例如绘画的视觉特质，音乐的听觉特质。一件艺术作品的知觉特质可以包括审美的特质与非审美的特质，它们都是艺术作品的特征，正因为有了

① 【美】门罗：《走向科学的美学》，石天曙、滕守尧译，中国文艺联合出版公司，1984，第272页。
② 【美】Monroe C.Beardsley, *Aesthetics, Philosophical Problems of Criticism*, New York,1958,p.32。

这些特质，才能使人们去听、去看。①

第二，审美经验的特征。

存在两种不同的争论：一种认为审美经验和审美知觉是特殊的经验和知觉；一种则持相反立场，认为"经验"是不能分类的，审美经验与日常经验并无本质的区别，因而审美知觉与日常知觉也并无本质的区别。对于第一种看法，主要有这样一些观点：（1）"分离"说或"孤立"说。强调审美知觉是对事物"外观"的一种知觉，不是对事物"实在"的一种知觉，因而它可以从日常知觉中"分离"或"孤立"出来，从而成为一种特殊的经验和知觉。譬如一棵树，一朵花，一座房子，用审美知觉去看和用日常知觉去看是不同的。在日常知觉经验中，由于任何事物总是有原因地和其他事物联系在一起，植物是与土地联系在一起，一块土地又和周围其他土地联系在一起，因此单个事物无法像在审美知觉中的情况那样，从周围环境的背景中突现出来，就像一朵花那样，人们对它与周围环境之间的关系并不关心，尽管它也生长在泥土中，但我们不会去把它和土地联系起来，尽管它也和其他事物一样，它是和环境相关的，并且在时间和空间的世界里延伸到人们的知觉之外，但审美知觉把其他一切方面都忽略了，仅仅注意它美丽的外观。可见，审美知觉往往比日常知觉更单纯，但正由于它的这种单纯性，它也就更敏感、更尖锐。（2）主张在知觉和感觉的区别上认为审美知觉是种知觉经验，而不是一种日常生活中常有的感觉经验。例如 H.N. 李（H.N.Lee）认为知觉是比感觉高一层的，知觉可以包括各种感觉的联合、构成以及从想象中得到的各种材料的补充与选择。认为感觉不是审美的，而知觉才可能是审美的，至少是构成审美经验的材料。（3）继承了十八世纪英国思想家的传统看法，认为有一种"内部感官"，它在审美经验中起到统摄由外部感觉器官获得的感性材料的作用。例如科瓦奇（Kovach J. Francis）就确认有这种"内部感官"的存在。他说："至少有两种内部感官在对外部感官起补充作用，以至在审美经验

---

① 【美】Kendall L. Walton, "*Categories of Art*", from Aesthetics and the Philosophy of Art, edited by Peter Lamarque and Stein Haugom Olsen), Blackwell Publishing 2004.

中起十分重要的作用。外部感官所获得的纯感性材料,首先由内部感官把它们统一成为一种明确的结合体或整体。其次是想象力在这一过程中也在起作用,部分地改变了它们。最后就是幻想力和想象力的主观化,它使想象变成为愉快的,而且仅仅对鉴赏者自己来说才是愉快的。"①布兰恩(Hugh Blain)也认为有这种所谓的"内部感官"。他说:"审美趣味……最终将在一种关于美的内部感官中被发现。这种内部感官的存在是自然的。"②J.K. 菲布尔曼(J.K.Feibleman)则把这种内部感官称之为对美的"一种特殊的感觉能力"。J.B. 杜博斯则把它称之为"第六感官"。(4)用类比方法寻找审美经验和审美知觉的特征。普福(Puffer)就认为审美经验和宗教的沉思很相似。(5)还有一些美学家用否定性特征和肯定性特征这样两个方面来对审美经验进行描述。所谓否定性特征就是指审美经验中必须排除什么;所谓肯定性特征就是指审美经验中必须具有什么。兰菲尔德(H.S.Langfield)列举了两种否定性特征和三种肯定性特征。前者指对实用性和占有欲的排除;后者指由超然所引起的全神贯注、身心的完全参与和感觉的非现实性。杜威则认为审美经验只有一种否定性特征和两种肯定性特征。前者指欲望的排除;后者指整体性和完美性。比尔斯利则提出四种肯定性特征而没有提出否定性特征。这四种肯定性特征是:注意力、强烈度、凝聚力和完整性。詹姆斯·L.贾勒德(James L.Jarrett)则认为有一种绝对的特质,即审美对象的开放性所带来的感觉特质。因此审美经验可以与实践性、私人性、常识性和分析态度相对立。普劳尔(Prall D. W.)则提倡"感觉表面"的概念作为审美知觉的特征:"每当我们的知觉活动离开了事物的表面时……我们就离开了典型的审美态度。"③

以上我们论述了认为审美经验和审美知觉是特殊的经验和知觉的几种观点。这些观点最突出的一点就是主张"经验"是可以分类的,审美经验是一种特殊的经验类别,是与日常生活经验根本不同

① 转引自朱狄:《当代西方美学》,人民出版社,1984年版,第250页。
② 【美】Hugh Blain, "*The Standard of Taste*", from The Elements of Criticism, edited by J.R. Boyd, New York, 1983。
③ 转引自朱狄:《当代西方美学》,人民出版社 1984年版,第252页。

的。

第三，关于审美注意力的争论。

只要认为审美经验是一种独特的经验，就会认为有一种特殊的审美注意力存在。有些美学家认为依靠"注意"的强化，就能使日常知觉中的某个方面突现出来成为一种审美知觉。梅尔文·雷德（Melvin Rader）在《想象的认识方式》一文中说："注意的状态也就是观赏者是否去注意到对象的内部特质和关系，而不仅仅是去注意对象的外部特质和关系。一个人去注视波斯地毯，如果他注意的是'这值多少钱'、'它是怎样制造出来的'、'如果我拥有这块毯子，能因此提高我的社会地位吗?'那么这些问题都是与对象本身无关的外部关系问题。但如果观赏者不为这样一些问题分散注意力，而是专心致志于毯子本身的视觉形象，仅仅是在一种鉴赏的方式中去评价地毯的色彩和图案形式，那么他的兴趣就是审美的。"另一些美学家则不同意把审美反应和非审美反应作机械的划分。J.O. 乌尔姆森说："如果认为一个人处在审美状态，也就意味着有一种单一的基本原则可以把它和其他所有各种类型的经验区分开来，这种看法在逻辑上是混乱的。"他举例说，正如一个男人可以同时是秃顶、富人和鳏夫，一个对象也可以同时给人以审美的、道德的和经济上的满足。[①]也有一些人对究竟是否存在一种可以称之为"审美态度"的特殊注意力表示怀疑。迪基在《审美态度的神话》一文中否认审美态度能用任何一种注意力来加以论证，否认有不同种类的注意力的说法。而林德在《注意力和审美对象》一文中则认为迪基下的结论未免过早。他说，如果某物能使我们立刻感觉到它就是审美对象，那也就是说它能在某种方式上引起我们的兴趣。正如斯托尼兹所说的："只有在一个对象'掌握了'我们的注意力时，这种经验才是审美的。"

文森特·托马斯（Vincent Tomas）广泛地探讨了他称之为"审美视界"的问题，试图在"日常视界"和"审美视界"之间作出区别。他认为我们以一种日常

---

① 【美】J.O. Urmson, *"What Makes a Situation Aesthetic?"*, from Aesthetics and the Philosophy of Art, edited by Peter Lamarque and Stein Haugom Olsen, Blackwell Publishing 2004。

的普通方式去看待事物是和以一种审美方式去看待事物是不同的，主要的区别有两点：一是当我们以普通方式看待事物时，我们的注意力总是朝着刺激物或它呈现的意义，而并不注意刺激物呈现的方式；二是当我们用审美方式看待事物时，我们的注意力总是朝着刺激物的外观，我们不是从实践角度去注意这种外观，也不关心刺激物本身。这样，托马斯便把"外观"称之为"现象学的对象"，而把"刺激物"称之为"本体论的对象"。前者是以审美方式看待事物的对象，后者是以普通方式看待事物的对象。基维（Peter Kivy）不同意托马斯关于"外观"和"刺激物"的划分，认为很难作这种划分。例如我们读一篇小说并为其所感动之时，就很难说我们的这种感动是由刺激物所引起的还是由外观所引起的。因此基维认为，托马斯所主张的在审美状态中人们所注意的只是事物的外观而不是刺激物本身，并认为"现实性的问题在任何审美视界中是不会出现的"这种说法是错误的，它只是种柏拉图式的谬论而已。

那么，审美知觉与非审美知觉之间究竟是种什么关系呢？显然，不可能存在一种纯而又纯的审美知觉，凡审美知觉总会夹杂着一定的非审美知觉的因素，因此既不可能像化学分析那样，把审美知觉与非审美知觉作绝对的划分，也很难设想完全排除掉存在于审美知觉中的非审美知觉的成分，所以审美知觉的独立性只是相对的，不是绝对的。

第四，关于"审美无利害关系"。

早在中世纪时，托马斯·阿奎那就明确地提出过美是非关欲念的。这一看法直到十八世纪时，才又在英国经验主义美学家那里重新出现，并在康德美学中被提到了审美鉴赏"第一契机"的高度。而后，现代西方美学又以各种审美的理论重复或引申审美无利害性这一概念。叔本华认为，在审美经验中，人们不会去考虑事物的时间、地点、原因等关系，而仅仅会孤立地去看事物本身。整个意识都充满了一幅美丽的图画。[①]他把美定义为审美静观的对象。布洛的"心理距离说"更是具体发挥审美无利害关系这一命题的典型理论。

①【德】叔本华：《作为意志和表象的世界》，商务印书馆，1982，第276页。

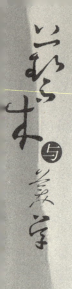

认为审美经验能用无利害关系来下定义，曾为一些当代西方美学家深信不疑。斯托尼兹就是一个例子。他对审美态度的定义就是"以一种无利害关系的（即没有隐藏在背后的目的）和同情的注意力去对任何一种对象所进行的静观，这种静观仅仅由于对象本身的缘故而不涉及其他"，[①]在这种情况下对象就是一种审美对象，对它的经验就是一种审美经验。

当然，并不是所有的美学家都毫无保留地把无利害关系看做是审美活动的核心。马克斯·德索（Max Dessoir）认为："无利害关系这一术语可以通过一种关系而把审美的愉快和感官的愉快区别开来……这种说法在整体上是正确的，但也许解释过于简单。理由很明显，有些仅仅是些快感的对象除非它们被占有，我们就无法享受到它们。好吃的美味就是屡见不鲜的一个例子，所有人都会看到这一点。这既适用于贴身的衣料又适用于一幢舒适的乡间别墅。我们只有在占有它们之时才能充分欣赏它们，因此，无利害关系并不是审美享受的一种特征，而仅仅是审美享受的一种条件。"[②]

也不是没有人反对审美无利害性这个命题。最早反对这个命题的是居约（J.M.Guyau）。他攻击康德美学把美和实用分开，贬低实用性，这样一来，凡不是"为艺术而艺术"的东西就好像必然是缺乏美的，工业与艺术将背道而驰。居约的这一看法后来被 J. 罗斯金（J.Ruskin）和维兹所接受，他们两人都主张取消工业与艺术的这种人为的分离。

有一些美学家虽然不直接反对审美无利害关系的命题，但他们认为这一命题并不能概括审美经验的特征，所以并不很重要。例如贝恩（Alexander Bain）就认为无论是科学的经验，还是道德的经验，都和审美经验一样，同样是无私欲的，因此它们和审美经验没有什么区别，无利害关系也不能成为审美经验的一种特征。H.N. 李和维兹持同样的观点，认为无利害关系仅仅是审美愉悦中次要的特质。杜威则认为"无利害关系"并不意味着在审美愉悦中"没有欲望"，而是它已"完全渗透进（观赏者的）知觉经验中去

① 【美】Jerome Stolnitz, *Aesthetics and Philosophy of Art Criticism*, Boston, 1960, pp.34—35。
② 转引自朱狄：《当代西方美学》，人民出版社 1984 年版，第 272 页。

了"。①可见，这些美学家在对待这一命题的共同特点是都承认有"无利害关系"这种心理状态，但却不愿意把它作为审美经验中的最重要特征去看待。

在现代美学家中，也许桑塔耶那是最坚决地主张要摒弃"审美无利害关系"概念的人。迪基也非常强烈地反对用无利害关系去解释审美经验，认为这一概念和布洛的"心理距离"说一样，都是"牵强附会"而缺乏说服力的。

第五，审美经验的研究对象问题。

当代英美美学家很少把美学的对象作为一个专题来加以讨论，他们对美学对象的讨论往往包含在他们对审美经验的来源的看法之中。由于当代西方美学的研究重点在于对审美经验作出分析和描述，因此，在有的美学家看来，美学的对象和审美经验的对象是同一的。即把审美经验的来源当做美学的对象，审美经验有几种来源，美学也就有几种对象。

按照迪基的看法，随着美学领域的扩大，审美经验可以有三个来源：审美的哲学（它代替了原来的美的哲学）、艺术哲学、艺术批评（分析和澄清艺术批评中所使用的基本概念）。相应的，美学有三种研究对象：审美对象、艺术作品和批评的对象。迪基把"审美"概念看做是一种与艺术的批评标准相关联的概念。审美的主要对象是艺术。所以，审美经验不是别的东西，而是一种与艺术及其判断标准相关的经验。迪基要人们记住，关于审美对象的正当的看法就是应当把它"限制在艺术作品的范围之内"，"自然对象虽然也可以是审美对象，但它们并不需要在这里讨论"。②不仅迪基，比尔斯利也认为"对审美对象的理论探讨只涉及艺术作品而不涉及自然对象"。这些观点反映了当代西方美学中的一个重要倾向：不仅把美的本质视为不值得重视的形而上学问题，而且认为审美经验的研究，其主要对象应该是艺术。

另一些哲学家却持相反的看法。比如斯托尼兹就认为对艺术的研究和对美的研究是很不相同的。因此在寻求究竟是什么才能使某些对象成为审美对象时，

① 【美】John Dewey, *Art as Experience,* New York, 1958, p.254。
② 【美】George Dickie, *Introduction to Aesthetics,* Oxford University Press, 1997, pp.61—62。

不能局限在艺术作品上，也应该去考虑自然场景中"美"的含义。因此，"艺术哲学"对美学研究来说未免太狭窄了。虽然艺术作品是最明显和最重要的美的对象，但美学所要涉及的显然不仅仅是艺术。"明显的是，我们从审美上去理解一个对象不仅是指艺术作品，而且也包括自然对象。我们看一片高大的树木或看巨浪拍岸的情景就因为它们本身是有趣的或具有戏剧性的。换言之，对审美对象的知觉并不限于艺术。更进一步说，能从审美上加以知觉的对象也并不都是美的对象，它们可以是漂亮的、滑稽的，或崇高的。这样，在我们所涉及的'艺术'、'美'和'审美'这三个概念中，'审美'是最具有包容力的。那些由于它自身的内在价值而被鉴赏的对象都是审美对象，它包括了艺术的对象和自然的对象，两者都是美的，而且也都是审美知觉加以评价的对象。"①

　　进而，斯托尔尼兹又提出了艺术的审美价值与自然物的审美价值有没有区别的问题。他认为有这样两个问题：一是我们在静观艺术作品时与静观自然物时有什么不同？二是能不能说在某种意义上这两者的价值是有区别的，一种要比另一种大？他先回答第二个问题。他认为很难说艺术作品的审美价值一定要比自然物的审美价值大。这一看法显然是和流行观点有所不同。绝大多说的传统美学理论经常认为对艺术作品所感受到的审美经验要比对自然美的感受更重要而且具有更多的东西，因此，在美学中我们谈论艺术总是比谈论自然物要多。但斯托尔尼兹认为谈论得多并不能证明在审美价值上艺术就要比自然高。虽然自然物不是人类经验的产物，但它们仍然具有巨大的审美价值。换言之，艺术创造及鉴赏和审美地"看"自然物之间的区别，在逻辑上并不就能引申出这样的结论，即认为艺术对象要比自然对象具有更大的审美知觉的愉快。同样，一个自然风景的场面即使不能被广泛地分享，也不能引申出它们比艺术作品缺乏更多价值的结论。②

　　总之，这些对审美经验是否要以艺

①【美】Jerome Stolnitz, *Aesthetics and Philosophy of Art Criticism,* Boston, 1960, pp.23—24。
②【美】Jerome Stolnitz, *Aesthetics and Philosophy of Art Criticism,* Boston, 1960, pp.47—48。

术为核心来加以研究的争论，在很大程度上也就是当代西方美学关于美学对象的争论。虽然不同的意见存在着，但作为一种总的倾向来说，主张美学研究的对象要以艺术为主这样的看法无疑占了优势，这也是为什么反映到教材上，基本上都是以对艺术作品的分析来探讨审美经验等美学问题的缘故。

第五章

对中国大学美学课程改革的思考和建议

第一节　课程内容方面

从前面的比较可见，当今美国的美学课程，就其内容而言，是史论的结合，是艺术哲学。这是西方美学发展的必然结果。西方传统美学是从抽象的美的观念出发的理论阐释，对艺术的涉及只是将其作为美的例证和注脚。分析哲学之后，本质主义受到了普遍的怀疑，哲学发生了语言学的转向，美学也开始关注具体的艺术问题，"美的哲学"被削弱而艺术问题则日益重要。"过去二十年的美学转向了艺术"[1]；"今天，几乎任何一本西方的美学著作都把艺术问题放在首位"[2]；"最近一些年来，美学探索作为一个哲学学科已经基本上成为艺术哲学，其主要关注的问题是艺术作品的本质"[3]；"现在，人们的共同看法是：美学是一种旨在运用概括的理论形式，描述和解释艺术以及与艺术有关的行为和经验类型的学科。"[4]当代美学的重心已经

[1] 【美】M. 李普曼：《当代美学》，邓鹏译，光明日报出版社，1986，第 57 页。
[2] 朱狄：《当代西方艺术哲学》，北京，人民出版社，1994，第 1 页。
[3] 【美】列维、史密斯：《艺术教育：批评的必要性》，王柯平译，四川人民出版社，1998，第 183 页。
[4] 【美】门罗：《走向科学的美学》，石天曙、滕守尧译，北京，中国文艺联合出版公司，1984，第 201 页。

无可挽回地转向了艺术而不是曾经的美。这一点，从我们前面的比较研究中，已经看得非常清楚。

对比美国的美学课程，中国课程的设置由于深受苏联学科建制的影响，专业划分非常之细，表现在美学学科上，美学被细化为美学原理、美学史、艺术哲学等不同的课程，各门课程各自为政，各有分工。美学原理课程成了一门纯粹思辨的理论之学，门罗早在上个世纪五十年代的感叹，非常切合今天中国美学课程的实情。他说："当前在哲学所属的全部分支中，美学可能是最没有影响和最缺乏生气的了，……美学成为一门高度抽象和概念性的学问，很少密切接触艺术作品以及与艺术品有关的经验。"[①]可以说，"美学不美"是当前美学教学中学生的普遍感叹，而这是与我国美学课程纯粹的哲学身份和过于浓重的逻辑和理论思辨的状况息息相关的。

面对当前我国本科美学课程"美学不美"的现状，在我看来，美学教学有必要在其教学内容中加大艺术的比重，因为这一方面符合当代世界美学发展的趋势；另一方面也是我国人文和审美素质教育的需要。就后一方面而言，美学作为人文学科的一门重要课程，肩负着对学生进行人文和审美素质教育的重任，然而，现行美学那种枯燥艰深的理论思辨很难胜任这一重任。在当今"眼球经济"时代，美学必须凭借艺术资源来吸引学生，以实现其提升学生审美境界、树立正确审美观的使命。就前一方面来看，如前所述，对艺术而不是对美的关注已成为当代世界美学的重要问题，而我国的美学课程内容却基本上没有反映这种转向。所以，通过加大美学教学中的艺术内容，会让美学变得更有吸引力和影响力，从而让学生能够更轻易地走近艺术、亲近美学，进入它的神妙世界。

另外，现行中国美学课程更多的是从学科的角度讲解理论问题，对现实生活中涌现的活生生的美学问题缺乏关注，理论与实践脱节，致使学生学完"美学"之后，仍然对生活中的审美现象无法正确分析、说明，课程的指导性、应用性不够。因此，如何有效地将现实

① 【美】门罗：《走向科学的美学》，石天曙、滕守尧译，中国文艺联合出版公司，1984，第1页。

世界的美学问题融入教学内容当中，切实培养学生欣赏美、创造美的能力和情趣，以形成美学这门学科的特色，实属需要重点考虑的问题。

第二节　教学方法方面

　　在课程的比较部分，我们已经明显发现中国大学的美学课程与美国课程的教、学两方面的差别，这种差别的形成与东西方的传统文化、教育观念的影响有关。中国的美学课程改革，应该加强课程设计，在保持教师教学技能方面的优势的同时，着重研究和探讨如何调动和发挥学生学习的意识和潜力，如何从注重知识灌输向注重独立学习的方向转变，从而在专业课程教学中不断培养和提高学生的学习能力。

一、削枝强干，突出重点难点

　　加强美学课程的总体设计，精简课程讲授内容，留出培养能力、发展情感态度的空间。正确处理教学大纲规定内容、教材内容和课堂讲授内容之间的关系，克服教师"教教材"的现象。根据课程内容和学生特点，精心筛选组织课堂讲授内容，削枝强干，突出重点和难点。课堂讲授应克服"三多三少"（讲授内容多，学生思维少；讲授时数多，学生自学少；单一讲授多，教学辅助手段少）的弊端。课堂教学要贯彻"少而精、宽而新"的原则。少，就是少讲，只讲最基本的知识、理论和技能；精，就是精讲，讲授重点和难点，教会学生自学；宽，就是拓宽学生的知识面，开拓学生的视野，介绍不同学派的理论和不同的学术观点，开阔思路；新，就是要把学科发展的前沿知识引入课堂，介绍最新的科研成果，激发学生的兴趣和求知欲。总之，坚决压缩教师课堂讲授的内容和学时，增加学生讨论、自学、实践学时，使讲习比趋于科学、合理。

二、关注学习过程，提倡学习、考核方式多样化

在大班理论讲课的教学方式之外，增加课堂讨论、小组作业、案例教学、基于解决问题的学习方式等教学策略，促进学生自主学习能力的发展。学习方式变革的重点是推进各种形式的讨论式教学。课堂讨论是信息交换的最好形式，在高等院校的教学中占有重要的地位，它越来越受到国内外教育界的重视和欢迎。通过讨论式学习，改变过去以教师为主体的单向灌输式教学，转变为以学生为主体的、多通道的知识信息传播与交换的"立体式"教学局面，真正达到"教学相长"的境界。鉴于我国美学课程均为大班教学的实际国情，还应借鉴美国的论文写作方式，加大学生论文写作分量，这样一方面促进学生通过查阅资料、论文写作，更好地掌握所学内容；另一方面，也锻炼了学生的自学能力、科研能力和文字表达能力。

调查发现我国的美学课程考试存在以下问题：（1）考试内容记忆成分所占比重过大；（2）考试方式单一、刻板、缺乏多样性；（3）过于注重课程末的成绩，一次考试定成绩的现象较多。美学课程改革应加强对课程考核的理论研究和实践探索，借鉴美国大学的美学课程考核方式，除闭卷理论考试这种传统考试方法外，探索开卷考试、小论文或报告、平时作业等考核形式，形成与教学方法改革配套的考核评估方法，以调动学生的自主学习潜力。

第三节 师资培养方面

　　课程改革的关键在教师，课程改革对教师提出了前所未有的挑战，迫切要求转变教师角色、促进教师专业发展和加强教师培训。在课程改革的过程中，教师角色应该是学生学习的促进者、教学的研究者和课程的建设者。

　　调查显示，目前中国从事美学教学的教师主要由两部分组成：哲学专业背景和中文专业背景的毕业生，都具有本科以上的学历，其学术背景有利于对美学这门理论性较强课程的理论教学，但也有其不利的一面，那就是绝大多数教师由于专业所限，基本上只有美学理论知识而不懂具体的艺术实践。为此，为了保证课程改革的顺利实施，提高美学的教学质量与教学水平，必须采取措施，加大师资培养的力度。一是选拔有较高学历水平和一定工作经验的美学专业教师，通过学位培养、访问学者或进修学习的方式，到美学学科的发源地——欧美国家学习、考察别国的美学教学情况，了解掌握美学学科进展与教学改革动态，成为美学课程的负责人或骨干，领导中国的美学课程改革。二是挑选美学或艺术专业硕士和博士充实教师岗位，并建立美学专业教师的规范化培养制度，从教育学和美学、艺术几个不同的领域，计划安排理论提高和实践锻炼的内容，不断提高教师自身的水平和能力，以适应课程改革与实施的要求。

第四节　教材建设方面

　　教材是课程观、教育观、教学目标和教学内容的具体体现，也是事关课程改革意图能否落实的重要环节之一。现代的教材（教科书）概念蕴含了下列要素：（1）作为学习的体系所包含的事实、概念、法则、理论。（2）同知识紧密相关，同时有助于各种能力的系统掌握，以及心理作业与实践作业的各种步骤、作业方式和技术。（3）知识体系同能力体系的密切结合，奠定世界观之基础，表现为信念的、政治的、世界观的、道德的认识、观念及规范。教材就是这三个要素的统一。这种教材概念的广义界定，对于现代教材建设具有决定性的重要意义。①

　　综观中国的美学本科教材建设现状，一是教材建设滞后于美学学科的发展和美学教学改革的发展；二是教材内容各种各样，缺少公认的权威教材，这与目前理论界对美学学科的研究对象等问题的诸多争论尚无定论有关；三是教材偏学术著作型，重视展示知识的内容和理论建构，忽视展示获取知识的过程和方法，引导学生体验从实践中发现和提出问题、认识和解决问题，引

---

① 钟启泉：《大学教材开发：亟待重视的研究领域》，《教育发展研究》，1999 年第一期，第 17—20 页。

导学生逐步从模仿发展到独立思考，从学习发展到创新不够；四是教材形式单一，多媒体配套教材开发不足，辅助教学和支持学习功能有限。

    为此，应从以下几方面着手加快教材建设：国家从宏观管理层面，应鼓励教材开发研究，鼓励学校和出版机构联合，编写出版高质量的教材，形成专业教材百花齐放和百家争鸣的局面；专业教师要认真研究教材开发的规律，紧跟学科发展的趋势，编写体现现代美学学科发展的美学教材；注重教材的配套开发，充分利用信息技术的成果，体现以人为中心、以学生为中心的思想，研究制作各种导学、助学的多媒体软件、试题库等，为学生的自主学习创造良好的支撑条件。

附录1 哈佛大学美学教学大纲(syllabus)译文

"美学：经验与表现"教学大纲

任课时间：2004年秋季学期

任课教师：墨兰教授

讲课形式：讲演式（星期二和星期四），Emerson 101

办公时间：星期三（1：30 - 3：00），Emerson 319

教学助理：Leo Calleja

calleja@fas.harvard.edu

教学助理的办公时间：星期二（2：00 - 4：00）

教材：

⑴玛丽·马赛瑟尔（Mary Mothersill）：《修复的美》；

⑵康德：《判断力批判》（Hackett版，Pluhar译。）；

⑶迈克·弗里德（Michael Fried）：《吸收与戏剧风格》；

⑷黑格尔：《美学讲演集》。

教学参考资料：

从本校科学中心的"参考读物"处获取，包括休谟、卡维尔（Cavell）、米尔（Mill）、松塔格（Sontag）和王尔德的文章。

写作任务：

第四和第九周需交两篇小论文（各 5—6 页）。学期结束时（1 月 14 日，星期五）需交一篇 12 页的学科论文。

迟交的处理政策：迟交论文者成绩首先自然降 1/3 等级，比如该得 A 的，自然降为 A-。随后，每延迟一周上交论文，成绩自然下降一个等级。特殊情况下，学生可以延长论文上交时间而不受惩罚，但需在规定上交论文时间之前两天得到任课教师的同意。病假必须附上病历。论文延长的上交时间一旦确定，就必须严格遵守，不能再次更改。如果迟交论文，则依上述惩罚规定执行。

各教学环节的出勤率占学科成绩的 10% 左右。

教学目标：这门课程将从美学史的角度予以学习研究，间或关注具体部门艺术。

阅读时间安排：

阅读材料必须在每周的第一次课前读完（具体时间附后）。前半学期的阅读量不是很大，但要求对阅读材料进行精读并广泛阅读其他材料。

第一周（星期二，9 月 21 日）

导论：美学在哲学中的位置

第二周（星期二，9 月 28 日）

休谟："趣味标准"和"悲剧"（在教学参考资料中）

第三周（星期二，10 月 5 日）

玛丽·马赛瑟尔（Mary Mothersill）：《修复的美》（第四、五章）（100—144 页）

第四周（星期二，10 月 12 日）

玛丽·马赛瑟尔（Mary Mothersill）：《修复的美》（第六、七章）（145—208 页）

第五周（星期二，10月19日）

康德：《判断力批判》，（第43—84页、第3—38页）

玛丽·马赛瑟尔（Mary Mothersill）:《修复的美》（第八章，第209—246页）

第六周（星期二，10月26日）

康德：《判断力批判》（第85—140页）

卡维尔："现代哲学中的美学问题"（在教学参考资料中）

第七周（星期二，11月2日）

康德：《判断力批判》（第141—207页）"纯粹审美判断推论"

第八周（星期二，11月9日）

康德：《判断力批判》（第209—232页"审美判断"）

米尔"什么是诗歌?"（在教学参考资料中）

第九周（星期二，11月16日）

席勒：《论素朴的诗和感伤的诗》节选（在教学参考资料中）

第十周（星期二，11月23日）－周四感恩节停课一次

弗里德：《吸收与戏剧风格》，导言和第一章（第1—70页）

第十一周（星期二，11月30日）

弗里德：《吸收与戏剧风格》，第二和第三章（第71—160页）

第十二周（星期二，12月7日）

黑格尔：《美学讲演集》编者前言和第一至三章（第3—61页）

松塔格："关于'露营'的注意事项"（在教学参考资料中）

第十三周（星期二，12月14日）

黑格尔：《美学》，第四、五章（第62—97页）

王尔德："座右铭"等（在教学参考资料中）

附录 2　马里兰大学美学教学大纲译文

"艺术哲学"教学大纲

任课教师：杰纳德·列文森教授（Prof.Jerrold Levinson）JL32@umail.umd.edu.

任课时间：2005 年春季学期

讲课形式：讲演式（星期二、星期四）（11：00）

办公时间：星期三（11：00－1：00）

教学助理：克莉丝·史蒂文 cstevens3@umd.edu.

本门课有以下教学目的：（1）批判性地考察从柏拉图到现在的有关艺术的重要理论问题；（2）概略考察有关艺术的本质、功能、价值及其局限性，并提出对这些问题的合理看法；（3）分析、澄清一些对理解艺术至关重要的概念，比如艺术品、形式、内容、表现、再现、阐释、风格、媒介、现实主义、原创性、审美经验和审美价值；（4）考察 20 世纪艺术，尤其是视觉艺术的特征，并分析这些新变化对艺术理论的影响；（5）为学生提供美学学术背景知识和分析技巧，以使学生形成并磨练他们自己对艺术的哲学观点。

课程要求：

1. 按时上课；

2. 仔细阅读指定材料；

3. 两篇指定主题的分析论文；

4. 综合的期中、期末两次考试。

学习本门课程的先决条件：

已学过一门哲学类课程或一门艺术类课程。

课程所用教材：

⑴ A. 内尔、A. 雷德利（A. Neill & A. Ridley）合著:《艺术哲学读本》(McGraw-Hill 出版公司出版)；

⑵ N. 卡罗尔（N. Carroll）:《艺术哲学：当代美学导论》(Routledge 公司出版)；

⑶ N. 沃波特（N. Warburton）:《艺术问题》(Routledge 公司出版)。

⑷其他阅读资料课程包。

推荐阅读书籍：

⑴G. 戈拉汉目(G. Graham):《艺术哲学：美学导论》(Routledge 公司出版，导论类书籍)；

⑵ C. 弗雷兰(C. Freeland):《它是艺术吗?》(But Is It Art?) (Oxford 出版，导论类书籍)；

⑶ R. 乌尔汉姆（R. Wollheim）:《艺术及艺术品》(Art and Its Objects) (Cambridge 出版，较高程度用书)；

⑷M. 巴德(M. Budd):《艺术的价值》(Penguin公司出版，较高程度用书)

⑸M. 比尔斯利（M. Beardsley）:《美学史》(Alabama 出版，美学史类书籍)

每周教学安排：所有的阅读材料都在 A. 内尔和 A. 雷德利（A. Neill & A. Ridley）合著的《艺术哲学读本》当中，除非另有通知。

第一周（1 月 27 日）

卡罗尔:《艺术哲学：当代美学导论》中的前言部分。

第二周（2月1－3日）

柏拉图的《伊安篇》和《理想国》卷十

第三周（2月8－10日）

亚里士多德的《诗学》

第四周（2月15－17日）

莱辛的《拉奥孔》

卡罗尔，第一章

第五周（2月22－24日）

休谟的《论趣味的标准》

第六周（3月1－3日）

康德的《美的分析》

第七周（3月8－10日）

叔本华的《作为意志和表象的世界》

布洛的"心理距离"

第八周（3月15－17日）

贝尔的"审美假设"

弗莱（Fry）的"作为形式的艺术"

雷德（Reid）的"弗莱批判"

卡罗尔，第三章

春假（3月21－25日）

第九周（3月29－31日）

托尔斯泰的《什么是艺术?》

柯林武德《艺术原理》

第十周（4月5－7日）

柯林武德的《艺术原理》

卡罗尔，第二章

期中考试（4月7日）

第十一周（4月12－14日）

杜威的"拥有经验"

比尔斯利的"艺术创造"

格林博格（Greenberg）的"现代主义绘画"

第十二周（4月19－21日）

斯坦博格（Steinberg）的"其他的标准"和"当代艺术与公众的困境"

西布利的"审美概念"

第十三周（4月26－28日）

博格斯（Borges）的"皮埃尔·门拉德（Pierre Menard），《堂吉诃德》的作者"

沃尔顿（Walton）的"艺术种类"

西赛罗（Sircello）的"艺术的表现属性"

卡罗尔，第四章

第十四周（5月3－5日）

维兹的"理论在美学中的作用"

曼德尔鲍姆的"家族相似与艺术概括"

丹托的"艺术世界"

第十五周（5月10－12日）

迪基的"新艺术制度论"

本克力（Binkley）的"块、片：反美学"

列文森的"历史地定义艺术"

卡罗尔，第五章

期末考试（5月16日）

附录 3 玛丽威廉学院美学教学大纲译文

任课教师：艾伦·高曼教授。

办公室：Blair 134.

办公室电话：221 - 2737.

办公时间：星期二（3：00 - 4：00）、星期四（2：00 - 3：00）或预约。

E-mail: ahgold@wm.edu.

课程目标：

本课程将让学生对艺术哲学的基本问题和理论有一个系统的了解。阅读材料将按历史的线索（从柏拉图到现在）围绕各主题安排。本课程先按主题安排，这些主题包括"何谓艺术"、"阐释的本质"、"评价和趣味的客观性"问题。每一主题下的阅读材料按历史顺序安排。教学中将会引用很多古典音乐、绘画和文学作品作为例证。

教材：

⑴迪基、斯伽拉芬尼（Sclafani）、罗布林（Roblin）合著：《美学》；

⑵高曼（Goldman）：《审美价值》

⑶随堂所发资料。

成绩：

课程分为三个主要部分，每部分结束时各有一次论文考试。每次考试前有一次复习课。每次考试各占总成绩的1/3。出勤率将影响成绩的等级。比如考试成绩在 A-/B+ 或 B/B- 之间时，出勤率将影响最后的成绩。课前学生必须读完阅读材料并积极地参与课堂讨论。

教学主题及时间安排：

第一部分：何谓艺术？（4周）艺术能被定义吗？"艺术"这个概念是个评价性概念吗？这意味着称某样东西为"艺术品"是在表扬它吗？有什么本质属性是所有艺术品都拥有的，还是说艺术概念是历史地变化着的？

再现理论　艺术再现或模仿现实。最好的艺术就是最忠实地再现或模仿现实之作。但是，正如柏拉图所指出的，仿制品再好，哪比得上原作呢？（阅读材料：迪基、斯伽拉芬尼（Sclafani）、罗布林（Roblin）合著《美学》中的柏拉图和亚理士多德文选；高曼（Goldman）《审美价值》第64—82页。）

情感理论　艺术表现情感。最好的艺术就是最真诚最强烈地表现情感之作。但是，这种艺术作品的价值又怎能与人们更直接、更自然的情感流露相比呢？（阅读材料：迪基、斯伽拉芬尼（Sclafani）、罗布林（Roblin）合著《美学》中的托尔斯泰和柯林武德文选；高曼（Goldman）《审美价值》第46—64页。）

形式理论　艺术呈现愉人或有意味的形式。但什么是艺术的好的形式？为什么它让人愉悦？审美价值可以简化为感知美的形式而来的愉悦吗？（阅读材料：迪基、斯伽拉芬尼（Sclafani）、罗布林（Roblin）合著《美学》中的贝尔文选；高曼（Goldman）《审美价值》第82—91页。）

制度理论　艺术是根据为艺术界所认可的各方面来加以定义的。但艺术界是由什么构成的？根据艺术制度论，是不是任何东西都可以成为艺术？那些不为艺术界所知道的标准的艺术作品又作何解释呢？（阅读材料：迪基、斯伽拉芬尼（Sclafani）、罗布林（Roblin）合著《美学》中的维兹文、迪基文一、丹托文；高曼（Goldman）《审美价值》第 1—5 页。）

第二部分：阐释（3 周）什么叫阐释艺术作品？对同一作品，存在着彼此排斥却又被一致认可的阐释吗？所有的阐释都是可接受的吗？如果不是这样，那么，能为人接受的阐释的标准是什么？阐释是怎样与描述和评价相关的？（阅读材料：迪基、斯伽拉芬尼（Sclafani）、罗布林（Roblin）合著《美学》中的维姆萨特（Wimsatt）和比尔斯利文；课堂所发菲什（Fish）和赫什（Hirsch）文；高曼（Goldman）《审美价值》第四章。）

第三部分：审美评价（7 周）对艺术作品的评价是主观的还是客观的？存在为所有伟大的艺术作品所共有的属性吗？审美判断取决于不同的趣味吗？艺术中的趣味有高低之分吗？比如歌剧高于乡村音乐？莎士比亚的作品优于一般的喜剧作品？（阅读材料：迪基、斯伽拉芬尼（Sclafani）、罗布林（Roblin）合著《美学》中的哈奇生、休谟、康德、西布利、沃尔顿文；高曼（Goldman）《审美价值》第二、五章。）

附录4 普度大学美学
教学大纲译文

艺术哲学（2002年秋季学期）

课程目标：

艺术是我们借以探究自身、宇宙，以及我们与宇宙之间关系的一种手段。这种探究的一个重要方面就是进行价值判断，而艺术正是以其价值判断让我们实现探究自身、宇宙及自身与宇宙的关系。随着艺术发展到一定的成熟度，它也能进行自我反省。本门课程的目标之一就是从哲学的角度考察艺术的本质；艺术与个人、社会、自然的关系；艺术与其他学科、与技术的关系；以及艺术自身试图更好地理解我们人类和我们所处的世界的历史。为此，我们将阅读和讨论围绕上述主题而节选的古今思想家们的论述，并且还将观看、讨论众多范围广泛的引起人们哲学思考的艺术作品。我们也将考察某些艺术家的作品和观点，当他们的作品和思想提出了一些哲学家不得不予以考虑的问题，并也让我们随着文化的变迁调整何谓艺术以及艺术怎样发挥其功能等概念时。本课程将要求学生围绕所探讨的问题写几篇文章，并鼓励他们提出自己富

有批判性的观点。按我的经验，艺术知识知道得越多，越不能形成自己对于艺术的观点。本课程的目的之一就是将学生从沉湎于教条的状况中唤醒，拓宽他们的智力和情感视野，以便能富有创造性地关注艺术，并提出有思想、有意义的艺术见解。

艺术与自然事物不同，它是人类的创造物。探究人类创造艺术的目的、艺术述说了人类些什么、艺术是怎么与人类的其他活动相关联的、艺术是否有其界限等等问题，都是些哲学问题。尽管艺术与自然各不相同，但它们是紧密联系的。对于艺术与自然之间的相互关系，我们将会围绕对这个问题的哲学论述以及相关艺术作品的分析加以探讨。

广义地看，思想、行为、感觉这么三个特性将人类与无生命物质和其他有生命的物质区别开来。这三个特性都关涉艺术作品的制作和理解。因此，从总的方面和就具体的艺术作品来清楚地解释这三个特性与艺术作品的关系，就成为哲学孜孜以求的事业。艺术作品都有一些不论种族、文化、经济状况的差异而共享的共同的本质或共同的属性呢？还是依种族、文化、经济状况的不同而不同？这个问题关涉到艺术能否被定义的问题，以及是将艺术定义为再现论、表现论或形式论，还是制度地、历史地定义艺术的问题。

人类是会思想能感觉的动物，这一特性对理解审美批判的客观性和主观性问题以及能否期待能达成大体一致的艺术或审美观点，也非常重要。而这又涉及批评方法、阐释、评价以及艺术家的创作意图和观众的期待等问题。

由于我们怎么思考、如何行动、怎样感觉，部分地是由我们在特定时间所处的特定文化所决定的，所以，社会问题也与艺术哲学问题关系密切。对这些问题的考察包括种族、性别、宗教与艺术的关系问题、伦理学与美学的关系问题。

最后，艺术何时、何地、与什么样的现实相关联的问题；艺术品的本体地位问题，我们将通过对提出这些问题的文学作品和其他艺术作品的考察来予以探讨。

通过对以上论题的讨论，学生将对艺术及艺术品的本质以及如何哲学地

处理艺术问题等方面，获得扎实的理论知识。并且通过关注这些问题是如何被解决的，学生将对哲学方法有个更好的了解。

课程要求：

1. 出勤率和课堂参与。每次课前将会记录学生的出勤情况。学生必须按时上课。迟到者进教室时必须保持安静并且课后自己找任课教师补上出勤记录。经常迟到者将有可能失去出勤率的得分。出勤率情况将占总成绩的 5% 或 5 分。我们将上 29 次课，因此每次课的出勤情况将占 0.172 分。学期结束时都将加到总成绩上去。课堂的参与情况也占总成绩的 5%。

2. 阅读。所有指定的阅读材料必须在上课前读完。它的重要性怎么强调都不过分。课前忽视阅读指定材料的同学将难于理解教师上课时讲的内容，此外，也难于参与课堂上围绕教材和上课内容的任何讨论。正如听课有利于理解指定的阅读材料，课前阅读指定材料也有利于听懂听课内容。学生决不能视听课为阅读的替代品。讲课的目的是就阅读材料的主要方面作些讲解，并且提出一些有关阅读材料的问题。课堂上没讲过的指定的阅读材料的内容将作为考试范围。建议你们在阅读时将重点勾出来，课下时不时地反复看看。

3. 考试。本门课程将有三次课堂考试，具体时间待定。学生本人有责任知悉每次考试的时间。每次考试将包括多项选择、对错判断、配对题、简答题和论述题。考试时间将视试题的分量和性质而定。补考只能在极为特殊的为教授所认可的情况下才能进行。任课教师保留拒绝补考的权利和成绩降级以惩罚补考者的权利。任何错过考试的同学必须立即跟老师联系并提供充足的理由以获得老师认同补考的机会。每次考试将主要考新学内容，但也包括以前考过的东西。考前教师将告知学生考试范围。每一次考试将包含不同的问题，但都各自占总成绩的 15%。

每次考试都包含带回家自做的论文部分。论文主题及交论文的时间课堂上会说明。论文的长度为 1—2 页。论文占每次考试成绩的 5%。

所以，三次课堂考试连同 3 次论文的成绩，共占总成绩的 60%。

4. 论文。本课程还要求学生就审美趣味有否客观性这个问题写篇论文。要求学生就休谟、杜卡斯和比尔斯利就此问题的看法提出自己的观点。论文长度为 5—7 页，必须附上脚注和参考文献。论文上交时间课堂上将会通知。学生自己有责任知道交论文的具体时间。论文成绩将占总成绩的 15%。

5. 期末考试。本门课程包括一次期末考试，题型与别的考试一样，由多项选择、对错判断、配对题、简答题和论述题，可能还包括一个选作加分部分组成。期末考试也包括一个带回家自做的论文题目。期末考试占总成绩的 25%，其中 5% 为带回家自做的论文成绩。教师将在最后一周的第一次课通知学生考试范围，可以肯定的是，期末考试将是一次全面的、综合性的考试。

期末考试将在 12 月 16 日（星期一）下午 1 点到 3 点举行，考试地点：KETTLER 150。期末考试必须人人参加，缺考的同学本门课程将按不及格处理。

6. 本门课程的成绩将由以下几部分构成：3 次课堂考试共占 60%，包括每次带回家自做的论文部分；论文占 15%；期末考试占 25%，也包括带回家自做的论文部分。出勤率和课堂参与情况将额外占 10% 的分数。

7. 本大纲将视情况或在任课教师认为必要的情况下予以修订。

成绩换算标准：

90 – 100 = A = 优秀

80 – 89 = B = 良好

70 – 79 = C = 中

60 – 69 = D = 合格

60 以下 = F = 不及格

讲课方式：

上课时间由教师讲解和学生讨论两部分构成。教师的讲解将包括对没有出现在指定阅读材料清单上资料的介绍。这些介绍将列入考试范围。课堂时间将由放映教学幻灯或其他教学媒介的时间和对从古至今艺术作品的欣赏时间组成。这些艺术品将会因其显示或引出的哲学问题而加以仔细考察。学生应该对那些课堂上强调过的对于艺术史和哲学美学都极其重要的艺术品非常熟悉。所有的讲课内容、幻灯和课堂上发放的资料都在网上，学生应该将讲课内容打印出来以便学习。有些阅读材料更适于课堂讨论，在这种情况下，学生应积极参与。如前所述，学生课堂参与的情况将作为衡量学生本门课成绩的一个因素。

课程所用材料：

教材：

戴维·苟德布拉特（David Goldblatt）、李·B. 布朗（Lee B. Brown）合著：《美学——艺术哲学读本》。

文章：

"对自然环境的审美欣赏"（艾伦·卡尔松）

"新美学"（王尔德）

"趣味无争论"（杜卡斯）

"趣味有高下"（比尔斯利）

"至上主义"（马勒维奇）

发放的资料：

艺术与艺术品

艺术与自然

审美经验的本质是什么？

创造性、知识与遵守的规则

马勒维奇的"黑广场"

无意识的心理图式与不能言说的音乐知识

艺术定义与充分必要条件

阅读顺序：

1. 艺术、自然与美学

黑格尔的《艺术哲学》第 501—506 页；

艺术与艺术品（发放的资料）；

丹托的《美学和艺术品》第 50—56 页；

"对自然环境的审美欣赏"（艾伦·卡尔松）（文章）；

"新美学"（王尔德）（文章）；

科洛弗德（Donald Crawford）的《自然与艺术》第 207—217 页；

艺术与自然（发放的资料）。

第一次课堂考试

2. 审美判断是客观的还是主观的？

审美经验的本质是什么？（发放的资料）；

休谟的《论趣味的标准》第 483—490 页；

"趣味有高下"（比尔斯利）（文章）；

"趣味无争论"（杜卡斯）（文章）。

论文

3. 艺术与再现

柏拉图的《反模仿》（第 5—9 页）和《洞穴的寓言》第 119—121 页；

贡布里奇的《相似性的界限》第 35—39 页；

古德曼的《再造现实》第 40—42 页；

本杰明的《机械复制时代的艺术品》第 85—89 页；

巴雷特的《照片与语境》第 110—116 页。

第二次课堂考试

4. 艺术与表现

柏拉图的《伊安篇》第 355—363 页；

柯林武德的《情感的诗歌表现》第 314—319 页；

"至上主义"（马勒维奇）（文章）；

马勒维奇的"黑广场"（发放的资料）；

创造性、知识与遵守的规则（发放的资料）；

无意识的心理图式与不能言说的音乐知识（发放的资料）；

拉夫曼（Diane Raffman）的《大量的无言知识》第 233—235 页。

5. 艺术与形式

贝尔的《现代绘画中的形式》第 10—13 页；

格林博格的《现代主义绘画》第 17—23 页。

第三次课堂考试

6. 当代艺术与当代艺术理论

维兹的"理论在美学中的作用"，教材第 518—524 页；

艺术定义与充分必要条件（发放的资料）；

迪基的"作为社会制度的艺术"，教材第 524—529 页；

丹托的"艺术权力的哲学剥夺"，教材第 46—50 页。

7. 艺术品的本体地位

沃尔顿的"艺术种类"，教材 511—517 页；

列文森的"论音乐概念"，教材第 269—274 页；

乌尔姆森的"作为表演艺术的文学"，教材第 323—330 页。

期末考试：12 月 16 日（星期一）下午 8 点到 10 点

地点：KETTLER 150.

精选参考书目

辞典和百科全书：

Flew, Antony：《哲学辞典》（第二次修订版）（纽约，圣·马丁出版社 1979 年版）

Reese, William L.：《东西方哲学和宗教辞典》（新泽西，人文学科出版社 1994 年版）

Runes, Dagobert：《古代、中世纪、现代哲学词典》（新泽西，Littlefield & Adams Co.1963 年版）

Lucie-Smith, Edward：《艺术术语辞典》（伦敦，Thames and Hudson 1985 年版）

Edards, Paul 主编：《哲学百科全书》（8 卷）（纽约，Macmillan

Publishing Co. 和 The Free Press 1967 年版）

Cooper, David：《美学参考书》（牛津，Blackwell 1995 年版）

Blackburn, Simon：《牛津哲学辞典》（牛津，牛津大学出版社 1994 年版）

Honderich, Ted：《牛津哲学参考书》（牛津，牛津大学出版社 1995 年版）

一些美学导论性质的读物：

Aldrich, Virgil：《艺术哲学》（新泽西，Prentice-Hall1963 年版）

卡罗尔：《艺术哲学：当代美学导论》（伦敦，Routledge 1999 年版）

迪基：《分析美学导论》（牛津，牛津大学出版社 1997 年版）

Hospers, John：《美学读本》（纽约，The Free Press 1969 年版）

Korsmeyer, Carolyn：《美学大问题》（牛津，Blackwell 1998 年版）

Margolis, Joseph：《哲学地观看艺术》（纽约，Scribner's1962 年版）

Neil, Alex 和 Ridley, Aaron：《艺术哲学读本》（波士顿，McGraw-Hill1995 年版）

Ross, Stephen David：《艺术及其重要性：审美理论文集》（奥尔巴尼，纽约，SUNY1987 年版）

Townsend, Dabney：《美学导论》（牛津，Blackwell 1997 年版）

Wollheim, Richard：《艺术及艺术品：美学导论》（纽约，Harper Torchbooks 1968、1971 年版）

附录5 科罗拉多大学美学教学大纲译文

美学（2006年秋季学期）

任课教师：John Fisher

办公室及办公时间：Hellems 286; 星期三3点到5点；星期五2点到3点；或预约。

E-MAIL:jafisher@spot.colorado.edu/ 电话：303.492.6593

课程目标：

本门课程将对当前美学学科的一些主要问题作一大致介绍。尽管在20世纪，美学主要关注的是艺术哲学问题（"美学"经常被等同于"艺术哲学"），哲学美学领域却开始于18世纪，它致力于探讨一种特殊的经验（审美经验）和一种特殊的判断（审美判断），并确实对这些问题及美的概念作出了解答（对此，康德的《判断力批判》是一明证）。自然和艺术一样，在古典美学中都是审美判断的对象。根据这一历史，我打算从描绘审美王国的理论开始我们这一课程。

审美王国被认为是人类的一种特殊能力（趣味能力）和源于这种特殊能力的独特判断（趣味判断）的

结果。休谟和康德是这一传统的代表。当代被用于统一审美王国的概念应该是"审美价值"。我们一开始就要讨论的问题之一就是：是否存在单一的既适用于艺术又适用于自然的审美价值概念。为此，我们不得不继续探讨审美属性及其与审美价值的关系。

大致对审美王国有一些认识之后，我们将转向艺术领域。"什么是艺术"这个问题包含两个方面：本体方面和定义方面。前者指"艺术品是些什么东西（比如何谓音乐作品）"？后者指"艺术能否被定义"？这学期，我将介绍一些探讨艺术定义的最新理论。（注意：在美学中，"艺术"通常用于指各门具体艺术，比如音乐、舞蹈、诗歌的总称。）然后，我打算就同学们最为关注的问题一起作些探讨。

这门课程的目的包括以下几个方面：（1）一起阅读一些美学史上处于核心地位的经典篇章；（2）让学生对作为哲学的一个分支的美学的基本哲学问题及其历史发展有所了解和喜爱；（3）对当前美学的一些论题和理论有所了解和喜爱；（4）从而让修这门课的研究生对美学领域有足够的了解，以便于他们毕业后在专科学校教美学这门课程。

课程结构：

第一部分：审美王国（第 1 周－第 11 周）

审美价值；美；趣味；审美判断（休谟、康德、泽马赫、赞格维尔）。艺术的、文学作品的趣味判断谈论的是些什么？我们是怎么感受这些作品的？这些作品是怎么存在的？能把这样的趣味判断归结为就是一些心理的或社会现象吗？美或其他的审美属性真是对象所固有的吗？如果审美判断能被证实的话，我们怎样去加以证实？如果确有审美属性存在的话，那么审美属性与对象的物理属性是什么关系？

第二部分：艺术哲学（第 12 周－第 14 周）

艺术定义；试图定义艺术有意义吗？有意义的话，怎么定义才最好？反本质主义观点（拒绝定义）与艺术定义的主要理论（形式主义 / 审美主义；制度论；功能论）。欣赏艺术存不存在错误的方法？存在更好些的方法吗？

比如，欣赏艺术时，我们应该忽视有关的背景知识呢，还是最好知晓并运用背景知识于欣赏当中？

第三部分：开放时间（第15周－第16周）。上课时视学生的兴趣所在再具体制定研讨主题。

阅读材料：

阅读材料包括书籍和文章两部分。

书籍：

⑴拉马克、沃尔森：《分析美学与分析艺术哲学读本》；

⑵内尔、雷德利：《艺术哲学读本》；

⑶赞格维尔（Zangwill）：《美的形而上学》（*Metaphysics of Beauty*）

⑷泽马赫（Zemach）：《真正的美》。

文章：

指定文选中没有的文章可以到Hellems 269处去取复印件。需要复印的文章和教材可在此处我们的复印机上复印（每页5美分）。复印时一定要为后面的同学着想，小心轻放，以便将原件完好无损地交给下一位需要复印的同学。别占用太多时间，尤其不能使资料缺损。复印时有什么困难或资料有缺损的话，请立即通知我，以便我及时处理。

讲课安排：

1. 休谟"论趣味的标准"

另外：赞格维尔的《美的形而上学》第九章；列文森"休谟的趣味标准：真正的问题"。

论题：趣味判断的真实性问题在这儿也就是美的属性的判断问题、今天我们所称的审美属性的感知问题，均涉及评价问题。某些趣味比别的要好吗？某些审美判断要比别的一些更正确吗？评价趣味判断有标准吗？怀疑主义者的反对观点。

2. 康德"美的分析"

另外：柯亨（Cohen）和盖尔（Guyer）"康德美学导论"，文章见玛丽·马赛瑟尔（Mary Mothersill）《修复的美》。

论题：在康德那里，趣味判断演变成为"审美判断"，基本的例子就是"X很美"。那么我们怎么能解释其中语义学的变化？它们是怎么并且为什么能被证实？它们是何时被证实的？审美判断内在的精神依据是什么？这些问题将我们引向"审美无利害性"（无利害性感知）概念以及 20 世纪的审美经验理论。

3. 西布利的"审美概念"

4. 赞格维尔（Zangwill）《美的形而上学》（*Metaphysics of Beauty*）第一和第二章。

论题：趣味判断运用审美概念于事物当中，这些审美概念不仅仅是"美"，还包括别的一些审美属性。作为审美概念，需要具备哪些属性？我们是在什么基础上运用这些概念的？审美属性的本质是什么？审美属性是如何与事物的非审美属性相关联的？"美"比优雅、矮胖就更为重要吗？

5. 泽马赫（Zemach）《真正的美》的前言及第一、二章。

论题：对审美属性的系统介绍，反对审美非认知主义、主观主义和相对主义。

6. 沃尔顿"艺术种类"

另外：赞格维尔（Zangwill）《美的形而上学》（*Metaphysics of Beauty*）第三章。

论题：对于艺术的恰当、正确的欣赏有要求吗？（顺便说一下，这成为最近对自然欣赏的核心论题。）有关某件艺术品制作的背景知识以及艺术史和艺术风格的知识对于正确的审美判断是必需的吗？事物的审美属性取决于哪些属性？

7. 泽马赫（Zemach）《真正的美》第三章（3.1 – 3.4）

论题：现实主义者的审美属性理论应该如何被定义？审美属性是怎么被感知的？现实主义者的审美属性理论是如何得到论证的？

课程要求：

1. 保证出勤率和积极的课堂参与；

2. 三篇各 10—12 页的论文或 2 篇 6—8 页的论文外加一篇 14—18 页的论文。（选修本门课程的本科生可有少点页数的论文要求。）暂定的论文上交时间分别是：10 月 5 日、11 月 2 日、12 月 7 日。

论文题目将在交论文之前两周发给大家。迟交论文虽然我也接受，但将受到惩罚，而且何时返还学生由我决定。准时上交论文的同学，两周后我会改后还给大家。除非特殊情况，不能以 E-MAIL 的形式提交论文。你可以就前两次的论文再次重写一篇，按我的评论作些修改。只有当修改后的文章确实不同并且大大好于前一篇论文时，你才会得到一个高于前一篇论文的新分数。否则的话，原分数保持不变。修改的文章上交时间是 12 月 7 日。上交时，请注意附上改过成绩的原始论文。

3. 此外，学生还将轮流设计课堂的讨论问题。尤其是在我们每次开始研讨新的教材资料之前，更需如此。我要求轮到的同学必须草拟 3—5 个能激发讨论的问题，并且主持讨论几分钟。我也会要求轮到的同学对要学习的新教材作一简要概括。

附录6　贝勒大学美学
　　　 教学大纲译文

哲学与艺术：美学导论（2006 年秋季学期）

任课教师：埃尔墨·H. 当肯教授

需要购买的教材：

⑴ N. 卡罗尔（N. Carroll）：《艺术哲学：当代美学导论》(伦敦 Routledge 公司 1999 年出版)；

⑵ N. 卡罗尔（N. Carroll）：《今日艺术》（威斯康星大学出版社 2000 年版）；

你可能还需要订购的另一些优秀材料：

⑴雷德（Rader）：《现代美学》（第五版）；

⑵迪基：《分析美学导论》；

⑶拉马克、沃尔森：《分析美学与分析艺术哲学读本》；

在这门课上，你将读到并有机会讨论有关艺术哲学领域一些问题的经典论述，这些论述从不同的渠道精选而出。没有一本文选，包括我们指定用于本课程的文集，涵盖了我们所需要的一切资料。

你这门课程的成绩将由以下几部分决定：你上课的参与情况；一次 3 个小时考试的成绩和一次期末考

试成绩；你的 10—15 页学科论文的成绩，论文主题由你自选。你可以参考"美国《美学与艺术批评杂志》20 年索引"（1941－1962）的"主题索引"。这一索引有一更新版，在 1979 年由该杂志出版，收集了从 1941－1977 年的杂志（从第 1 卷到第 35 卷）索引。1982 年，还增加了这本索引的增补本。你还可以在"哲学家索引"下的"美学"题下，找到别的一些参考资料。在美国《美学与艺术批判杂志》的每年夏季卷（一直到 1972 年），"当前美学及其相关领域的精选参考书目"也可提供你需要的资料。另外，在 Leonardo（到 1983 年）每年的春季和秋季版的"当代艺术家的美学"专栏中，同样可以找到相关资料。当然，现在在网上，你还可以找到很多最新的资料。你可以从我的贝勒网页的"美学参考"（Assistance for Aesthetics）开始，然后，到美国美学学会的官方网站"美学在线""Aesthetics On-line"查找你所需要的资料。

一些缩写：

APQ—美国哲学季刊

BJA—英国美学杂志

JAAC—美学与艺术批评杂志

JAE—美育杂志

JP—哲学杂志

PAS—亚理士多德学会通讯

PPR—哲学与现象学研究

PQ—哲学季刊

PR—哲学评论

另外几本你可能需要买的书：

比尔斯利：《美学：批判哲学中的诸多问题》1958、1981

比尔斯利：《美学史》

Carroll, Noel《超越美学》

Davies, Stephen《艺术哲学》2006

Danto, Arthur C.《平凡事物的变形：艺术哲学》

Danto, Arthur C.《艺术权利的哲学剥夺》

Osborne, Harold《美学与艺术理论史》

Dickie, George, Sclafani, R.J., and Roblin, Ronald, eds.《美学》第 2 版

Margolis, Joseph, ed.《哲学地观看艺术》第 1、第 3 版

Dickie, George,《艺术圈》

Dickie, George,《艺术及美学：一种制度的分析》

Vivas, Eliseo, and Krieger, Murray, eds.《美学问题文集》

Elton, William, ed.《美学与语言》

Shields, Allan,《美学参考书目之书目》

Townsend, Dabney, ed.《美学：遵循西方传统的经典读本》

讲课时间及内容安排：

第 1 次课：美学的历史及劳动的分工

阅读：

我课程的"导言页"（在我的网页上）；卡罗尔《艺术哲学》的导论部分（第
1—17 页）；及"美学在线"网上我的文章"美学中历史视角的缺乏：再看美
学主题"。

参阅：

Louis Arnaud Reid：《艺术家、批评家和哲学家》，见 Vivas, Eliseo, and
Krieger, Murray, eds.《美学问题文集》19—30 页；

比尔斯利"美学史"，见《哲学百科全书》第一卷，18—35 页。

Stephen C. Pepper and Thomas Munro 关于"美学"的文章，见《大不列
颠百科全书》第 15 版的百科详编，第一卷，149—163 页。

Dickie, George《分析美学的历史》，见《美学导论》1—73 页。

Campbell Crockett《美学中历史视角的缺乏》，见《美学与艺术批评杂志》
（1951 年 12 月）160—165 页。（在 JSTOR 数据库可以查到）

Allan H. Gilbert《论美学和艺术的大学课程》，见《美学与艺术批评杂志》

（1946 年 6 月）224—247 页。（在 JSTOR 数据库可以查到）

Charles Edward Gauss《论美学导论课程的内容》，见《美学与艺术批评杂志》（1949 年 9 月）53—58 页。（在 JSTOR 数据库可以查到）

John Henry Melzer《论美学教学》，见《人格主义》（1956 年 4 月）136—146 页。

Ruth Saw and Harold Osborne《作为哲学分支的美学》，见《英国美学杂志》（1960 年 11 月）8—20 页。

Ruth Saw《给美学"道歉"》，见《英国美学杂志》（1969 年 10 月）321—329 页。

Allan Shields《作为一门大学课程的美学研究》，见《美育杂志》（1970 年 4 月）133—143 页。

Jean G. Harrell《作为哲学的美学》，见《人格主义》（1972 年春季刊）115—126 页。

Robert Morris Ogden《美学定义》，见《哲学评论》（1933 年 9 月）500—510 页。（在 JSTOR 数据库可以查到）

Richard J. Sclafani《迪基的〈美学导论〉评论》，见《哲学杂志》（1973 年 5 月 24 日）303—307 页。（在 JSTOR 数据库可以查到）

Christian Helmut Wenzel《卡罗尔的〈艺术哲学〉评论》，见《英国美学杂志》（2002 年 4 月）211—214 页（在线订阅）

Matthew Kieran《卡罗尔的〈艺术哲学〉评论》（登在"美学在线"）

Aaron Meskin《卡罗尔的〈今日艺术理论〉评论》，见《美学与艺术批评杂志》（2001 年春季刊）219—221 页。（在 EBSCO 数据库能查到）

W.B. Gallie《哲学美学的功用》，见《心》(1948 年 7 月)303—321 页。（在 JSTOR 数据库可以查到）

Jerome Stolnitz《分析哲学和分析美学注释》，见《英国美学杂志》（1963 年七月）210—222 页。

Bertram Jessop《分析哲学和美学》，见《英国美学杂志》（1963 年七月）

223—233 页。

J.A. Passmore《干枯的美学》，见《心》（1951 年七月）318—335 页。（在
JSTOR 数据库可以查到）

William E. Kennick《传统美学建立在一个错误之上吗?》，见《心》（1958
年七月）317—334 页。（在 JSTOR 数据库可以查到）

Allan Shields《谈论谈论再谈论艺术》，见《美学与艺术批评杂志》（1967
年冬季刊）187—192 页。（在 JSTOR 数据库可以查到）

Cynthia C. Rostankowski《激发美学》，见《美育杂志》（2003 年秋季刊）
104—107 页。（在 Project Muse 数据库可以查到）

Ronald M. Moore《今日艺术哲学：呼唤问题的框架》（对 Noel Carroll,
Marcia Eaton, and Cynthia Freeland 最近所写三本书籍的评论文章），见《美
育杂志》（2004 年冬季刊）105—112 页。（在 Project Muse 数据库可以查到）

Roger Pouivet《拉马克和沃尔森合著〈分析美学和艺术哲学文集〉书评》，
见《英国美学杂志》（2005 年 1 月）88—94 页。（在线订阅）

第 2 次课：游戏理论和移情作用

阅读：

Julias A. Elias 的《艺术与游戏》和 Charles Edward Gauss 的《移情作用》，
两篇文章均见网上《思想史辞典》。

参阅：

Theodore Lipps《移情，内模仿和感觉》，见雷德（Rader）《现代美学》（第
五版）371—378 页。

Vernon Lee and C, Anstruther-Thomson,《美与丑（1）》，见《当代评论》
（1897 年 7 – 12 月）544—569 页。

Vernon Lee and C, Anstruther-Thomson,《美与丑（2）》，见《当代评论》
（1897 年 7 – 12 月）669—688 页。

Friedrich Schiller《美的游戏与人类精神的释放》，见雷德（Rader）《现代
美学》（第五版）477—483 页

Richards, I.A.《文学批评原则》第 31 章，尤其是 231—234 页。

李斯托威尔柏爵《近代美学史》第三章"游戏理论"第 23—26 页；第七章"Einfuhlung 理论"第 49—87 页。

Van Meter Ames《理解世界》（关于 Einfuhlung 的选集）第 575—579 页。

Ducasse, Curt《艺术哲学》第七章。

Hilde Hein《作为美学概念的游戏》，见《美学与艺术批评杂志》（1968年秋季刊）67—71 页。（在 JSTOR 数据库可以查到）

Rene Welleck《浮龙·李，Bernard Berenson 与美学》，见其《辨别力》164—186 页。

Mary Bittner Wiseman，《移情的辨认》，见《美国哲学季刊》（1978 年四月）107—113 页。

David Morgan，《艺术的魅力：从德国浪漫主义到表现主义的抽象与移情》，见《思想史杂志》（1996 年 4 月）317—341 页。（在 Project Muse 数据库可以查到）

第 3 次课：心理距离与审美态度

阅读：

Edward Bullough《心理距离》，见雷德（Rader）《现代美学》（第五版）347—362 页

Edward Bullough《作为艺术之一要素与作为审美原则的〈心理距离〉》，见《英国心理学杂志》（1912 年 6 月）87—118 页。

George T. Dickie《审美态度的神话》，见《美国哲学季刊》（1964 年 1 月）56—65 页。

参阅：

Sheila Dawson，《作为审美原则的〈距离〉》，见《澳大利亚哲学杂志》（1961年 8 月号）154—174 页。

Stephen C. Pepper，《艺术中的情感距离》，见《美学与艺术批评杂志》（1946 年 6 月号）235—239 页。（在 JSTOR 数据库可以查到）

Dickie, George T,《美学导论》28—37 页。

C.A Mace"审美态度",见《英国美学杂志》(1972 年夏季刊)217—227 页。

Marshall Cohen,《审美的本质》,见 Max Black 的《美国哲学》第 115—133 页。

埃尔墨·H. 当肯与迪基的辩论,见《美学与艺术批评杂志》(1965 年夏季刊)的"信件辩论"部分,517—521 页。(在 JSTOR 数据库可以查到)

Aldrich, Virgil C.《艺术哲学》第一章。

Virgil C. Aldrich《返回审美经验》,见《美学与艺术批评杂志》(1966 年春季刊)364—371 页。(在 JSTOR 数据库可以查到)

James L. Jarrett,《论心理距离》,见《人格主义》(1971 年秋季刊)61—69 页。

Allan Casebier,《心理距离概念》,见《人格主义》(1971 年秋季刊)70—91 页。

Timothy J. Reiss,《萨特戏剧中的心理距离与戏剧距离》,见《耶鲁法国研究》(1971)5—16 页。(在 JSTOR 数据库可以查到)

George Dickie,《布洛和心理距离概念》,见《哲学与现象学研究》(1961年 12 月)233—238 页。(在 JSTOR 数据库可以查到)

George Dickie,《布洛与 Casebier:消失在距离中》,见《人格主义》(1972年春季刊)127—131 页.

George Dickie,《心理距离:在海上的大雾里》见 BJA, 13, 1(1973 冬季刊)17—29 页.

Jerome Stolnitz,《艺术的与审美的》,见 Kiefer and Munitz 的《教育、宗教、艺术观察》第 266—294 页.

George Dickie,《趣味与态度:美学的起源》,见《理论》(1973 年)153ff.

Francis Kovach,《前现代思想中的审美无功利性》,见《西南哲学杂志》(1974 年春季刊)59—68 页.

Robert C. McGregor,《艺术与美学》JAAC, 32, 4（1974 夏季刊），第 549—559 页.（在 JSTOR 数据库可以查到）

Joel J. Kupperman,《艺术与审美经验》BJA, 15, 1 (1975 冬季刊)，第 29—39 页.

D. J. Crossley,《审美态度：回到布洛》，见《人格主义》56, 3 (1975 夏季刊)：336—345 页.

Sneh Pandit,《为心理距离辩护》, BJA, 16, 1 (1976 冬季刊)：56—60 页.

Kingsley Price《关于心理距离的真理》JAAC, 35, 4 (1977 年 6 月)：411—423 页.（在 JSTOR 数据库可以查到）

Jerome Stolnitz《现代美学中的〈审美态度〉》, JAAC, 36, 4 (1978 夏季刊)：409—422 页.（在 JSTOR 数据库可以查到）

Jerome Stolnitz,《兴趣时代的艺术与美学》JAAC, 37, 4 (1979 夏季刊)：401—413 页.（在 JSTOR 数据库可以查到）

Gary Kemp,《审美态度》, BJA, 39, 4 (1999 年 10 月)：392—399 页.｛在线订阅｝.

Oswald Hanfling,《五种距离》BJA, 40, 1 (2000 年 1 月)：89—102 页｛在线订阅｝.

Oswald Hanfling,《审美距离的悖论》BJA, 43, 2 (2003 年 4 月)：175—186 页.｛在线订阅｝.

James S. Spiedel,《美国美的神学美》，见《宗教与流行文化杂志》(2003 年夏季刊)｛在线杂志｝.

Norman Kreitman,《审美无功利性的多样性》，见《当代美学》(2006)（在线杂志）

第 4 次课：艺术的制度论

阅读：

George Dickie,《艺术的制度论》，见卡罗尔《今日艺术理论》93—108 页。

参阅：

Arthur Danto,《艺术世界》见 JP, 61, 19（1964 年 10 月 15 日）：571—584 页．（在 JSTOR 数据库可以查到）

George Dickie,《定义艺术》见 APQ, 6, 3（1969 年 7 月）：253—256 页．

George Dickie,《什么是艺术：制度的分析》，见雷德（Rader）《现代美学》（第五版）459—472 页。

V. Mendenhall,《迪基和柯亨的"什么是艺术"观》JAE, 16, 2（1982 夏季刊）：41—54 页．

Ted Cohen,《艺术的可能性：对迪基观点的评论》PR, 82, 1（1973 年 1 月）：69—82 页．（在 JSTOR 数据库可以查到）

George Dickie,《回应柯亨：艺术之现状》见 Dickie and Sclafani 的《美学》第 1 版，196—200 页。或《人格主义》58, 2（1977 年 4 月）; 169—172 页．

George Dickie,《作为一种社会制度的艺术》，见迪基的《美学导论》第十一章，98—108 页．

George Dickie,《艺术的制度概念》，见 Benjamin Tilghman 的《语言与美学》21—30 页．

Michael H. Mitias,《作为一种社会制度的艺术》，见《人格主义》56, 3（1975 年夏季刊）：330—335 页．

Anita Silvers,《丢弃的艺术世界》，JAAC, 34, 4（1976 夏季刊）：441—454 页．（在 JSTOR 数据库可以查到）

Michael Mitias,《审美对象的制度理论》，见《人格主义》58, 2（1977 年 4 月）：147—155 页．

Robert J. Yanal,《审美对象的制度理论：回应 Michael Mitias》，见《人格主义》58, 2（1977 年 4 月）161—168 页．

Robert McGregor,《迪基的制度化的美学》BJA, 17, 1（1977 年冬季刊）：3—13 页．

Jay E. Bachrach,《迪基的艺术制度论：进一步的批评》，见 JAE, 11, 3（1977 年七月）：25—35 页．

Carolyn Korsmeyer,《关于区别"审美的"和"艺术的"》JAE, 11, 4 (1977 年 10 月) : 45—57 页.

Virgil C. Aldrich,《格雷戈论迪基的制度化美学》JAAC, 36, 2 (1977 年 冬季刊) : 213—215 页. (在 JSTOR 数据库可以查到)

Dabney Townsend,《现象学与艺术定义》, 见《西南哲学杂志》(1977 年 夏季刊) : 133—139 页.

Weitz, Morris,《开放的心 : 人文主义概念的哲学研究"》81—90 页.

Micheal D. Beaty,《考察艺术的制度理论》, 为申请贝勒大学哲学硕士学 位的批评性论文。1975 年 6 月。

Dickie, George,《艺术圈 : 艺术理论》1984 年。

Stephen Davies,《为艺术制度论辩护》, 见《南方哲学杂志》26, 3 (1988 秋季刊) : 307—324 页.

George Dickie,《新艺术制度论》, 见 Dickie, Sclafani and Roblin, eds.《美 学》第二版, 195—206 页.

Robert Stecker,《艺术制度论的终结》第 206—213 页, 及迪基的回应, 第 214—217 页.

Yanal, Robert, ed.《艺术制度论 : 迪基哲学再思考》1994 年 (显然, 本书 中的所有文章都与本次讲课主题相关, 但尤其要看卡罗尔的"定义艺术"3— 38 页).

Davies, Stephen,《艺术定义》1991, 第四章 " 迪基的艺术定义的制度论 " 78—114 页.

George Dickie,《美学导论》第 8 章"艺术制度论"82—93 页.

David C. Graves,《艺术与禅师的"茶壶" : 美学在艺术制度论中的作用》 JAAC, 60, 4 (2002 秋季刊) : 341—352 页. { 机构订阅 }.

Lauren Tillinghast,《分类意义上的"艺术"》JAAC, 61, 2 (2003 春季刊) : 133—148 页. { 在线订阅 }.

Dickie, George,《艺术制度论的历史》, 见迪基的《艺术与价值》第四章,

52—73 页．

Thomas Adajian，"迪基的《艺术与价值》评论"{ 见"美学在线"}

Christopher Bartel，《迪基的〈艺术与价值〉评论》BJA, 45, 1 (2005 年 1 月)：
94—96 页 .{ 在线订阅 }.

第 5 次课：作为客观化的快感的艺术

阅读：

Edward L. Shaughnessy，《桑塔耶那：近代的两面神》JAAC, 33, 3 (1975
春季刊)：309—319 页 .（在 JSTOR 数据库可以查到）

George Santayana，《美的本质》见雷德（Rader）《现代美学》（第五版）
162—181 页。（这是桑塔耶那《美感》的第一部分，见"去世大师系列"《桑
塔耶那文集》第二卷）

参阅：

Willard E. Arnett，《桑塔耶那与美感》第二章

Beardsley, Monroe C.《美学史》328—332 页 .

George Santayana，《什么是美学?》PR, 13, 3, (1904 年 5 月)：320—327页 .
（在 JSTOR 数据库可以查到）

George Boas，《桑塔耶那与艺术》，见 Schilpp, ed.《桑塔耶那的哲学》
241—261 页 . 桑塔耶那的回应，554—560 页 .

Sprigge, Timothy L.S.《考察桑塔耶那的哲学》

Frederick A. Olafson 的《桑塔耶那》，见《哲学百科全书》。

Beck, Lewis White，《6 位哲学大师：斯宾洛莎、休谟、康德、尼采、詹
姆士和桑塔耶那思想中的宗教主题》第八章，113—128 页 .

McCormick, John，《桑塔耶那传》尤其是第九章，123—139 页 .

丹托对桑塔耶那《美感》的导言，在"去世大师系列"。

Van Meter Ames，《桑塔耶那》见 JAAC, 22, 3 (1964 春季刊)：243—247
页（在 JSTOR 数据库可以查到）

Ashmore, Jerome，《桑塔耶那、艺术与美学》

Pepper, Stephen C.《艺术批评的基础》第二章。

第6次课：柏格森？

阅读：

Ruth Lorand,《柏格森的艺术概念》BJA, 39, 4（1999 年 10 月）：400—415 页.｛在线订阅｝.

参阅：

Henri Bergson,《个体与类型》，见雷德（Rader）《现代美学》（第五版）73—80 页.

Ruth Lorand,《柏格森的次序概念》，见《哲学史杂志》30, 4（1992 年 10 月号）：579—595 页.

Lorand, Ruth,《审美次序：一种有关次序、美和艺术的哲学》，尤其是第五章（83—95 页）"柏格森：不可预知的次序"

J. Alexander Gunn,《伟大的思想家——柏格森》，见《澳大利亚心理学和哲学杂志》3 (1925 年)：277—286 页.

Langer, Susanne K.《感觉与形式》第七章，104—119 页.

Gabriel Marcel,《柏格森主义与音乐》，见 S.K. Langer 的《艺术沉思》142—151 页.

Timothy Mitchell,《柏格森, Le Bon 与与世隔绝立体派》JAAC, 36, 2 (1977 冬季刊) 175—183.（在 JSTOR 数据库可以查到）

Bernard G. Prusak,《再读柏格森》JAAC, 62, 4（2004 秋季刊）：377—388 页.（学生可以通过 Ingenta 或 EBSCO 数据库获取这篇文章，URLs 数据库则不是很保险。）

George Heard Hamilton,《Cezanne、柏格森与时间图景》，见《大学艺术杂志》(1956 秋季刊)：2—12 页.

T.A. Goudge，论柏格森的文章，见《哲学百科全书》1967 年.

T.E. Hulme,《柏格森的艺术理论》，见其《思索》141—169 页.

T.E. Hulme,《关于柏格森的个人印象》，见 A.R. Jones 的《T.E. Hulme

的生活与观点》205—208 页。加上 Jones' 的 "H. Bergson" 章 57—67 页.

罗素 "柏格森"，见其《西方哲学史》第 28 章，791—810 页.

C.E.M. Joad,《柏格森哲学》，见其《现代哲学导论》第 5 章，86—110 页.

Frederick Copleston, S.J. 的《哲学史》第九卷的第 9 和 10 章（都是关于柏格森的）178—215 页.

更多的资料见 P.A.Y. Gunter 编的综合的 "参考书目"（见下面附录 "C"）

第 7 次课：作为经验的艺术

阅读：

杜威的 "拥有经验"，见雷德（Rader）《现代美学》（第五版）137—151 页.这是杜威《作为经验的艺术》的第 3 章。也可在《杜威文集精选》中找到此文。

参阅：

Dorothy Walsh,《虚的经验》，见雷德（Rader）《现代美学》（第五版）151—159 页.

Van Meter Ames,《作为美学家的杜威》JAAC, 12, 2（1953 年 12 月）：145—168 页.（在 JSTOR 数据库可以查到）

Stephen C. Pepper,《杜威美学理论中的熔化概念》JAAC, 12, 2（1953 年 12 月）：169—176 页.（在 JSTOR 数据库可以查到）

George Boas,《杜威美学中的信息交流》JAAC, 12, 2（1953 年 12 月）：177—183 页.（在 JSTOR 数据库可以查到）

Robert Newman Glass,《艺术经验中的理论和实践：杜威与巴恩斯基金》JAE, 31, 3（1997 年秋季刊）：91—105 页.

Bertram Morris,《杜威的艺术理论》，见 Jo Ann Boydston 编《杜威著作指南》156—182 页.

Stephen C. Pepper,《关于杜威美学的一些问题》，见 Schilpp 的《杜威哲学》369—389 页（杜威的回应，549—554 页）.

Edward G. Ballard,《评价杜威的作为经验的艺术》，见《哲学中的 Tulane 研究》4（1955 年）：5—18 页.

Benedetto Croce，《论杜威的美学》JAAC, 6, 3 (1948年3月)：203—207页.（杜威"对以前批评理论的评论"207—209页).（在JSTOR数据库可以查到）

Benedetto Croce，《杜威的美学及知识理论》JAAC, 11, 1 (1952年9月)；1—6页.（在JSTOR数据库可以查到）

George H. Douglas，《杜威－克罗齐调换的再思考》JAAC, 28, 4 (1970年夏季刊)：497—504页.（在JSTOR数据库可以查到）

John Dewey，《鲍桑葵〈美学史〉评论》PR, 2, 1 (1893年1月)：63—69页.（在JSTOR数据库可以查到）

George H. Mead，《审美经验的本质》，见《国际伦理杂志》36, 4 (1926年7月)：382—393页.（在JSTOR数据库可以查到）

D.W. Gotshalk，《论杜威的美学》JAAC, 23, 1 (1964秋季刊)：131—138页（在JSTOR数据库可以查到）

Beardsley, Monroe C.《美学史》332—342页.

Ducasse, Curt，《艺术哲学》第六章。

Donald B. Kuspit，《杜威对'为艺术而艺术'的批评》JAAC, 27, 1 (1968秋季刊)：93—98页.（在JSTOR数据库可以查到）

C.M. Smith，《杜威的美学与美育》，见Ralph A. Smith的《美学与教育问题》64—85页.

Lawrence J. Dennis and J. Francis Powers，《杜威、马斯洛与自我实现者的经验》JAE, 8, 4 (1974年10月)：51—63页.

Stewart Buettner，《杜威与美国的视觉艺术》JAAC, 33, 4 (1975年夏季刊)：381—391页.（在JSTOR数据库可以查到）

Mortimer R. Kadish，《杜威与审美实践理论》，见Steven M. Cahn的《杜威哲学新研究》75—116页.

1929年，巴恩斯基金会出版社出版了《艺术与教育》文集，这本文集收集了以前在《巴恩斯基金杂志》发表过的文章，包括杜威的三篇文章："经验、自然与艺术"3—12页（这篇文章改编自杜威的《经验与自然》）；"逻辑与绘画中的情感表达"63—72 页;"个性与经验"175—183 页。以及 Albert C. Barnes, Laurence Beurmeyer 和 Thomas Munro 写的相关文章。(杜威的三篇文章还可参见《杜威著作精选》)

E.A. Shearer,《杜威的美学理论 I》JP, 32, 23 (1935 年 11 月 7 日):617—627 页.(在 JSTOR 数据库可以查到)

E.A. Shearer,《杜威的美学理论 II》JP, 32, 24 (1935 年 11 月 21 日):650—664 页。(在 JSTOR 数据库可以查到)

James L. Jarrett,《作为认知经验的艺术》JP, 50. 23 (1953 年 11 月 5 日):681—688 页.(在 JSTOR 数据库可以查到)

David Granger,《表情、想象与有机统一:杜威的美学与浪漫主义》JAE, 37, 2 (2003 年夏季刊):46—60 页.(在 Project Muse 数据库可以查到)

Angela Marsh,《实用主义美学与当代艺术博物馆的新景象》JAE, 38, 3 (2004 年秋季刊):91—106 页.(在 Project Muse 数据库可以查到)

Thomas M. Alexander,《生活的艺术:杜威美学》,见 Larry A. Hickman 的《阅读杜威,为后现代人的阐释》1—22 页.

阅读"参考书目""杜威"题下的书籍。

第 8 次课:作为直觉的艺术

阅读:

David D. Roberts,《克罗齐在美国:影响、误解和忽视》,见《人性》(Humanitas) 8, 2 (1995 年).{网上可查到此文}.

参阅:

Gilbert and Kuhn,《美学史》550—556 页.

Benedetto Croce,《直觉与表情》,见雷德(Rader)《现代美学》(第五版)第 80—87 页.

Beryl Lake,《两种美学理论不能反驳的研究》,见 Elton, ed.《美学与语言文集》100—113 页.

Dickie, George,《美学导论》62—69 页.

Bernard Bosanquet，《审美态度及其体现》，见雷德（Rader）《现代美学》（第五版）第 195—200 页．

Ducasse, Curt，《艺术哲学》第三章。

Beardsley, Monroe C.《美学史》318—324 页．

Peter Jones，《柯林武德之艺术哲学的批评大纲》，见 Michael Krausz 的《柯林武德哲学批评文集》42—67 页．

Richard Wollheim，《论柯林武德美学的一个所谓的矛盾》，同前，68—78 页．

Frederic S. Simoni，《克罗齐：一桩国际误会的例子》JAAC, 11, 1 (1952 年 9 月)：7—14 页．(在 JSTOR 数据库可以查到)

Angelo A. De Gennaro，《Vico 与克罗齐：克罗齐美学之起源》，见《人格主义》50, 4 (1969 年秋季刊)：508—525 页．

Angelo A. De Gennaro，《克罗齐与里德》JAAC, 26, 3 (1968 年春季刊)：307—310 页．(在 JSTOR 数据库可以查到)

Benedetto Croce，《意大利的批评情形》，见 Elliott Coleman 的《关于批评的讲演集》171—183 页．

Brown, Merle E.《新唯心主义美学：克罗齐－异教徒－柯林武德》

George H. Douglas，《再访克罗齐的艺术表现理论》，见《人格主义》54, 1 (1973 年冬季刊)：60—70 页．

Peter G. Ingram，《柯林武德〈艺术原理〉中的艺术、语言和共同体》JAAC, 37, 1 (1978 年秋季刊)：53—64 页。(在 JSTOR 数据库可以查到)

Aaron Ridley，《柯林武德的表现理论》JAAC, 55, 3 (1997 年夏季刊)：263—272 页．(在 JSTOR 数据库可以查到)

Gary Kemp，《作为理论的克罗齐－柯林武德理论》JAAC, 61, 2 (2003 年春季刊)：171—193 页．{ 在线订阅 }．

第 9 次课：创造之神秘

阅读：

Vincent Tomas,《艺术中的创造性》PR, 67, 1 (1958 年 1 月)：1—15 页．(在 JSTOR 数据库可以查到)

参阅：

Monroe C. Beardsley,《论艺术的创造》JAAC, 23, 3 (1965 年春季刊)：291—304 页。(在 JSTOR 数据库可以查到)

Jack Glickman,《艺术中的创造性》，见 Margolis, Joseph, ed.《哲学地观看艺术》第 3 版，169—185 页．

Henry James,《故事的酵母与虚构的艺术》，见 Vivas, Eliseo, and Krieger, Murray, eds.《美学问题文集》118—125 页。

Carl R. Hausman,《创造过程中的机械论或目的论》JP, 58, 20 (1961 年 9 月 28 日)：577—584 页。(在 JSTOR 数据库可以查到)

Vincent Tomas,《艺术创造注解》JP, 59, 17 (1962 年 8 月 16 日)：464—469 页。(在 JSTOR 数据库可以查到)

Donald F. Henze,《逻辑，创造性与艺术》，见《澳大利亚哲学杂志》40, 1 (May 1962 年 5 月)：24—34 页．

Donald Brook and Maxwell Wright,《Henze 论逻辑、创造性和艺术》，见《澳大利亚哲学杂志》41, 3 (1963 年 12 月)：378—385 页．

Donald F. Henze,《创造性与"创造"：对 Brook 和 Wright 的反驳》，见《澳大利亚哲学杂志》42, 1 (1964 年 5 月)：103—109 页．

Donald F. Henze,《创造性与预言》BJA, 6,3 (1966 年七月)：230—245 页。

Gordon Westland,《创造性考察》JAAC, 28, 2 (1969 年冬季刊)：127—131 页．(在 JSTOR 数据库可以查到)

Gordon Westland,《创造性的挑选与教育》BJA, 10, 2 (1970 年 4 月)：152—161 页。

W.E. Kennick,《创造性行为》，见 Kiefer 和 Munitz 的《教育、宗教及艺术观察》238—261 页．

Jack Glickman,"论创造（一个回应）"同前，262—265 页．

Henry F. Nardone，《艺术与伦理中的创造性》JAAC, 34, 2 (1975 年冬季刊)：183—190 页。(在 JSTOR 数据库可以查到)

Haig Khatchadourian，《艺术中的创造过程》BJA, 17, 3 (1977 年夏季刊)：230—241 页.

Harold Osborne，《灵感》BJA, 17, 3 (1977 年夏季刊)：242—253 页.

Michael H. Mitias，《艺术创造性的制度理论》BJA, 18, 4 (1978 年秋季刊)：330—341 页.

Harold Osborne，《艺术中的创造性概念》BJA, 19, 3 (1979 年夏季刊)：224—231 页

Jacques Mandelbrojt，《艺术与科学的创造与发现之相同点与差异点》，见《Leonardo》39, 5 (2006 年 10 月)：420—425 页。{在 Project Muse 数据库可以查到}.

第 10 次课：古典美与酒神狂欢

阅读：

Gregory Moore，《艺术及其发展：尼采的心理学美学》，见《英国哲学史杂志》10, 1 (2002 年 2 月)：109—126 页。{在 EBSCO 数据库可以查到}.

参阅：

Salim Kemal, Joan Gaskell 和 Daniel W. Conway，《尼采，哲学与艺术》

Friedrich Nietzsche，《阿波罗神与酒神艺术》，见雷德 (Rader)《现代美学》(第五版) 第 91—108 页.

Kaufmann, Walter，《尼采》第六章。

Beardsley, Monroe C.《美学史》275—279 页.

Gilbert, Helen E., and Kuhn, Helmut，《美学史》修订版，516—523 页.

E. M. Butler，《酒神节狂欢：尼采 (1844 - 1900)》，见其《希腊对德国的暴政》307—315 页.

Santayana, George，《德国精神》第 11 - 13 章，114—143 页.

Edward F. Mooney，《尼采与舞蹈》，见《今日哲学》14, 1 (1970 年春季刊)：

38—43 页．

John Sallis，《悲剧的上演》，见《哲学中的 Tulane 研究》19 (1970 年) :
89—108 页．

Richard Schacht，《〈悲剧诞生〉中的尼采艺术》，见 Dickie, George, Sclafani, R.J., and Roblin, Ronald, eds.《美学》第 2 版，269—312 页．

Caroline Joan S. Picart《作为伪装浪漫主义的尼采》JAAC, 55, 3 (Summer 1997 年夏季刊) : 273—291 页。（在 JSTOR 数据库可以查到）

Steven D. Hales，《关于尼采的最新研究》，见 APQ, 37, 4 (2000 年 10 月号) : 313—333 页．

Robert Doran，《尼采：实用、美学、历史》，见《比较文学研究》37, 3 (2000 年) : 321—343 页．{ 在 Project Muse 数据库可以查到 }.

Judith Norman，《尼采与早期浪漫主义》，见《思想史杂志》63, 3 (2002 年 7 月) : 501—519 页．{ 在 Project Muse 数据库可以查到 }.

Gregory Moore，《尼采、斯宾塞与进化伦理学》，见《尼采研究杂志》23 (2002 年春季刊) : 1—20 页．{ 在 Project Muse 数据库可以查到 }.

Bart Vandenabelle,《叔本华、尼采与美学中的"崇高"》JAE, 37, 1 (Spring 2003 年春季刊) : 90—106 页．{ 在 Project Muse 数据库中可以查到 }.

Steven Burns,《瓦格纳的音乐与德国哲学》，见《加拿大美学杂志》7 (2002 年秋季刊)（在线杂志）

Nehamas, Alexander，《尼采：如文学般的生活》

Richard Schacht，《艺术与艺术家》，见其《尼采》第 8 章，476—529 页．

Alexander Nehamas，《尼采，现代性，唯美主义》，见 Bernd Magnus 和 Kathleen M. Higgins 的《牛津尼采参考》223—251 页．

另外，还可参考《参考书目》中 Macintrye, Solomon, Higgins, Silk 和 Stern 编著的书籍。

第 11 次课：心理学与美学

阅读：

George T. Dickie，《心理学与美学相关吗?》PR, 71, 3（1962 年 7 月）：285—302 页.（在 JSTOR 数据库可以查到）

参阅：

Douglas Morgan，《今日心理学与艺术：概括与批评》JAAC, 9, 2（1950 年 12 月）：81—96 页.（在 JSTOR 数据库可以查到）

Edward Bullough《美学与心理学的关联》，见《英国心理学杂志》10, 1（1919 年 5 月）：43—50 页.

Edward Bullough《实验美学的最新发展》，见《英国心理学杂志》12, 1（1921/1922）：76—99 页.

Gordon Westland《美学中心理学家们对科学客观性的寻求》BJA, 7, 4（1967 年 10 月）：350—357 页.

Sigmund Freud《如愿以偿与无意识》，见雷德（Rader）《现代美学》（第五版）第 108—120 页.

Thomas Munro《艺术心理学方法》JAAC, 6, 3（1948 年 3 月）：225—235页.（在 JSTOR 数据库可以查到）

Campbell Crockett《艺术批评中的心理分析》JAAC, 17, 1（1958 年 9 月）：34—44 页.（在 JSTOR 数据库可以查到）

Paul Grimley Kuntz《Anton Ehrenzweig 中隐藏的次序：一篇评论文章》JAAC, 27, 3（1969年春季刊）：349—360页.（包括一份内容广泛的参考书目）.（在 JSTOR 数据库可以查到）

C.A. Mace《心理学与美学》BJA, 2, 1（1962 年 1 月）：3—16 页.

Richard Wollheim《弗洛伊德与对艺术的理解》BJA, 10, 3（1970 年 7 月）：211—224页.

R.W. Pickford《做梦、书刊上的图片与升华》BJA, 10, 3（1970 年 7 月）：275—283 页.

Harold James McWhinnie"心理学与美学相关吗?"，见《美国心理学会年会通报》6, 1（1971 年）：419—420 页.

J.K. Feibleman《艺术创作中的心理学》，见《科学美学》1,1 (1976 年 6 月)：
35—46 页.

H. Gardner《艺术心理学面临的挑战》，见《科学美学》1,1 (1976 年 6 月)：
19—33 页。

第 12 次课：有审美经验吗?

阅读：

卡罗尔《艺术哲学》156—204 页.

卡罗尔《再看审美经验》BJA, 42, 2 (2002 年 4 月)：145—168 页.｛在线
订阅｝.

参阅：

Monroe C. Beardsley《美学的视角》，见《哲学》1,1 (1970 年 1 月)：
39—58 页.

包括 J.O. Urmson 和 David Pole 的讨论会"什么使一场景成为审美的?"
PAS, 增刊，第 31 卷 (1957 年)：75—106 页.

Margolis, Joseph《艺术语言与艺术批评》第 1 – 2 章。

R.K. Elliott《审美理论与艺术经验》，见 Margolis, Joseph, ed.《哲学地观看
艺术》第 2 版，45—57 页.

George Dickie《比尔斯利的幻觉审美经验》JP, 62, 5 (1965 年 3 月 6 日)：
129—136 页.（在 JSTOR 数据库可以查到）

Monroe C. Beardsley《重获审美经验》JAAC, 28, 1 (1969 年秋季刊)：3—
11 页.（在 JSTOR 数据库可以查到）

Noel Carroll《审美经验的 4 个概念》，见其《超越美学》41—62 页.

J.N. Findlay《颖悟与尖锐：两大美学基础》BJA, 7, 1 (1967 年 1 月)：3—
19 页.

H.W. Janson《论比尔斯利的"美学的视角"》见《哲学》1, 1 (1970 年 1 月)：
59—62 页，以及比尔斯利的"回应 Janson 教授"63—65 页.

Kingsley Price《什么使得一场景成为审美的?》BJA, 19, 2 (1979 年春季

刊）：131—143 页

Marcia Muelder Eaton and Ronald Moore《审美经验的复活及其与美育的相关性》JAE, 36, 2 (2002 年夏季刊)：9—23 页.

Michael Parsons《审美经验与意义的构建》JAE, 36, 2 (2002 年夏季刊)：24—37 页.

David E. W. Fenner《审美经验与审美分析》JAE, 37, 1 (2003 年春季刊)：40—53 页.｛在 Project Muse 数据库可以查到｝.

Derek Matravers《审美经验》BJA, 43, 2 (2003 年 4 月)：158—174 页.｛在线订阅｝.

Paisley Livingston《列维斯与审美经验大纲》BJA, 44, 4 (2004 年 10 月)：378—392 页.｛在线订阅).

Richard Shusterman《审美经验：从分析到爱神》JAAC, 64, 2 (2006 年春季刊)：217—229｛在 EBSCO 数据库可以查到｝.

第 13 次课："艺术"能被定义吗?

阅读：

Carroll《艺术哲学》第五章 205—267 页.

Morris Weitz《理论在美学中的作用》JAAC, 15, 1 (1956 年 9 月)：27—35 页。（在 JSTOR 数据库可以查到）

Robert Stecker《试图定义艺术合理吗?》，见《今日艺术理论》45—92 页.

Marcia Muelder Eaton《一种可以忍受的"艺术"定义》，同前，141—159 页.

Berys Gaut《作为束概念的"艺术"》，同前，25—44 页.

参阅：

Ludwig Wittgenstein，《游戏与定义》，见雷德（Rader）《现代美学》（第五版）第 430—434 页.（这篇文章也可从"去世大家系列"中找到，见《维特根斯坦著作精选》的"哲学探究"的 65—77 节。）

Richard Kamber，《再看维兹：为什么艺术理论都归于失败》BJA, 38, 1

(1998 年 1 月）：33—46 页．

Maurice Mandelbaum，《家族相似与艺术概括》APQ, 2 (1965)：219—228页

Davies, Stephen《艺术定义》第一章。

Margolis, Joseph《艺术与艺术批评语言》第三章。

Lee B. Brown，《定义与艺术理论》JAAC, 27, 4 (Summer 1969)：409—415 页（在 JSTOR 数据库可以查到）

Frank Sibley，《艺术是个开放概念吗？一个未决的问题》，见《IV 国际美学大会通报》1960, 545—548 页．

"论艺术及艺术定义研讨会"中 Monroe C. Beardsley 的"艺术定义"175—187 页；Douglas N. Morgan 的"完美而简单的艺术"187—195 页；Mary Mothersill 的"批评性评论"195—198 页，JAAC, 20, 2 (1961 年冬季刊（在 JSTOR 数据库可以查到）

Erich Kahler，《什么是艺术?》，见 Morris Weitz 的《美学问题》第 1 版 157—171 页．

Joseph Margolis，《维兹先生与艺术定义》，见 Holley Gene Duffield 的《艺术批评中的问题》，226—235 页．

Lewis K. Zerby，《理论在美学中的作用再思考——对维兹的回应》，同前，236—239 页．

Arnold Berleant，《关于艺术定义问题的一个注解》，同前，240—242 页．

R.E. Racy，《审美经验》BJA, 9, 4 (1969 年 10 月）：345—352 页．

John Clammer，《论定义艺术经验》BJA, 10, 2 (1970 年 4 月)：147—151 页．

R.T. Allan，《再论审美经验》，BJA, 10, 4 (1970 年 10 月)：344—349 页．

Richard Sclafani，《"艺术"与人造物品》，见《西南哲学杂志》1, 3 (1970年秋季刊)：103—110 页．

Lee B. Brown，《重访传统美学》，JAAC, 29, 4（1971 年春季刊)：343—351 页．(在 JSTOR 数据库可以查到）

Wladaslaw Tatarkiewicz,《什么是艺术？今日的艺术定义问题》BJA, 11, 2 (1971 年春季刊)：134—153 页.

Berel Lang,《什么是艺术？有关此问题的问题及答案》PPR, 33, 4 (1973 年 6 月)：524—530（在 JSTOR 数据库可以查到）

B.R. Tilghman,《维特根斯坦，游戏与艺术》JAAC, 31, 4 (1973 年夏季刊)：517—524 页（在 JSTOR 数据库可以查到）

T.J. Diffey,《本质主义与艺术定义》, BJA, 13, 2 (1973 年春季刊)：103—120 页

Morris Weitz,《维特根斯坦的美学》，见 Benjamin Tilghman 的《语言与美学》7—19 页.

Morris Weitz 的,《开放的概念》(25—48 页)，见其《开放的心：人文主义概念的哲学研究》第二章。

R. Blair Edlow,《论艺术作品的定义与评价》，见《南方哲学杂志》13, 3 (1975 年秋季刊)：281—285 页.

Milton H. Snoeyenbos,《艺术：理论与定义》，见《南方哲学杂志》15, 2 (, 1977 年夏季刊)：227—238 页.

T.R. Martland,《艺术?》APQ, 15, 3 (1978 年 7 月)：229—234 页.

Curtler《何谓艺术》卷文章，尤其是比尔斯利的"艺术的美学定义"

George T. Dickie《美学导论》69—73 页.

Jerrold Levinson,《历史地定义艺术》BJA, 19, 3 (1979 年夏季刊)：232—250 页 Jerrold Levinson,《历史地精炼艺术》JAAC, 47, 1（1989 年冬季刊)：21—33 页（在 JSTOR 数据库可以查到）

Jerrold Levinson,《历史地扩充艺术》, JAAC, 51, 3 (1993 年夏季刊)：411—423 页.（在 JSTOR 数据库可以查到）

Jerrold Levinson,《艺术概念》BJA, 42, 4, (2002 年 10 月)：367—379 页.{在线订阅}.

Noel Carroll,《艺术、实践与叙述》，见《一元论者》71, 2 (1988 年 4 月)：

140—156 页.这篇文章还可参见卡罗尔的《艺术之外》63—75 页.

Noel Carroll,《历史叙述与艺术哲学》JAAC, 51, 3 (1993 年夏季刊):313—326 页.(在 JSTOR 数据库可以查到)。这篇文章同样可参见卡罗尔的《艺术之外》100—118 页.

Jeffrey Wieand,《推举出一件艺术品》JAAC, 41, 4 (1983 年夏季刊):411—420 页.(在 JSTOR 数据库可以查到)

Ruth Lorand,《分类与哲学地理解艺术》, JAE, 36, 3(2002 年秋季刊):78—96 页.

Paul Crowther,《定义艺术、维护权威、争辩文化》BJA, 44, 4 (2004 年 10 月):361—377 页.{ 在线订阅 }.

AE 和加拿大《美学杂志》合作了一个由 Bela Szabados 和 Heather Hodson 主编的主题为"维特根斯坦的艺术与美学"专题(卷 10，2004 秋季刊)，其中 Bela Szabados 的"艺术与美学在维特根斯坦哲学中的作用导论"；Evan Cameron 的"从柏拉图到苏格拉底：维特根斯坦在柯林武德地图上的漫游"；Bela Szabados 的"维特根斯坦：通向音乐欣赏的注解"(在线杂志).

Berys Gaut,《为艺术的束解释辩护》BJA, 45, 3 (2005 年 7 月):273—288 页.{ 在线订阅 }.

Dennis Dutton,《一个自然主义者的艺术定义》, JAAC, 64, 3 (Summer 2006 年夏季刊):367—377 页.{ 在 Ebsco 数据库可以查到 }.

第 14 次课：艺术品

阅读：

 Stephen C. Pepper,《美学自传》JAAC, 28, 3 (1970 年春季刊):275—286 页.(在 JSTOR 数据库可以查到)

Lewis E Hahn,《Stephen C. Pepper: 1891 – 1972.》{ 在"大风"文学数据库可以查到 }.

参阅：

Stephen C. Pepper,《批评主义》，见雷德(Rader)《现代美学》(第五版)

第 404—416 页

Stephen C. Pepper,《美学的发展》，见《Antioch 评论》28, 2 (1968 年夏季刊)：169—185.

Stephen C. Pepper,《什么是艺术品?》，见其《艺术品》13—40 页.

Andrew J. Reck,《Stephen C. Pepper: 价值哲学》，见其《二战以来的美国哲学家》第二章 44—80 页.

Pepper, Stephen C.《艺术批评基础》，尤其是其增补文章 "审美艺术品" 142—171 页.

Stephen C. Pepper,《审美对象》JP, 40, 18 (1943 年 9 月 2 日)：477—482 页. (在 JSTOR 数据库可以查到)

Nathan Berall,《Pepper 教授的 "审美对象" 论》JP, 48, 24 (1951 年 11 月 22 日)：750—754. (在 JSTOR 数据库可以查到)

Stephen Pepper,《对审美艺术品的进一步思考》JP, 49, 8 (1952 年 4 月 10 日)：274—279 页. (在 JSTOR 数据库可以查到)

James L. Jarrett,《Pepper 教授的审美对象理论再思考》JP, 49, 14 (1952 年 7 月 3 日)：474—478. { 在 JSTOR 数据库可以查到 }.

Stephen Pepper,《论 Jarrett 教授对审美对象的疑问》JP, 49, 20 (1952 年 9 月 25 日)：633—641 页 { 在 JSTOR 数据库可以查到 }.

Stanley Cavell,《让人心乱的音乐》，Marglois、Beardsley 和 Cavell 一起对此文进行了评论，见 Capitan 和 Merrill 的《艺术、心智与宗教》69—132 页.

Van Meter Ames,《它是艺术吗?》JAAC, 30, 1 (1971 年秋季刊)：39—48 页. { 在 JSTOR 数据库可以查到 }.

B. R. Tilghman,《审美感知与 "审美对象" 问题》，见《心》75, 229 (1966 年秋季刊)：351—367 页. { 在 JSTOR 数据库可以查到 }.

Donald F. Henze,《艺术品是建造的吗? 回应 Pepper 教授》JP, 52, 16 (Aug. 4, 1955 年 8 月 4 日)：433—439 页 { 在 JSTOR 数据库可以查到 }.

Elmer H. Duncan,《Stephen C. Pepper 研究参考书目》JAAC, 28, 3 (1970

年春季刊）：284—294 页 . {在 JSTOR 数据库可以查到} .

William B. Fritter,《酒是艺术对象吗？》JAAC, 30, 1 (1971 年秋季刊)：97—100 页 . {在 JSTOR 数据库可以查到} .

Michael H. Mitias,《酒是艺术对象吗？》见《人格主义》(1973 年春季刊)：188—191 页 .

《Paunch 的特别双刊》第 53—54 页 (1980 年) 中关于 S.C. Pepper 的文章。

《心智与行为杂志特别双刊》3, 3 － 4 (Summer and Autumn 1984 年夏秋刊) 中关于 S.C. Pepper 的文章。

第 15 次课：有意味的形式

阅读：

Clive Bell,《有意味的形式》，见雷德（Rader）《现代美学》（第五版）第 287—297. 页 .

Carroll,《艺术哲学》第三章，107—154 页 .

参阅：

Eva Schaper,《有意味的形式》，见《雅典 IV 国际美学大会通报》1960, 739—742 页 .

Dickie, George,《美学导论》53—58 页 .

Herbert Read,《克里夫·贝尔》BJA, 5, 2 (1965 年 4 月) 107—110 页 .

R. K. Elliott,《贝尔的审美理论与批评实践》BJA, 5, 2 (1965 年 4 月)：111—122 页 .

R. Meager,《克里夫·贝尔论审美情感》BJA, 5, 2 (1965 年 4 月)：123—131 页 .

H. Osborne,《阿里森与贝尔论欣赏》BJA, 5, 2, (1965 年 4 月)：132—138 页 .

George T. Dickie,《克里夫·贝尔与美学方法》BJA, 5, 2 (1965 年 4 月)：139—143 页

Rosiland Ekman,《形式主义的悖论》BJA, 10, 4 (1970 年 10 月)：350—

358 页

C.J. Ducasse,《有意味的形式》，见其《艺术哲学》309—316 页.

Elmer H. Duncan,《还有人承认自然主义谬误吗?》，见《南方哲学杂志》8,1 (1970 年春季刊)：49—55 页.

Bywater, William G.《克里夫·贝尔的眼睛》

Thomas M. McLaughlin,《贝尔的美学：传统与有意味的形式》JAAC, 35,4 (1977 年夏季刊)：433—443 页. { 在 JSTOR 数据库可以查到 }.

David G. Taylor,《再论弗莱的审美理论》JAAC, 36,1 (1977 年秋季刊)：63—72 页.. { 在 JSTOR 数据库可以查到 }.

Noel Carroll,《贝尔的审美假设》，见 Dickie, Sclafani 和 Roblin, eds.《美学》第二版, 84—95 页.

Carol S. Gould,《贝尔论审美经验与审美真实》BJA, 34, 3 (1994 年 4 月)：124—133 页.

第 16 次课：审美外表

阅读：

Elmer H. Duncan,《D.W. Prall 的美学著述：一篇回顾文章》JAAC, 26, 3 (1968 年春季刊)：391—394 页。{ 在 JSTOR 数据库可以查到 }.

参阅：

D.W. Prall,《审美异端》JP, 18, 19 (1921 年 9 月 15 日)：516—526 页. { 在 JSTOR 数据库可以查到 }.

W. H. Werkmeister,《普劳尔的审美理论》，见其《价值理论史》卷 2，第九章, 82—98 页.

Henry David Aiken,《作为表现与外表的艺术》JAAC, 4, 2 (1945 年 12 月)：87—95 页. { 在 JSTOR 数据库可以查到 }.

George D. Romanos,《论艺术的"直观性"》JAAC, 36, 1 (1977 年秋季刊)：73—80 页. { 在 JSTOR 数据库可以查到 }.

George Dickie,《再论普劳尔，审美判断》JAAC, 42, 1 (1983 年秋季刊)：

83—85 页。{ 在 JSTOR 数据库可以查到 }．

Richard McCarty,《普劳尔美学的厚与薄》，见《南方哲学杂志》24, 1 (1986 年春季刊)：133—139 页．

Elmer H. Duncan,《通向隐喻：Pepper 在〈加州大学美学出版物〉上的文章》，见《心智与行为杂志》3, 4 (1982 年秋季刊)：375—380 页．

第 17 次课：作为表现的艺术 I

阅读：

Veron、托尔斯泰和杜卡斯的文章，见雷德 (Rader)《现代美学》(第五版) 第 50—70 页．

Carroll《艺术哲学》58—106 页．

参阅：

Gary R. Jahn,《托尔斯泰〈什么是艺术〉中的审美理论》, JAAC, 34, 1 (Fall 1975 年秋季刊)：59—65 页．{ 在 JSTOR 数据库可以查到 }．

Israel Knox,《托尔斯泰艺术的美学定义》JP, 27, 3 (1930 年 1 月 30 日)：65—70 页。{ 在 JSTOR 数据库可以查到 }．

Monroe C. Beardsley,《对于"正当"的审美问题》JAE, 1,2 (1966 年秋季刊)：29—39 页．

Beardsley, Monroe C.《美学问题》第十二章，尤其是 564—567 页．

Beardsley, Monroe C.《美学史》，308—313 页．

Ducasse, Curt,《艺术哲学》第二章。

Don Geiger,《作为"纯艺术"辩护者的托尔斯泰》JAAC, 20, 1 (1961 年秋季刊)：81—89 页．{ 在 JSTOR 数据库可以查到 }．

Haig Khatchadourian,《艺术的表现理论》JAAC, 23, 3 (1965 年春季刊)：335—352 页．．{ 在 JSTOR 数据库可以查到 }．

Iredell Jenkins,《从模仿到抽象到心理主义——到表现!》，见《南方哲学杂志》7, 3 (1969 年秋季刊)：297—305 页．

Edward S. Casey,《艺术中的表现与交流》JAAC, 30, 2 (1971 年冬季刊)：

197—207页.﹛在 JSTOR 数据库可以查到﹜.

Charles B. Daniels,《托尔斯泰与堕落的艺术》JAE, 8, 4 (1974 年 10 月):
41—49页.

Stanley Bates,《评价托尔斯泰: 托尔斯泰的艺术理论》, 见 Dickie and Sclafani《美学》第一版, 83—93页.

Peter Caws,《托尔斯泰身上的道德确定性》, 见《哲学与文学》24, 1 (2000年 4 月): 49—66页.﹛在 Project Muse 数据库可以查到﹜.

Maude, Aylmer《托尔斯泰论艺术》。

Katherine Thomson,《托尔斯泰论美学的〈什么是艺术〉评论》, 见《心》112, 455 (2003 年 1 月): 162—166页.﹛在线订阅﹜.

Todd R. Long,《托尔斯泰论美学的〈什么是艺术〉评论》, 见《哲学教学》25, 4 (2002 年 12 月): 369—372页.

第 18 次课: 作为表现的艺术 II

阅读:

O. K. Bouwsma,《艺术的表现理论》, 见 Max Black 的《哲学分析》71—96页.

参阅:

Vincent Tomas,《艺术中的表现概念》(连同 Douglas Morgan 和 Monroe Beardsley 的回应), 见 John Hospers 的《艺术表现》250—287页。(这期《艺术表现》中的所有文章都与本次课主题相关。).

Alan Tormey,《艺术与表现》, 见 Margolis《哲学地观看艺术》第三版, 421—437页.

B. R. Tilghman,《关于 O. K. Bouwsma 某些事的评论》PQ, 44, 176, (1994年 7 月): 394—395.﹛在 JSTOR 数据库可以查到﹜.

Dickie, George,《美学导论》120—124页.

Van Meter Ames,《作为表现的艺术》, 见《伦理学》54, 4 (1944 年 7 月): 283—289页.﹛在 JSTOR 数据库可以查到﹜.

R.K. Elliot,《审美理论与艺术经验》PAS, 67 (1966 – 1967)：111—126 页．

Moshe Barasch,《Meyer Shapiro 关于艺术著作中的模式与表现》，见《社会研究》45,1 (1978 年春季刊)：52—66 页．

Robert Stecker,《某些艺术中的情感表现》JAAC, 42, 4 (1984 年夏季刊)：409—418 页．{ 在 JSTOR 数据库可以查到 }．

Bruce Vermazen,《作为表现的表现》，见《太平洋哲学季刊》67, 3 (1986 年 7 月) 196—224 页．

Ismay Barwell,《艺术是如何表现情感的?》JAAC, 45, 2 (1986 年冬季刊)：175—181 页 .{ 在 JSTOR 数据库可以查到 }．

第 19 次课：作为语言的艺术 I

阅读：

Arthur C. Danto,《艺术与意义》见 Carroll 的《今日艺术理论》130—140 页．

Joseph Margolis,《作为语言的艺术》，见《一元论者》58, 2 (1974 年 4 月)：175—186 页．

参阅：

E.H. Gombrich,《真理与陈腔滥调》，见雷德 (Rader)《现代美学》(第五版) 第 33—47 页．

Mary Mothersill,《艺术是一种语言吗?》JP, 62, 20 (1965 年 10 月 21 日)：559—572 页。(附有 Virgil C. Aldrich 和 Vincent Tomas 回应的摘要．). { 在 JSTOR 数据库可以查到 }．

Virgil C Aldrich,《Mothersill 和 Gombrich 论"艺术语言"》BJA, 8, 4 (1968 年 10 月)：359—364 页．

Richard Wollheim,《艺术与幻象》BJA, 3,1 (1963 年 1 月)：15—37 页．

Carolyn Korsmeyer,《画作与感知的相对性》，见《人格主义》60, 3 (1979 年 7 月)：290—297 页．

Catherine Abell,《现实主义与风格之谜》，见《当代美学》4 (2006) { 在线杂志 }．

Daniel Drake Reiff,《贝勒大学艺术系艺术史研究的影响与范围》，见《贝勒航线》30, 1 (1968 年 1 - 2 月)：30—32 页.

Noel Carroll,《丹托的新艺术理论与艺术理论问题》BJA, 37, 4 (1997 年 10 月)：386—392 页.

Charles W. Morris,《科学、艺术与技术》, 见 Vivas, Eliseo, and Krieger, Murray, eds.《美学问题文集》105—115 页.

Charles W. Morris,《美学与符号理论》，见《统一科学杂志》8, 1 - 3 (1939 年 6 月 1 日)：131—150 页.{ 在在线期刊库可以查到 }.

Charles W. Morris 和 David J. Hamilton,《美学、符号与图标》PPR, 25, 3 (1965 年 3 月)：356—364 页.{ 在 JSTOR 数据库可以查到 }.

Charles Morris,《重要性、含义与绘画》，见 Lepley 的《价值的语言》58—76 页。(Ian McGreal 对此文的评论见 274—277 页, Morris 的回应见 277—280 页).

Louise Nisbet Roberts《作为图标的艺术：一种关于 C.W. Morris 的解释》，见《哲学中的 Tulane 研究》4 (1955 年)：75—82 页.

第 20 次课：作为语言的艺术 II

阅读：

Susanne K. Langer,《表现与符号论》，见雷德（Rader）《现代美学》（第五版）第 240—254 页.

Jerry H. Gill,《朗格，语言与艺术》，见《国际哲学季刊》34, 4 (1994 年 12 月)：419—433 页.

参阅：

Ernest Nagel,《朗格〈哲学新思路〉书评》JP, 40, 12 (1943 年 6 月 10 日)：323—329 页.{ 在 JSTOR 数据库可以查到 }.

Arthur C. Danto,《作为存在的形式；作为哲学家的朗格》JP, 81, 11 (1984 年 11 月)：641—647 页. 这篇文章是研讨会上关于朗格研究的一部分；这次研讨会还包括 Ronald B. de Sousa 和 Stefan Morawski 的文章。{ 在 JSTOR 数

据库可以查到 }.

Dickie, George《美学导论》58—62 页.

Charles L. Stevenson,《抽象艺术中的符号论》, 见 Henle《语言、真理与文化》196—225 页.

Margaret. Macdonald,《论〈感觉与形式〉》, 见《心》64, 256, (1955 年 10 月): 549—553 页.{ 在 JSTOR 数据库可以查到 }.

Joseph Margolis,《〈感觉与形式〉书评》, JP, 52, 11 (1955 年 5 月 26 日): 291—296 页.{ 在 JSTOR 数据库可以查到 }.

Berel Lang,《朗格的阿拉柏式图饰与符号的坍塌》, 见《形而上学评论》16, 62 (1962 年 12 月): 349—365 页

Peter Bertocci,《朗格的感觉与心智理论》, 见《形而上学评论》23, 91 (1970 年 3 月): 527—551 页

Herbert Read,《描述其难以描述的》,《朗格的〈心智: 有关人类感觉的论文〉书评》, 见《星期六评论》1967 年 7 月 15 日, 32—33 页.

另外的一些对朗格的《心智: 有关人类感觉的论文》的评论文章有: Melvin Rader, JAAC, 26, 4 (1968 年夏季刊) 543—545 页；F.E. Sparshott, JAE, 2,3 (1968 年 7 月): 135—137 页；Cyril Barrett,PQ, 19, 75 (1969 年 4 月): 187—189 页;V.J. McGill,PPR, 29, 1 (1968 年 9 月): 141—143 页；and Morris Weitz,PR, 78, 4 (1969 年 10 月): 525—528 页.{ 所有这些文章都能在 JSTOR 数据库查到 }.

Louis Arnaud Reid,《朗格及其他》BJA, 5, 4 (1965 年 10 月): 357—367 页.{ 在 PCI 数据库中有全文 }. Louis Arnaud Reid,《关于朗格的新见解于朗格的新见解》BJA, 8, 4 (1968 年 10 月): 353—358 页. Forest Hanson, " 朗格的表现形式: 一种阐释 " JAAC, 27, 2 (1968 年冬季刊): 165—170 页.{ 在 JSTOR 数据库可以查到 }.

Thomas Binkley,《朗格的逻辑的和本体的模式》JAAC, 28, 4 (1970 年夏季刊): 455—464 页.{ 在 JSTOR 数据库可以查到 }.

Richard Courtney《论朗格的戏剧性幻象》JAAC, 29, 1 (1970 年秋季刊)：11—20 页 . { 在 JSTOR 数据库可以查到 }.

Errol E. Harris 关于朗格的《心智：有关人类感觉的论文》书评文章，见《价值调查杂志》4, 4 (1970 年冬季刊)：308—313 页 .

Samuel Bufford,《朗格的两种艺术哲学》JAAC, 31, 1 (1972 年秋季刊)：9—20 页 . { 在 JSTOR 数据库可以查到 }.

Eva Schaper《宇宙生物学与"伟大的转变"》(朗格《心智》书评，卷 2),见《调查》17, 3 (1974 年秋季刊)：366—369 页 .

Garry Hagberg,《艺术与不可说出的：朗格的运动美学》BJA, 24, 4 (1984 年秋季刊)：325—340 页 .

Sister Mary Francis Slattery,《再看朗格的表现主义》BJA, 27, 3 (1987 年夏季刊)：247—258 页 .

我所见到的研究朗格的最好的参考书目是多年前由贝勒大学优秀学生项目获得者 Patrick M. Conoley 在其高级研究论文中提供的，论文题目叫"关于朗格的著述的参考书目"1972 年。

第 21 次课：作为语言的艺术 III

阅读：

Nelson Goodman,《艺术与质询》，见《美国哲学学会会议通报与演说》41 (1967 － 1968 年)：5—19 页 .

参阅：

Richard Wollheim,《论画图》，见 Margolis《哲学地观看艺术》第 2 版，249—272 页 .

Nelson Goodman,《再造现实》，见 Margolis《哲学地观看艺术》第 3 版，283—306 页 .

Patrick Maynard,《描述、想象与习俗》APQ, 9,3（1972 年 7 月)：243—250 页 .

还有很多杂志的"特别刊"，都专门讨论古德曼的《艺术语言》。《一元论者》58, 2 (1974 年 4 月) 上面有 14 篇讨论这一主题的文章。Erkenntnis 有两期（1978 年，12 卷的 1、2 期）讨论这一主题，其中，第 1 期有好几篇文章讨论《艺术语言》。)

Richard Wollheim, "古德曼的《艺术语言》" JP, 67, 16 (1970 年 8 月 20 日)：531—539 页. { 在 JSTOR 数据库可以查到 }.

Benjamin Boretz, " 从音乐的视角看古德曼的《艺术的语言》" JP, 67, 16 (1970 年 8 月 20 日)：540—552 页. { 在 JSTOR 数据库可以查到 }.

Barbara Herrnstein Smith,《作为表演的文学、小说与艺术》JP, 67, 16 (Aug. 20, 1970 年 8 月 20 日)：553—563 页. { 在 JSTOR 数据库可以查到 }.

Nelson Goodman,《关于〈艺术语言〉的一些注解》JP, 67, 16 (Aug. 20, 1970 年 8 月 20 日)：563—573 页. (在 JSTOR 数据库可以查到 }.

Monroe C. Beardsley,《"艺术语言"书评》，见《科学哲学》37, 3 (1970 年 9 月)：458—463 页. { 在 JSTOR 数据库可以查到 }.

C.M. Smith,《符号系统、认知效率与审美教育》JAE, 3, 4 (1969 年 10 月)：123—136 页.

Joseph Margolis,《艺术中数字的一致性与参考书目》BJA, 10, 2 (1970 年 4 月)：138—146 页.

A.G. Pleydell-Pearce,《艺术语言》书评 BJA, 10, 2 (1970 年 4 月)：191—194 页.

C.F. Presley,《"艺术语言"注释》，见《澳大利亚哲学杂志》48, 3 (1970 年 12 月)：373—393 页.

Anthony Savile,《德曼的〈艺术语言〉研究》BJA, 11,1 (1971 年冬季刊)：3—27 页.

B.A. Howard,《哈佛零点计划：对艺术教育的一个新看法》JAE, 5, 1 (1970 年 5 月)：61—73 页.

Matthew Lipman,《古德曼的〈艺术语言〉书评》，见《人与世界》3 (1970 年 5 月)：147—150 页.

Morris Weitz,《古德曼教授论美学》JAAC, 29, 4 (1971 年夏季刊)：483—487 页.{在 JSTOR 数据库可以查到}.

William E. Webster,《音乐不是一种符号系统》JAAC, 29, 4 (1971 年夏季刊)：489—497 页.{在 JSTOR 数据库可以查到}.

V.A. Howard,《论音乐表现》BJA, 11, 3 (1971 年夏季刊)：268—280 页

James W. Manns,《再现、相对主义与相似》BJA, 11,3 (1971 夏季刊)：281—287 页.

Kendall L. Walton,《〈艺术语言〉修正》，见《哲学研究》22, 5 - 6 (1971 年 10 - 12 月)：82—85 页.

B.C. O'Neill,《〈艺术语言〉研究》PQ, 21, 85 (1971 年 10 月)：361—372 页.{在 JSTOR 数据库可以查到}.

Paul Ziff,《古德曼的〈艺术语言〉》PR, 80, 4 (1971 年 10 月)：509—515 页.{在 JSTOR 数据库可以查到}.

Cyril Barrett,《〈艺术语言〉书评》，见《英国科学哲学杂志》22, 2 (1971 年 5 月)：187—198 页。{在 JSTOR 数据库可以查到}.

Nelson Goodman, David Perkins, and Howard Gardner, (eds.)"哈佛零点计划：艺术理解与创造的基本能力"(哈佛大学教育研究院，1972 年。).

Richard Peltz,《古德曼论画画、描述与例证》JAE, 6, 3 (1972 年 7 月)：71—86 页.

Anthony Ralls,《艺术品的唯一性与再现性：古德曼理论批评》PQ, 22, 1 (1972 年 1 月)：1—18 页.{在 JSTOR 数据库可以查到}.

N.G.E. Harris,《古德曼的再现观》JAAC, 21, 3 (1973 年春季刊)：323—327 页.{在 JSTOR 数据库可以查到}.

Howard Gardner,《艺术心理学的挑战》，见《科学美学》1,1 (1976 年)：19—33 页.

W. Charlton and Anthony Savile,《阿佩利斯的艺术》PAS, 增刊，卷 53 (1979 年)：167—206 页.

John Dilworth,《媒介、主题与再现》，见《南方哲学杂志》41, 1 (2003 年春季刊)：45—62 页 .

Dickie, George《美学导论》152—156 页 .

Jenifer Robinson,《世纪转折之时的〈艺术语言〉》,JAAC, 58, 3 (2000 年夏季刊)：213—218 页 .｛在 JSTOR 数据库可以查到｝.

Catherine Z. Elgin,《美学再适应，认知再构造》JAAC, 58, 3 (2000 年夏季刊)：219—225 页 .｛在 JSTOR 数据库可以查到｝.

Dominic M. Mciver Lopes,《从〈艺术语言〉到心智中的艺术》JAAC, 58, 3 (2000 年夏季刊)：227—231 页 .｛在 JSTOR 数据库可以查到｝.

Peter Kivy,《如何伪造一件音乐作品》JAAC, 58 3 (2000 年夏季刊)：233—235 页 .｛在 JSTOR 数据库可以查到｝.

Jean-Pierre Cometti《激活艺术》JAAC, 58, 3 (2000 年夏季刊)：237—243 页 .｛在 JSTOR 数据库可以查到｝.

Howard Gardner,《零点计划：古德曼在艺术教育领域留下的遗产》JAAC, 58, 3 (2000 年夏季刊)：245—249 页 .｛在 JSTOR 数据库可以查到｝.

Curtis L. Carter,《向古德曼献礼》JAAC, 58, 3 (2000 年夏季刊)：251—253 页 .｛在 JSTOR 数据库可以查到｝.

Amy M. Schmitter,《关于再现或人类语言与动物感觉的区别》JAAC, 58, 3 (2000 年夏季刊)：255—272 页 .｛在 JSTOR 数据库可以查到｝.

Saul Fisher,《建筑符号与电脑辅助设计》JAAC, 58, 3 (2000 年夏季刊)：273—289 页 .｛在 JSTOR 数据库可以查到｝.

Curtis Carter,《向古德曼致敬》，见"美学在线"。

第 22 次课：艺术家的意图

阅读：

William K. Wimsatt and Monroe C Beardsley,《意图的谬误》，见《口头图标：作诗研究》431—441 页 .

参阅：

Marcia Muelder Eaton,《意图、随后发生与审美相对主义》BJA, 38, 3 (1998 年 7 月)：279—293 页.

George Dickie and W. Kent Wilson,《意图谬误：为比尔斯利辩护》JAAC, 53, 3 (1995 年夏季刊)：233—250 页.﹛在 JSTOR 数据库可以查到﹜.

Noel Carroll,《意图谬误：为我自己辩护》JAAC, 55, 3 (1997 年夏季刊)：305—309 页。﹛在 JSTOR 数据库可以查到﹜.

Noel Carroll,《丹托、风格与意图》JAAC, 53, 3 (1995 年夏季刊)：251—257 页,﹛在 JSTOR 数据库可以查到﹜.

Noel Carroll,《英美美学与当代批评理论：意图与怀疑解释学》JAAC, 51, 2 (1993 年春季刊)：245—252 页.﹛在 JSTOR 数据库可以查到﹜.

Gary Iseminger,《真实的意图主义与假设的意图主义》JAAC, 54, 4 (1996 年秋季刊)：319—326 页.﹛在 JSTOR 数据库可以查到﹜.

Noel Carroll,《阐释与意图：假设意图主义与真实意图主义之间的争论》, 见《元哲学》31, 1/2 (2000 年 1 月)：75—95 页.﹛在 EBSCO 数据库可以查到﹜.

Frank Cioffi,《意图与批评中的阐释》PAS, LXIV, (1963 - 1964)：85—106 页.

Dickie, George,《美学导论》97—105 页.

Monroe C. Beardsley 和 William K. Wimsatt,《世界文学辞典》326—329 页.

Beardsley, Monroe C.,《美学问题》17—29 页"论阐释"、452—464 页"论评价".

Isabel C. Hungerland,《艺术批评中的意图概念》JP, 52, 24 (1955 年 12 月 24 日); 733—742 页。﹛在 JSTOR 数据库可以查到﹜.

Henry David Aiken,《艺术家意图的审美相关性》JP, 52, 24 (1955 年 11 月 24 日)：742—753 页.﹛在 JSTOR 数据库可以查到﹜.

Huw Morris Jones,《艺术家意图的相关性》BJA, 4, 2 (1964 年 4 月)：138—145 页。

John Kemp,《艺术品与艺术家的意图》BJA, 4, 2（1964 年 4 月)：146—

154 页。

Margolis, Joseph,《艺术家的意图》，见其《艺术与艺术批评语言》第七章。95—103 页．

Theodore Redpath,《现代美学的一些问题（1）：诗的意义》，见 Mace 的《中世纪的英国哲学》361—375 页．

Anthony Savile,《意图在艺术概念中的位置》PAS, 69 (1968 – 1969)：101—124 页．

Marcia M. Eaton,《艺术、艺术品与意图》APQ, 6, 2 (1969 年 4 月)：165—169 页．

Monroe C. Beardsley,《文本的意义与著者的意思》，见《流派》1, 3 (1968 年 7 月)：169—181 页．

George Dickie,《意义与意图》，见《流派》1, 3 (1968 年 7 月)：182—189 页．

Berel Lang,《再论意图谬误》BJA, 14, 4 (1974 年秋季刊)：306—314 页

Roland Pfaff,《艺术与群体意识》，见《人格主义》58,1 (1977 年 1 月)：68—76 页．

Mary Sirridge,《艺术意图与批评的特权》BJA, 18, 2 (1978 年春季刊)：137—154 页。

Mark Roskill,《论艺术家的特权地位》，见《哲学》54, 208, (1979 年 4 月)：187—198 页．

Colin Lyas,《再访意图谬误》BJA, 23, 4 (1983 年秋季刊)：291—305 页。

Paisley Livingston,《批评中的意图主义》，见《新文学史》29, 4 (1998)：931—846 页．{ 在 Project Muse 数据库可以查到 }．

Monroe C. Beardsley,《文艺哲学》，见 Dickie, Sclafani 和 Roblin 的《美学》第二版，420—430 页．

Daniel O. Nathan,《意图主义中的悖论》BJA, 45, 1, (2005 年 1 月)：32—48 页．{ 在线订阅 }．

JAAC, 63, 2, 2005 年春季刊发起了一场"关于比尔斯利对美学的贡献"的讨论会，其中，George Dickie《比尔斯利美学的由来》175—178 页；Stephen Davies《比尔斯利与艺术品的自治》179—183 页；Alan Goldman《比尔斯利的贡献：审美价值理论》185—189 页；and Nicholas Wolterstorff《比尔斯利的方法》191—195 页．{ 可以在 EBSCO 数据库查到 }．

Stephen Davies,《作者的意图，字面的阐释及文学价值》BJA, 46, 3 (2006 年 7 月)：223—247 页．{ 在线订阅 }

Robert Stecker,《为温和的实际意图主义辩护》JAAC, 64, 4 (2006 年秋季刊)：429—438 页．{ 在线订阅 }．

第 23 次课：审美概念

阅读：

西布利《审美概念》PR, 68, 4 (1959 年 10 月)：421—450 页．{ 在 JSTOR 数据库可以查到 }．

参阅：

Isabel C. Hungerland,《审美概念的逻辑》，见《美国哲学学会通报与会议》, (1962 − 1963)：43—66 页．

Isabel C. Hungerland,《再一次：审美与非审美概念》JAAC, 26, 3 (1968 年春季刊)：285—295 页．{ 在 JSTOR 数据库可以查到 }．

Virgil C Aldrich,《艺术哲学》20, 80, 87, 99.

H.R.G. Schwyzer,《西布利的"审美概念"》PR, 72,1 (1963 年 1 月)：72—78 页．．{ 在 JSTOR 数据库可以查到 }．

Frank Sibley,《审美概念：一个反驳》PR, 72,1 (1963 年 1 月)：79—82 页．{ 在 JSTOR 数据库可以查到 }．

R. David Broiles,《西布利的审美概念》JAAC, 23, 2 (1964 年冬季刊)：219—225 页．{ 在 JSTOR 数据库可以查到 }．

Margolis, Joseph,《艺术与艺术批评语言》111—116 页．

Frank Sibley,《审美与非审美》PR, 74, 2 (1965 年 4 月)：135—139 页．{ 在

JSTOR 数据库可以查到 }.

Joseph Margolis,《西布利论审美感知》JAAC, 25, 2 (1966 年冬季刊)：155—158 页 .{ 在 JSTOR 数据库可以查到 }.

Eva Schaper and Frank Sibley,《为温和的实际意图主义辩护》BJA, 6, 1 (1966 年 1 月)：55—69 页

K. Mitchells,《审美感知与审美属性》PAS, 67 (1966 - 1967)：53—72 页 .

J.F. Logan,《论审美概念》JAAC, 25, 4 (1967 年夏季刊)：401—406 页 .{ 在 JSTOR 数据库可以查到 }.

T.J. Diffey,《评价与审美评价》BJA, 7, 4 (1967 年 10 月)：358—373 页

Peter Kivy,《美的外貌与审美属性》JP, 65, 4 (1968 年 2 月 22 日)：85—93 页 .{ 在 JSTOR 数据库可以查到 }.

David M. Levin,《关于'美的外貌'概念》JP, 65, 16 (1968 年 8 月 22 日)：483—490. {In JSTOR}.

Marcia P. Freedman,《审美谓词的神话》JAAC, 27, 1 (1968 年秋季刊)：49—55 页 .{ 在 JSTOR 数据库可以查到 }.

Frank N. Sibley,《客观性与美学：Ⅰ》PAS, 增刊，卷 62 (1968 年)：31—54 页 .

Michael Tanner,《客观性与美学：Ⅱ》PAS, 增刊，卷 62 (1968 年)：55—72 页 .

Amy Golden,《在"通信辩论"中对 Hungerland 的回应》JAAC, 27, 2 (1968 年冬季刊)：227—229 页 .{ 在 JSTOR 数据库可以查到 }.

Marcia Cavell,《批评性对话》JP, 67, 10 (1970 年 5 月 28 日)：339—351 页 .{ 在 JSTOR 数据库可以查到 }.

Kendall L. Walton,《艺术种类》PR, 79, 3 (1970 年 7 月)：334—367页 .{ 在 JSTOR 数据库可以查到 }.

Dorothy Walsh,《审美描述》BJA, 10, 3 (1970 年 7 月)：237—247 页

R. Meager,《评价与审美评价》BJA, 10, 4 (1970 年 10 月)：303—322 页 .

J. Williamson,《评 Joseph Margolis 的〈哲学地观看艺术〉》,见《澳大利亚哲学杂志》41, 3 (1963 年 12 月):432—440 页.

Gary Stahl,《西布利的"审美概念":一个本体论错误》JAAC, 31, 3 (1971 年春季刊):357—364 页.{在 JSTOR 数据库可以查到}.

Khatchadourian, Haig,《艺术概念》第五、六章,90—139 页.

Allan Casebier,《审美术语的特殊逻辑》JAAC, 31, 3(1973 年春季刊):357—364 页.{在 JSTOR 数据库可以查到}.

Gary Iseminger,《审美判断与非审美状况》,见《分析》33 (1973 年 3 月):129—132 页.

Nick Zangwill,《审美概念》,见《欧洲哲学杂志》6, 1 (1998 年 3 月):78—93 页.{在 EBSCO 数据库可以查到}.

Monroe C. Beardsley,《何谓审美属性?》,见《理论》39 (1973 年):50—70 页.

Kivy, Peter,《谈论艺术》。

Joel Rudinow,《Kivy 论美的外貌》,见《人格主义》,56, 1 (1975 年冬季刊):77—79 页.

Evan Simpson,《审美评价》,见《哲学》50, 192(1975 年 4 月):189—204 页.

Peter Kivy,《什么使得"审美"这一概念审美的?》PPR, 36, 2 (1975 年 12 月):197—211 页.{在 JSTOR 数据库可以查到}.

William A. Hyde,《什么别的因素使得审美概念审美的?》PPR, 39, 1(1978 年 9 月):124—130 页.{在 JSTOR 数据库可以查到}.

Peter Kivy,《回答海地教授》PPR, 39, 1 (1978 年 9 月):131—134 页.{在 JSTOR 数据库可以查到}.

Peter Kivy,《审美概念:一些新鲜的思考》JAAC, 37, 4 (1979 年夏季刊):423—432 页.{在 JSTOR 数据库可以查到}.

Roger A. Shiner,《论给艺术品一个外貌》,见《哲学》53, 205 (1978 年 7

月）：307—324 页.

Colin Lyas，《纪念西布利》BJA, 36, 4 (1996 年 10 月）：345—355 页.

Emily Brady, Jerrold Levinson, eds.,《审美概念：西布利之后的文章》

Derek Matravers，《西布利《通向美学：美学精选论文》书评》和《Emily Brady 和 Jerrold Levinson 编《审美概念：西布利之后的文章》书评》，见《心》111, 444, (2002 年 10 月）：912—916 页.｛在线订阅｝.

Robert Fudge，《有关审美属性的诸多问题》，加上 Marcia Muelder Eaton, 的 "回应 Robert Fudge"JAAC, 61, 1（2003 年冬季刊）：67—70 页，70—71 页.｛在线订阅｝.

Brandon Cooke，《西布利的贡献》JAE, 39, 1 (2005 年春季刊）：105—118 页｛在 Project Muse 数据库可以查到｝.

George Dickie，《阅读西布利》BJA, 44, 4 (2004 年 10 月）：408—412 页（在线订阅）.

Derek Matravers，《审美属性 -I,》PAS, 增刊，卷 LXXVIII (2005)：191—210 页.

Jerold Levinson，《审美属性 -II,》PAS, 增刊，卷 LXXVIII (2005)：211—227 页.

第 24 次课：阐释中的忍耐

阅读：

Joseph Margolis，《精力充沛的相对主义》JAAC, 35, 1 (1976 年 9 月）：37—46 页｛在 JSTOR 数据库可以查到｝.

参阅：

Joseph Margolis，《阐释的逻辑》，见《Bucknell 评论》7 (1958 年 5 月）：244—259 页.

Denis Dutton，《善辩与审美阐释》，见《加拿大哲学杂志》7 (1977)：327—340 页.

Joseph Margolis，《相对主义与阐释的客观性》，见《元哲学》31, 1/2 (2000

年 1 月）：200—226 页 . { 在 EBSCO 数据库可以查到 }.

Jorge J. E. Gracia,《相对主义与文本阐释》，见《元哲学》31, 1/2 (2000 年 1 月); 43—62 页 . { 在 EBSCO 数据库可以查到 }.

Marcia Muelder Eaton,《文学的正确阐释》JAAC, 29, 2(1970 年冬季刊）：227—233 页 . { 在 JSTOR 数据库可以查到 }.

Monroe C. Beardsley,《阐释的易测性》，见 Margolis《哲学地观看艺术》第三版，466—483 页 .

Aldrich,《艺术哲学》第一章。

F. David Martin,《命名绘画》，见《艺术杂志》25, 3 (1966 年春季刊）：252—256 页 .

Monroe C. Beardsley,《阐释的模式》,《思想史杂志》32, 1 (1971 年 1 － 3 月）：143—148. { 在 JSTOR 数据库可以查到 }.

Peter Jones,《艺术品及其可用性》BJA, 11, 2 (1971 年春季刊）：115—122 页 .

Monroe C. Beardsley,《阐释的一些问题》JAAC, 36, 3 (1978 年春季刊）：351—360 页 . { 在 JSTOR 数据库可以查到 }.

Anthony Savile,《传统与阐释》JAAC, 36, 3 (1978 年春季刊）：303—316 页 . { 在 JSTOR 数据库可以查到 }.

David Carrier,《艺术及其正典》，见《一元论者》76, 4 (1993 年 10 月）：524—539 页 . { 在 EBSCO 数据库可以查到 }

Bernard C. Heyl,《又是相对主义》JAAC, 5, 1 (1946 年 9 月）：54—61 页。{ 在 JSTOR 数据库可以查到 }.

Robert Stecker,《客观性与阐释》，见《哲学与文学》19, 1 (1995 年 4 月）：48—59 页 . { 在 Project Muse 数据库可以查到 }.

Peter Lamarque,《阐释的对象》，见《元哲学》31, 1/2 (2000 年 1 月）：96—124 页 .{ 在 EBSCO 数据库可以查到 }.

Robert E. Innis,《感知、阐释与艺术符号》，见《沉思哲学杂志》15, 1

(2001 年)：20—32 页 .{ 在 Project Muse 数据库可以查到 }.

第 25 次课：诠释学？

阅读：

Ruth Lorand,《论阐释》AE：《加拿大美学杂志》, 2 (1998)：21 页 { 在线杂志 }.

参阅：

Diane P. Michelfelder,《伽达默尔论海德格尔的艺术观》437—456 页 (伽达默尔的回应, 456—458 页), 见 Lewis Edwin Hahn 的《伽达默尔哲学》.

H. G. Gadamer,《解释的经验》, 见 Margolis《哲学地观看艺术》第三版, 499—517 页 .

Joan Stambaugh,《伽达默尔论美》同前, 131—134 页 (伽达默尔的回应, 135 页).

E.D. Hirsch,《伽达默尔的阐释理论》, 见 Margolis《哲学地观看艺术》第三版, 438—454 页 .

Paul Ricoeur,《隐喻与阐释学的核心问题》同前, 577—592 页 .

Jacques Derrida,《书的终结与写作的开始》同前, 553—576 页 .

Roland Barthes,《从作品到文本》同前, 518—524 页 .

Palmer, Richard E.,《阐释学：Schleiermacher, Dilthey, 海德格尔和伽达默尔的阐释》.

Kenneth L. Buckman,《伽达默尔论艺术、道德和权威》, 见《哲学与文学》21, 1 (1997 年 4 月)：144—150 页 .(在 Project Muse 数据库可以查到).

Christopher Lawn,《伽达默尔论诗歌的语言与日常的语言》, 见《哲学与文学》25, 1 (2001 年 4 月)：113—126 页 .{ 在 Project Muse 数据库可以查到 }.

Charles Guignon,《艺术品中的意义》,《中西部哲学研究》27, 1 (2003 年 8 月)：25—44 页 .

Nicholas Wolterstorff,《复兴作者》,《中西部哲学研究》27, 1 (2003 年 8 月)：4—24 页 .

Monica Prendergast，《当代美学与表演艺术教育》JAE, 38, 3 (2004 年秋季刊)：36—51 页 .｛在 Project Muse 数据库可以查到｝

第 26 次课：艺术的本体论

阅读：

Joseph Margolis，《艺术品的不正常本体地位》，见 Carroll《今日艺术理论》109—129 页 .

参阅：

Joseph Margolis，《艺术品的本体特性》JAAC, 36, 1 (1977 年秋季刊)：45—50 页 .｛在 JSTOR 数据库可以查到｝.

Richard Wollheim，《艺术及其艺术品》见 Margolis《哲学地观看艺术》第三版 , 208—228 页 .

Michael Podro，《论乌尔汉姆》BJA, 44, 3 (2004 年 7 月)：213—225 页 .｛在线订阅｝

Nicholas Wolterstorff，《通向艺术品的本体论》，见《理性》9, 2 (1975 年 5 月)：115—142 页 .｛在 JSTOR 数据库可以查到｝.

Jeffrey Maitland，《身份辨别、本体地位与艺术品》，见《西南哲学杂志》6, 3 (1975 年秋季刊)：181—196 页 .

Carolyn Korsmeyer，《维特根斯坦与艺术的本体问题》，见《人格主义》59, 2 (1978 年 4 月)：152—161 页 .

John Dilworth，《艺术与音乐中的四种倒置理论》，见《南方哲学杂志》40, 1 (2002 年春季刊)：1—19 页 .

Peter Lamarque，《艺术品与物体》PAS, CII (2002 年)：141—162 页 .

Aaron Ridley，《反对音乐本体论》JP, 100, 4 (2003 年 4 月)：203—220 页 .

以及在参考书目"C"中 Wollheim 和 Wolterstorff 写的书。

第 27 次课：真理与虚构

阅读：

M.J. Sirridge，《真理来自虚构吗 ?》PPR, 35, 4（1975 年 6 月)：543—471

页 . { 在 JSTOR 数据库可以查到 }.

参阅：

G. Ryle, R.B. Braithwaite, 和 G.E. Moore, 关于"想象物体"讨论会，见 PAS, 增刊，卷 12（1933 年 7 月 7 – 9 日）：18—70 页.

Margaret Macdonald,《小说语言》PAS, 增刊，卷 27（1954 年）：165—184 页.

Morris Weitz,《艺术告诉真理了吗?》PPR, 3, 3（1943 年 3 月）：338—348 页 . { 在 JSTOR 数据库可以查到 }.

Douglas N. Morgan,《艺术必须讲述真理吗?》JAAC, 26, 1（1967 年秋季刊）：17—27. { 在 JSTOR 数据库可以查到 }.

F.E. Sparshott,《小说中的真理》JAAC, 26, 1（1967 年秋季刊）：3—7 页. { 在 JSTOR 数据库可以查到 }.

Alvin Plantinga,《可能但非真实物体：论没有什么》，见 Margolis,《哲学地观看艺术》第二版，438—450 页.

Michael Scriven,《小说的语言 – II》PAS, 增刊，卷 27(1954 年)：185—196 页.

Beardsley, Monroe C.,《美学问题》第八章。

Margolis, Joseph《艺术与艺术批评的语言》第 11 章.

Richard M. Gale,《语言的虚构使用》，见《哲学》46, 178（1971 年 10 月）：324—339 页.

Marcia Eaton,《文艺作品的真理价值》BJA, 12, 2（1972 年春季刊）：163—174 页.

L.B. Cebik,《创造、论断与匹克维克》，见《西南部哲学杂志》6, 1（1975 年冬季刊）：39—45 页.

William Edgar,《为美报复，强盛的护教学》，见《维斯名斯特神学杂志》63, 1（2001 年春季刊）：107—122 页.

Kevin Vanhoozer,《维也纳与耶路撒冷要作什么? 巴特、勃拉姆斯、柏

恩斯坦未解的问题》，见《维斯名斯特神学杂志》63, 1 (2001 年春季刊)：123—150 页．

Catherine Elgin,《艺术在理解的进展中》APQ, 39, 1 (2002 年 1 月)：1—12 页．

Robin Le Poidevin,《命运、小说与未来》，见《哲学论文》(南非), 30, 1 (2001 年 3 月)：69—92 页．

Amie Thomasson,《小说人物与文学实践》BJA, 43, 2, (2003 年 4 月)：138—157 页．{ 在线订阅 }.

John Gibson,《在真理与琐事之间》BJA, 43, 3 (2003 年 7 月)：224—237 页．{ 在线订阅 }.

第 28 次课：隐喻

Monroe C. Beardsley,《隐喻》PPR, 22, 3 (1962 年 3 月)：293—307页．{ 在 JSTOR 数据库可以查到 }．

参阅：

Haig Khatchadourian,《隐喻》BJA, 8, 3 (1968 年 7 月)：227—243 页。

Max Black,《隐喻》PAS, LV (1954 – 1955)：373—294 页．

Monroe C. Beardsley,《隐喻性感觉》，见《理性》12, 1 (1978 年 3 月)：3—16 页．{ 在 JSTOR 数据库可以查到 }.

Margolis, Joseph,《艺术与艺术批评语言》165—177 页．

Dickie, George,《美学导论》113—119 页．

Paul Henle,《隐喻》，见其《语言、思想与文化》173—195 页．

Beardsley, Monroe C.,《美学问题》第 3 章，第 10 节。

Arnold Isenberg,《论定义隐喻》JP, 60, 21 (1963 年 10 月 10 日)：609—622 页．(在 Paul Welsh 的回应 ——《论说明隐喻》的摘要之后。622—623 页.). { 在 JSTOR 数据库可以查到 }.

Edith Watson Schipper,《论隐喻》JAAC, 27, 2 (1968 年冬季刊)：199—201 页。{ 在 JSTOR 数据库可以查到 }.

Alston, William,《语言哲学》96—106 页.

Virgil C. Aldrich,《视觉隐喻》JAE, 2, 1 (1968 年 1 月)：73—87 页.

Paul J. Olscamp,《某些隐喻是如何可真可假的》JAAC, 29, 1 (1970 年秋季刊)：77—86 页.｛在 JSTOR 数据库可以查到｝.

Peter Mew,《隐喻与真理》BJA, 11, 2 (1971 年春季刊)：189—195 页.

George E. Yoos,《隐喻的现象学解释》PPR, 32, 1（1971 年 9 月）：78—88 页.｛在 JSTOR 数据库可以查到｝.

Stanley Cavell,《现代美国的美学问题》，见 Max Black 的《美国哲学》，尤其是 75—87 页.

William Charlton,《活的和死的隐喻》BJA, 15, 2 (1975 年春季刊)：172—178 页.

Jay .T. Keehley,《隐喻理论与理论的隐喻》PPR, 39, 4 (1979 年 6 月)：582—588 页.｛在 JSTOR 数据库可以查到｝.

Andrew McGonigal,《隐喻、不确定与意图》BJA, 42, 2 (2002 年 4 月)：179—190 页.｛在线订阅｝.

第 29 次课：什么是批评？

阅读：

Weitz, Morris,《哈姆雷特与文学批评哲学》第 12 章 "论题" 203—214 页；第 18 章 "总结" 316—319 页.

参阅：

 George Dickie,《〈哈姆雷特与文学批评哲学〉书评》JAAC, 24, 3 (1966 年春季刊)：443—445.｛在 JSTOR 数据库可以查到｝.

Morris Weitz,《批评中的理由》JAAC, 20, 4 (1962 年夏季刊)：429—437 页。｛在 JSTOR 数据库可以查到｝.

Rudolf Arnheim,《什么是批评?》，见《星期六评论》,(1965 年 8 月 28 日)：26—27 页.

Elmer H. Duncan,《该审判谁?》,《贝勒艺术杂志》(1971 年)：35—37 页.

Richard Peltz,《美学中的分类与评估: 维兹与亚理士多德》JAAC, 30, 1 (1971 年秋季刊): 69—78 页.{ 在 JSTOR 数据库可以查到 }.

Robert Hughes,《现代艺术与批评家的任务》, 贝勒大学人文学院比尔 - 罗素讲座. (1987 年 9 月 28 日) 14 页。

B. R. Tilghman,《反思审美判断》BJA, 44, 3 (2004 年 7 月): 248—260 页.{ 在线订阅 }.

第 30 次课: 我们真的能辩论吗?

阅读:

Monroe C. Beardsley,《批评理由的一般性》JP, 59, 18 (1962 年 8 月 30 日): 477—486 页.{ 在 JSTOR 数据库可以查到 }.

参阅:

Monroe C. Beardsley,《批评理由的分类》JAE, 2, 3 (1968 年 7 月): 55—63 页.

Dickie, George,《美学导论》142—151 页.

Monroe C. Beardsley,《趣味能争辩吗?》, 见 Singer 和 Ammerman,《哲学初步读本》343—349 页.

Monroe C. Beardsley,《捍卫审美价值》, 见《美国哲学协会会议通报与演说辞》52, 6 (1979 年 8 月): 723—749 页.

Monroe C. Beardsley,《批判性评价》316—331 页;《艺术批评中理由的相关性》332—351 页, 两篇文章均见 Michael J. Wreen 和 Donald M. Callen 编的《从美学的角度精选文集》1982 年.

Frank Sibley,《美学中的一般标准与理由》, 见 John Fisher 的《比尔斯利美学论文集》3—20 页.

Richard Eggarman,《标准美学能促进哲学探询吗?》, 见《价值调查杂志》9, 3 (1975 年夏季刊): 210—215 页.

John W. Hanke,《回应 Richard Eggarman 的 "标准美学能促进哲学探询吗?"》, 见《价值调查杂志》9, 3 (1975 年夏季刊): 216—220 页.

Donald W. Crawford,《原因、理由与审美客观性》APQ, 8, 3（1971 年 7 月）：266—274 页．

Dewitt H. Parker,《审美形式问题》，见雷德（Rader）《现代美学》（第四版）250—265 页。

Theodore M. Greene,《批评的三个方面》，见 Vivas and Krieger《美学问题文集》414—418 页．

《一元论者》有一集特刊 50, 2 (1966 年 4 月)，其中有 9 篇文章是《艺术批评中的理由》主题。

Paul Ziff,《艺术批评的理由》，见 Margolis, Joseph,《哲学地观看艺术》第 1 版 158—178 页．

Stefan Morawski,《艺术价值》JAE, 5,1（1971 年 1 月）：23—59 页．

H. Gene Blocker,《批评的油罐理论》JAE, 9, 4 (1975 年 10 月)：19—28 页．

《价值调查杂志》有一集特刊 28, 2 (June 1994)，主题就是"价值调查：审美价值"。

 James Shelley,《原则在艺术评价中的特性及作用》BJA, 42, 1 (2002 年 1 月)：37—51 页．{ 在线订阅 }．

Daniel A. Kaufman,《标准的批评与艺术品的客观价值》JAAC, 60, 2 (2002 年春季刊)：151—166 页．{ 在线订阅 }．

Oliver Conolly and Bashshar Haydar,《审美原则》BJA, 43, 2 (2003 年 4 月)：114—125 页．{ 在线订阅 }．

第 31 次课：艺术与伦理学

阅读：

 Noel Carroll,《艺术与道德批评：近来研究方向总览》，见《伦理学》110, 2 (2000 年 1 月)：350—387 页．{ 在 JSTOR 数据库可以查到 }．

参阅：

Noel Carroll,《美德之轮：艺术、文学和道德知识》JAAC, 60, 1 (2002 年冬季刊)：3—26 页．{ 在线订阅 }．

A. C. Bradley,《为诗歌而诗歌》{1901 年在牛津大学的就职演说。随后，1909 年，收进他的《牛津论诗》}.

F. E. Sparshott,《艺术与审查制度：关于这个问题的调查》，见其《美学结构》304—311 页.

Jeffrey T. Dean,《美学与伦理学：艺术的状况》，见《美国美学协会时事通讯》22, 2 (2002 年秋季刊)：1—4 页.(见"美学在线"网站).

Karl Marx,《艺术与历史》，见雷德 (Rader)《现代美学》(第四版) 483—490 页.

W.K. Wimsatt,《诗与道德：关系再辩论》，见 Vivas and Krieger《美学问题文集》530—546 页.

Radoslav A. Tsanoff,《文学艺术与道德价值》，见《赖斯大学研究》50, 1 (1964 年冬季刊)：91—103 页.

T.J. Diffey,《评价与审美评价》BJA, 7, 4 (1967 年 10 月)：358—373 页.

Eric Gilman,《文学批评中道德概念的使用》，见《哲学》41, 158 (1966 年 10 月)：304—319 页.

Elmer H. Duncan,《伦理学与美学中辩论的使用：两种不同的方式》JAAC, 25, 4 (1967 年夏季刊)：427—431 页.{ 在 JSTOR 数据库可以查到 }.

Joseph Margolis,《在道德与审美中并行的两轨》JAE, 2, 3 (1968 年 7 月)：65—77 页.

Jeremy Walker,《道德的与审美的》，见《标准》1, 3 (1967 年 9 月)：21—36 页.

Philippa Foot,《道德与艺术》，见《英国研究学会会议通报》56 (1970 年).

Eddy M. Zemach,《审视伦理学－美学并行关系的 13 种方法》JAAC, 29, 3 (1971 年春季刊)：391—398 页.{ 在 JSTOR 数据库可以查到 }.

Aurel Kolnai,《审美经验与道德经验：五大对比》BJA, 11, 2 (1971 年春季刊)：178—188 页.

F.N. Sibley,《特性、艺术与评价》PAS, 增刊，卷 68 (1974 年)：1—21 页.

T.J. Diffey,《道德与文学批评》JAAC, 33, 4 (1975 年 6 月)：443—454 页.
{ 在 JSTOR 数据库可以查到 }.

Marcia Cavell,《趣味与道德感》JAAC, 34, 1 (1975 年 9 月)：29—33 页.
{ 在 JSTOR 数据库可以查到 }.

James Ogilvy,《艺术与伦理学》，见《价值调查杂志》10, 1 (1976 年春季刊)：1—6 页.

Richard A. Posner,《反对道德批评》，见《哲学与文学》21, 1 (1997 年 4月)：1—27 页.{ 在 Project Muse 数据库可以查到 }.

Martha C. Nussbaum,《正确而可靠地：捍卫道德批评》，见《哲学与文学》22, 2 (1998 年 10 月)：343—365 页.{ 在 Project Muse 数据库可以查到 }.

Wayne C. Booth,《为什么禁止道德批评是个严重的错误》，见《哲学与文学》22, 2 (1998 年 10 月)：366—393 页.{ 在 Project Muse 数据库可以查到 }.

Richard A. Posner,《反对道德批评：第二部分》，见《哲学与文学》22, 2 (1998 年 10 月)：394—412 页.{ 在 Project Muse 数据库可以查到 }.

Amy Mullin,《评价艺术：精神上有意义的想象与道德的正确性》JAAC, 60, 2 (2002 年春季刊)：137—149 页.{ 在线订阅 }.

Katherine Thomson,《艺术上的审美与道德上的平庸》，见《哲学论文》(南非), 31, 2 (2002 年 7 月)：199—215 页.

Robert A. Dyal,《色情文学对你有好处吗?》，见《西南哲学杂志》7, 3 (1976 年秋季刊)：95—118 页.

一本好的论文集——Robert M. Baird 和 Stuart E. Rosenbaum 的《色情文学：私人权力还是公共灾难?》。

Rob van Gerwen,《道德自治主义：作为道德代言人的艺术品》，见《当代美学》2 (2004) { 在线杂志 }.

Robert Stecker,《伦理价值与审美价值的交互作用》BJA, 45, 2 (2005 年 4月)：138—150 页.{ 在线订阅 }.

George Dickie,《在意志胜利中的胜利》BJA, 45, 2 (2005 年 4 月)：151—

156 页 . { 在线订阅 }.

Noel Carroll,《伦理学与美学：对迪基、斯德克与列文森的回应》BJA, 46, 1 (2006 年 1 月)：82—95 页 . { 在线订阅 }.

James Harold,《论判断叙述性艺术品的道德价值》JAAC, 64, 2 (2006 年春季刊)：259—270 页 . { 在 EBSCO 数据库可以查到 }

第 32 次课：整一性

阅读：

Elmer H. Duncan,《伦理学与美学中的规则与例外》PPR, 27, 2 (1966 年 12 月)：267—273 页 . { 在 JSTOR 数据库可以查到 }.

参阅：

Catherine Lord,《美的和谐一体》JP, 58, 12 (1961 年 6 月 8 日)：321—327 页 . { 在 JSTOR 数据库可以查到 }.

Catherine Lord,《再论有机的一体》JAAC, 22, 3 (1964 年春季刊)：263—268 页 . { 在 JSTOR 数据库可以查到 }.

P.A. Hutchings,《再次为有机的一体辩护》JAAC, 23, 3 (1965 年春季刊)：323—327 页 . { 在 JSTOR 数据库可以查到 }.

Catherine Lord,《无患的一体》JAAC, 26, 1 (1967 年秋季刊)：103—106 页 . { 在 JSTOR 数据库可以查到 }.

Harold Osborne,《有机的一体》，见雷德（Rader）《现代美学》（第四版）306—312 页 .

Harold Osborne,《再论有机的一体》BJA, 16, 3 (1976 年夏季刊)：210—217页 .

Bosanquet, Bernard,《论美学的三次讲演》。

Berel Lang,《鲍桑葵的美学：历史与符号哲学》JAAC, 26, 3 (1968 年春季刊)：377—387 页 . { 在 JSTOR 数据库可以查到 }.

Pepper, Stephen C.《艺术批评的基础》第四章。

Kenneth M. Stampp, Jr.,《作为必要条件的整一性》JAAC, 27, 2 (1968 年

冬季刊）：141—143 页 . [Elmer H. Duncan 的回应，见"信件争辩"部分，JAAC, 27, 4 (1969 年夏季刊) : 462 页]. { 在 JSTOR 数据库可以查到 }.

K. M. Stampp,《作为一种美德的整一性》JAAC, 34, 2 (1975 年冬季刊) : 191—197 页 . { 在 JSTOR 数据库可以查到 }.

Catherine Lord,《美的和谐一体的种类与程度》BJA, 18, 1 (1978 年冬季刊) : 59—65 页。

第 33 次课：完美的批评家

阅读：

David Hume,《论趣味标准》{ 见《休谟全集》}. 也可在"在线自由基金出版物"查到。

参阅：

Roman Bonzon,《审美客观性与理想的观察者理论》BJA, 39, 3 (1999 年 7 月) : 230—240 页 .

John Hospers,《理想的审美观察者》BJA, 2, 2 (1962 年 4 月) : 99—111 页 .

Philip Hobsbaum,《当前的审美谬误》BJA, 7, 2 (1967 年 4 月) : 107—131 页。

Elmer H. Duncan,《再论理想的审美观察者》JAAC, 29, 1 (1970 年秋季刊) : 47—52 页 . { 在 JSTOR 数据库可以查到 }.

Charles Taliaferro,《再论理想的审美观察者》BJA, 30, 1 (1990 年 1 月) : 1—13 页。

Roderick Firth,《道德专制主义与理想的观察者》PPR, 12, 3 (1952 年 3 月) : 317—345 页 . { 在 JSTOR 数据库可以查到 }.

Richard B. Brandt,《伦理学中理想观察者的定义》PPR, 15, 3 (1955 年 3 月) : 407—413 页 . { 在 JSTOR 数据库可以查到 }.

Roderick Firth,《回应 Brandt 教授》PPR, 15, 3 (1955 年 3 月) : 414—421 页 . { 在 JSTOR 数据库可以查到 }.

Richard B. Brandt,《对 Firth 教授回应的评论》PPR, 15, 3 (1955 年 3 月) :

422—423页.{在JSTOR数据库可以查到}.

James Craig La Driere,《批评家的作用》,见《精神》12 (1947年):179—186页.

Stolnitz, Jerome,《美学与艺术批评哲学》第十五章。

Bernard Harrison,《批评中"好"的一些用法》,见《心智》64, 274 (1960年4月):206—222页。{在JSTOR数据库可以查到}.

Sascha Talmor,《审美判断及其价值标准》,见《心智》78, 309 (1969年1月):102—115页.{在JSTOR数据库可以查到}.

A.G. Pleydell-Pearce,《客观性与美学判断中的价值》BJA, 10, 1 (1970年1月):25—38页.

Elmer H. Duncan,《休谟论伦理学、美学及其区别》,见《西南哲学评论》3 (1986年):60—69页.

Timothy M. Costelloe,《休谟、康德与"趣味的自相矛盾"》,见《哲学史杂志》41, 2 (2003年4月):165—185页.{在Project Muse数据库可以查到}.

Timothy M. Costelloe,《休谟的美学:文学与研究方向》,见《休谟研究》30, 1 (2004年4月):87—126页.

Dickie, George,《美学导论》137—141页.

第34次课:情感主义

阅读:

Charles Leslie Stevenson,《道德术语的情感意义》,见《心智》46, 181 (1937年1月):14—31页.{在JSTOR数据库可以查到}.

参阅:

Charles L. Stevenson,《论阐释一首诗的理由》,见Margolis《哲学地观看艺术》,第一版,121—139页.

Charles L. Stevenson,《美学中的阐释与评价》,见Max Black的《哲学分析》319—358页.

Charles L. Stevenson,《美学中的相对主义与非相对主义》,见其《事实与价值》, 71—93 页 .

John Fisher,《非享乐的评价》JAAC, 27, 2 (1968 年冬季刊)：135—139 页 . { 在 JSTOR 数据库可以查到 }.

Peter Kivy,《审美情感主义的失败》，见《哲学研究》38 (1980 年)：351—365 页。

Dickie, George,《美学导论》134—137 页 .

Margolis, Joseph,《艺术与艺术批评语言》68—70 页 .

Urmson, J.O.,《伦理学中的情感理论》，尤其是第 4、5、6 章。

Stroll, Avrum,《伦理学的情感理论，加州大学哲学出版物》28, 1 (1954 年)：1—92 页 .

第 35 次课：批评的逻辑

阅读：

Arnold Isenberg,《批评性交流》PR, 58, 4 (1949 年 7 月)：330—344 页 . { 在 JSTOR 数据库可以查到 }.

参阅：

Margaret Macdonald,《艺术批评中一些显著的辩论特征的使用》，见 Elton, William 的《美学与语言》114—130 页 .

Stuart Hampshire,《逻辑与欣赏》，见 Elton, William《美学与语言》161—169 页 .

Hardy E. Jones,《欣赏与概括》，见《人格主义》57, 1 (1976 年冬季刊)：5—17 页 .

David Pole,《艺术与一般性》，见《心智》85, 339 (1976 年 7 月)：371—387 页 . { 在 JSTOR 数据库可以查到 }.

F.A. Siegler,《论埃森博格的"批评性交流"》BJA, 8, 2 (1968 年 4 月)：161—174 页 .

Theodore Redpath,《现代美学的一些问题：美学中评价、推理与描述间的关系》，见 Mace 的《中世纪的英国哲学》, 275—290 页 .

Ronald Suter,《埃森博格对趣味问题的回答》，见《哲学评论》（国立台湾大学）1 (1971 年 7 月)：104—121 页.

Ronald Suter,《埃森博格》，见其《趣味问题的六个答案》第六章，47—61 页.

Isenberg, Arnold,《分析哲学与艺术研究》(私人印制).

Julia Peters,《艺术批评中的评价标准》，见《美学研究生杂志》2,1 (2005 年 4 月)：32—44 页. { 可以在线获得 }.

Alan H. Goldman,《审美价值的实验性说明》JAAC, 64, 3 (2006 年夏季刊)：333—342 页. { 在 Ebscohost 数据库可以查到 }.

第 36 次课：总结

阅读：

Lydia Goehr,《一门学科的建制化：〈美学与艺术批评杂志〉及 "美国美学协会" 的回顾 1939—1992》JAAC, 52, 2 (1993 年春季刊)：99—121 页. { 在 JSTOR 数据库可以查到 }.

Peter Lamarque,《英国美学杂志40年》BJA, 40, 1 (2000年1月)：1—20页. { 在线订阅 }.

参阅：

Ted Cohen,《美学》，见《社会研究》47, 4 (1980 年冬季刊)：600—611 页.

Peter Lamarque,《当前美学潮流》，见《美学研究生杂志》1, 1 (2004 年 4 月). { 一份在线杂志 }.

Alex Neill,《美国美学学会的孤立》{ 见 "美学在线"}.

Dabney Townsend,《20 世纪的美学》，见其《西方传统美学经典读本》第三部分，345—357 页.

Joseph Margolis,《美学近况》APQ, 2, 3 (1965 年 7 月)：185—192 页.

Joseph Margolis,《美学当前的潮流与当代视觉艺术家的关联性》，见《Leonardo》12, 2 (1979 年春季刊)：111—119 页.

Joseph Margolis,《美学中的根本变化》，见《加拿大美学杂志》1 (1996

年春季刊）（在线杂志）

Elmer H. Duncan,《"索引"编制后的注解》，见"注解与消息"部分，JAAC, 24, 2 (1965 年冬季刊）：329—332 页 .｛在 JSTOR 数据库可以查到｝.

Van Meter Ames,《艺术之新》，见《赖斯大学研究》51, 4 (1965 年秋季刊）：19—38 页 .

Rolf-Dieter Herrmann,《一个欧洲人是如何看待《美学与艺术批评杂志》的》JAAC, 29, 4 (1971 年夏季刊）：499—505 页 .｛在 JSTOR 数据库可以查到｝.

V. Tejara,《当代美学潮流：一些根本的论题》，见《价值调查杂志》8, 2 (1974 年夏季刊）：137—142 页 .

Elmer H. Duncan,《给教师们的说明：Ryle 是对的，即便对美学》JAE, 13, 3 (1979 年 7 月）：117—119 页 .

Elmer H. Duncan,《美国美学协会的现状》，见 《Leonardo》36, 3 (1993)：182—183 页 .

Peg Zeglin Brand,《传统艺术理论中耀眼的冗长》，见 Carroll《今日艺术理论》175—195 页 .

Anita Silvers, Martin Donougho, Whitney Davis, and Ronald Moore,《〈美学百科全书〉的特别评论》JAAC, 68, 3 (2000 年夏季刊）：291—302 页 .｛在 JSTOR 数据库可以查到｝.

M.W. Rowe,《Michael Kelly 的〈美学百科全书〉书评》BJA, 42, 1 (2002 年 1 月）：83—86.｛在线订阅｝.

Ronald Moore,《今日艺术哲学》BJA, 38, 1 (2004 年 1 月）：105—112 页 .｛在·Project Muse 数据库可以查到｝.

附录7 《分析美学导论》目录

乔治·迪基 著

牛津大学出版社 1997 年版

内　容

前言

第一部分：分析美学的历史回顾

第一章 导言

第二章 美论：从柏拉图到 19 世纪

柏拉图 / 阿奎那 /18 世纪：趣味理论与美的衰落 / 夏夫兹博里 / 哈奇生 / 博克 / 休谟 / 阿里森 / 康德 /18 世纪趣味理论小结 /19 世纪：美学的诞生——叔本华

第三章 20 世纪的审美态度理论

审美状态：心理距离 / 审美意识：无利害性注意 / 审美感知："看做"/ 结语

第四章 元批评论：审美态度论的替补

第五章 艺术理论：从柏拉图到 19 世纪

柏拉图 / 亚理士多德 /19 世纪：新转向——艺术的表现理论 / 什么是艺术理论？

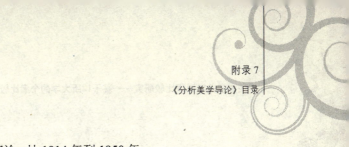

附录 8 《艺术哲学：当代美学导论》目录

卡罗尔 著

伦敦 Routledge 出版公司 1999 年版

附录9 《艺术哲学：美学导论》目录

戈登·戈拉汉目 著

Routledge 出版公司 1997 年版。

内 容

附录 10 《艺术哲学读本》目录

亚历克斯·内尔和亚伦·雷德利编著

McGraw-Hill 出版公司 1995 年版

附录 11 《分析美学与分析艺术哲学读本》目录

皮特·拉马克和斯德恩·H. 沃尔森编著

牛津布莱克维尔出版公司 2004 年版

内　容

前言

致谢

总导言

第一部分：识别艺术

导言

1．理论在美学中的作用 / 维兹 (Morris Weitz)

2．什么使得一种情境是美的 / 乌尔姆森
(J.O.Urmson)

3．艺术世界 / 丹托 (Arthur C. Danto)

4．历史地定义艺术 / 列文森 (Jerrold Levinson)

5．新艺术制度论 / 迪基 (George Dickie)

6．艺术的一种美学定义 / 比尔斯利 (Monroe C.
Beardsley)

附录 12　乔治·迪基《分析美学导论》书评

瑟拉·沃丝 著，阳黔花 编译

　　我读研究生时，有人告诉我美学是哲学的同母异父姊妹。我被告知如果想专长于美学，那么我也需能真正作一些哲学工作。虽然我并不能确知对美学的这一看法有多大的普遍性，但我相信美学是一门哲学性质的学科。乔治·迪基的新书——《分析美学导论》，简明、内容丰富、通俗易懂却又严谨地探讨了美学领域的诸多问题。它是一本哲学书籍，同时也是一本真正的美学理论书籍。

　　迪基以 168 页的篇幅对美学作了一个相当精彩的介绍。本书脱颖于其他同类书籍之处就在于迪基技巧地将美学的历史与美学理论有机地融合起来，除此之外，还将自己的观点不留痕迹地融于其中。

　　本书分为四个部分：（1）分析美学的历史回顾；（2）20 世纪的美学：1960 年至今；（3）美学中的四大问题；（4）艺术评价。"历史回顾"给读者提供了当

今美学领域讨论同样问题的一个历史背景。正如迪基在前言中解释的，美学的历史回顾是为了追溯美学领域的主要问题，从而为当前美学问题的讨论设置一个平台。在论述美学理论部分之前先作一美学历史的介绍，学生就能明白这些美学理论问题是如何形成的，并且不同的哲学家曾经是如何思考这些问题的。没有这一历史的介绍，美学理论自身是难于说明问题的。所以，在一本美学导论性质的教材中，让学生对美学学科的历史，同时对美学理论问题的发展情况有一清晰的认识是非常必要的。

然而，我对这本书的一个主要批评就是它的历史导论部分。虽然我认为这种历史导论大大有利于介绍美学理论，但是历史部分的介绍还不够，或者说对十八世纪的美学介绍得过多。确实，十八世纪的美学在美学的发展史上处于重要位置，但也不能由此牺牲掉其他历史阶段的美学。当然，迪基是从柏拉图开始其历史叙述的。他的讨论从对会饮上美论的解释开始，但他的讨论也是基于假设学生对柏拉图的哲学理论都已有了普遍的了解，事实上，学生不太可能像我们想象的那样对柏拉图的哲学理论有比较全面的了解。他只用一句话简单地对柏拉图的形式理论作了解释。他说柏拉图在可视、可闻、可触的感性世界的具体的美的事物与不可视、不可闻、不可触只可理解的世界的美本身之间划了一条不可逾越的鸿沟。这虽然是对柏拉图形式理论的极为精确的概括，但还不足以让本科生理解柏拉图的整个哲学系统。

柏拉图在迪基的书中得到了整整两页的介绍篇幅。然后就直接转向了圣托马斯·阿奎那。在论述阿奎那的第一段，有四句话是关于亚里士多德的，以填补其间600年所发生的事情。如果我没有继续读下去从而注意到后面整章整章的介绍博克和阿里森，我对如此少的关注亚里士多德并没在意。我喜欢这本教材的简洁风格，但我认为应该更多些介绍亚里士多德。我也大力赞成应将美学史上并不太为人知却起到重要作用的美学家名列在册。我非常乐意不仅能向学生介绍熟悉的哲学家，还能介绍那些另辟蹊径、自成体系的哲学家们的美学思想，比如夏夫兹博里、哈奇生、博克、休谟和阿里森的思想。十八、十九世纪是美学史上的关键时期，但我认为也大可不必以牺牲介绍古典时期的思想作为代价。

然而，让人高兴的是，在第四章关于艺术的理论部分，迪基又让柏拉图和亚里士多德回到了书中。在这儿，迪基对二人作了更多的介绍，但这已经是在二人首次被讨论后的 45 页以后的事了。我推想这是由于本教材既要兼顾到介绍历史同时又要兼顾到并列介绍理论的缘故所至。同时并列介绍这两部分时，柏拉图和亚里士多德肯定会被重复提到，但是对我来讲，对二人较长篇幅的介绍放在前面要好于放在后面。

教材关于 20 世纪的艺术理论部分的介绍非常精彩。迪基不仅论述了这些理论包含的诸多问题，还论述了导致这些理论的先前思想。比如，他解释了朗格和柯林武德的理论是更早期两种哲学理论（模仿论和表现论）的继承和发展；贝尔的理论也与传统的美论关系密切；维兹的观点有其现代分析美学的源头。这些论述对帮助学生理解美学思想的连续性意义重大。

同样值得称道的是，迪基将二十世纪的美学分为两部分加以论述：20 世纪的艺术理论——从 1914 年到 1950 年；20 世纪的美学——1960 年至今。虽然 18 世纪可能是美学理论的发展历史中最为重要的时期，可 20 世纪提出了与之前截然不同的美学问题。20 世纪前五十年与后五十年也有着完全不同的美学问题。

接着，迪基将自己的观点加入理论部分的论述中。在并未解决掉既存问题的情况下，要把自己的观点加入到已成定规的美学当中实属难事。而迪基却能清晰地阐释其观点，甚至将其新旧两种理论并列展示。他首先分析了他在 1974 年出版的《艺术与美学》中提出的艺术惯例论（他称之为艺术惯例论旧版）。根据他的这一理论，一件艺术作品是（1）一件人工制品；（2）具有一组被代表某一社会机构或艺术世界的人们授予的具有被欣赏的候选资格的方面。迪基解释了他的这一艺术定义的各个组成部分，然后讨论了这一定义的问题所在。他接着用了 9 页的篇幅论述了新的艺术惯例论改进版。他重新定义艺术品为旨在呈现在公共艺术世界前的人工制品。我赞赏迪基能将自己的观点置于美学理论的大背景中。我们没有几人能像迪基这样做得这么好。

　　接下来的一章也是阐述美学理论非常重要的一部分。迪基在这一章中对当前的四种美学理论（意向论批评、艺术中的符号论、隐喻、表现）进行了论述。迪基承认这四种理论都不是只在20世纪末期才产生的，但现在这四种理论以完全不同于历史上对同类问题的处理方式出现，因此值得分别予以关注。这部分存在两个问题。首先，对表现论的介绍过短，本应有更多的历史背景介绍。柯林武德在这里只是提到而已，但在本书的前面有专章介绍他的思想。所以，同样的问题又出现了，即如何处理好历史与理论之间的关系。其次，关于意向论部分的介绍一下子从视觉艺术例子（本书关注的中心）跳到了以文学作为例证。迪基介绍这样作的原因是因为就艺术家的意向而言，视觉艺术中的表现非常类似于文学作品中的意义。我认为视觉艺术、文学艺术和音乐作品都值得分别加以关注。

　　迪基在本书的结尾提供了非常重要的资料，但最后这几章却太难。最后这几章可以说达到了审美理论的顶点，虽说我们也许能理解，但想让本科生理解这些章节的内容实属不易。这些章节讲了比尔斯利和古德曼的工具主义论。最后一章论述了"别一种工具主义论"，迪基批评了比尔斯利和古德曼的观点，将他们观点中的精华部分提炼出来，提出了另一种更好地解释人类审美经验的工具主义理论。然而，他用一系列的矩阵阐述其观点，使学生相信艺术可以通过一个复杂的图表判断其价值。对此，我甚为关注。因为一本教材最后是像这样让学生通过理解图表来欣赏艺术，而非在学生的头脑里留下一些促他们深思的新鲜问题。或者可以这样说，本教材最后让学生获得这样的印象：如果他们没有被那些图表搞糊涂的话，他们会认为评价艺术是件轻而易举的事，而这是大异于传统美学的观点的。

　　我会选用本书作为"美学导论"课的教材，事实上，我已经这样做了。将美学史和美学理论并列介绍非常重要，即便这样作正如我前面提到的存在很多内在的问题，但仍然有着说不尽的益处。这本教材，就其绝大部分而言，对具有很少或根本没有任何哲学背景的本科生而言，是通俗易懂、非常适用的。

附录 13 卡罗尔《艺术哲学：当代美学导论》书评

马修·基兰 著 阳黔花 编译

卡罗尔的这本书堪称优秀之作，是本科生分析美学课程的理想教材。本书结构清晰，各种美学观点阐述简明，且广博的艺术形式和美学历史知识为美学观点的论证提供了强有力的例证。考虑到这本教材的定位，我们也大可不必去争辩某一美学理论论述得是不是太过简单，针对某一理论提出的反对意见是不是更应全面充分一些。为此，评论这种类型的书，我拟对各章节的结构和内容作一资料性的概括，然后对全书提出一些总的评价。

本书由导言和五章组成。导言清晰地介绍了哲学和分析美学的本质特征。我可以想象对那些教授美学导论课程的教师而言，要将之前没有任何哲学背景知识的学生引向美学领域，先让他们对分析哲学和分析美学的理论和方法有所了解，将大大有利于后面的教学。导言部分旨在强调对概念的分析，具体来讲，旨

在寻求运用一个具体概念所需要的充分必要条件。具体怎么寻求，导言部分作了充分的解释，即通过识别并将相关种类概念的特征区别开来的方式。这种方式，任何专业学科的学生都能轻易掌握。重要的是，卡罗尔进一步强调，并非任何一个概念都显而易见地遵从这一本质主义的描述。然而，即便是在概念不能解释的地方，它却启发我们更深层次地去理解艺术。全书所采用的关键性的方法就是辩证法，这也非常适合首次接触哲学论争的本科学生。

本书的第一章为"艺术与再现"。该章的第一部分论述了古代关于艺术必须表现某物的思想。卡罗尔首先大致介绍了模仿和再现理论，并由于显而易见的原因否定了这两种观点。可他接着又就语义内容重提这两个观点。尽管这两个观点本质上说不过去，但作为艺术作品的一个必要特征，卡罗尔很好地证明了人们怎么和为什么会认为这两个观点还是有可取之处，即便是对许多当代显然不表现任何意义的艺术作品而言也是如此。当然，最终卡罗尔还是总结说模仿论和再现论是不适合装饰艺术和许多核心的艺术形式，比如音乐和建筑的。音乐和建筑是根据其审美属性来判明其是否属于艺术的。

第一章的第二部分继续讨论再现的本质特征。卡罗尔在这里集中论述了再现论中的相似理论和幻象理论。幻象理论由于一般情况下，人们不会将再现与被再现的东西混为一谈而不值一提；再现中的象征符号认为对再现理论至关重要，可由于象征符号不需要与被再现的东西相似，所以再现论解释再现为相似也是不对的。再现论的惯例论解释虽然具有较强的说服力，但其鲜明的反直觉主义特征却催生了卡罗尔最终欣赏的图示再现论的后自然主义理论。之后，卡罗尔又论述了再现在不同艺术形式中的特征和所占比例情况。

第二章讨论艺术与表现间的关系。将艺术作品解释为艺术家将自己的情感状态有意识地融贯其中，通过艺术作品表现出来的表现理论比再现理论更有说服力。而且表现论还能解释我们为什么那么关注艺术，那么看重艺术——因为艺术能让我们窥知人类不为人知的内心世界。但是，卡罗尔通过分析概念艺术并不表现艺术家的情感，以及别的表现情感的人工制品并非属于艺术品的分析，否定了我们能借助艺术作品窥知人类内心世界的愿望。本章的第二部分着手探讨不同的表现理论。卡罗尔考察了常常提到的"悲伤"和"快乐"这些属于艺术作品的表现性的词汇本质上是隐喻性质的观点，发现这一观点是错误的。因为我们有无数的方法可以将表现性的词汇用于艺术作品，卡罗尔论证说有些方法使用的是词汇字面上的意思而非其隐喻意义。对那些缺乏精神意义的作品而言，表现性的词汇就是用其字面上的含义，由于作品的外形构造，让我们想到某一发怒的、悲伤的或高兴的人的行为举止。

第三章讨论的是艺术与形式。19世纪、20世纪之交伴随着艺术运动出现了形式主义，克莱夫·贝尔被认为是形式主义最有影响的代言人。"有意味的形式"理论很好地解释了我们为什么和怎么像欣赏再现艺术那样看重当代抽象艺术和史前古器物。虽然如此，简单的形式主义理论不能很好地解释再现艺术中内容和形式的相互关系，却是它的致命弱点。于是，卡罗尔继续阐述了后形式主义的观点，根据这一观点，重要的是形式是否与作品的内容相适合。因此，后形式主义承认内容高于形式，但这是仅就其阻碍或促进作品的统一性、完整性而言的。最终，后形式主义也被认为外延太广而不能成为解释艺术的最佳理论。因为许多寻常的怎么也不能算做是艺术的事物和行动，展现出按后形式主义所认为的内容与形式非常切合的特性，即展现出成为艺术品的显著标志。显然，这是后形式主义的缺陷所在。

第三章的第二部分转到探讨什么是艺术形式问题。尽管形式主义作为解释何谓艺术的理论尚不充分，人们大量欣赏的还是艺术和工艺设计的形式方面。这些艺术，有些是可以通过描述的方式，即通过描述艺术作品各组成要素之间的关系来解释其形式的。但是，卡罗尔指出，我们标准的艺术形式概念是解释性的而非描述性的，也就是说，我们面对某件艺术作品，挑出其某些形式认为是重要的，却对其他形式置之不问。所以，一个恰当的艺术形式概念应是功能性的。一件艺术作品的艺术形式是为了实现该艺术作品目的的所有方面。

　　第四章讨论的是艺术与审美经验。本章的第一部分讨论的是艺术的美学定义。这一定义是根据作为艺术品的其目的在于提供人们审美经验的史前器物来作的。审美经验概念于是从两个方面加以理解。第一个方面是从内容上来理解，人们创作艺术作品就旨在表现其统一、多样与强烈的属性；第二个方面则是从效果上来理解，人们创作艺术作品则旨在表现艺术作品的非功利性。但是根据卡罗尔的分析，两种理论都不能为艺术的美学定义提供其必需的充分必要条件。

　　第二部分进一步去探讨审美经验概念。审美经验的效果决定论，有赖于无功利性注意概念，最终被发现混淆了动机和注意，从而我们有理由选择审美经验的内容决定论。审美经验就是对一件艺术作品的审美属性和形式因素的经验。但这引出了另外一些问题：是我们从艺术品中觉察出审美属性呢，还是艺术品本身显示出其审美属性？卡罗尔暗示我们对审美属性的归属问题不胜了了，至少让我们可以假设审美属性是客观的。

　　最后一章讨论的是艺术的定义和身份确认问题。教材对后维特根斯坦主义将艺术视为一个开放的概念，从而怀疑能够给艺术下定义的观点进行了详细的阐述。卡罗尔论证道，这一怀疑主义最终被艺术制度论所驳倒。后者提出了艺术概念的充分必要条件，广泛适用于多种艺术形式，并且克服了维特根斯坦艺术"家族相似论"的缺陷。虽然如此，艺术的制度论和历史理论仍有较大争议。为此，卡罗尔提出了自己的艺术的历史叙述理论作为判明艺术作品的标准，当然，他也表明自己的这一理论仍然没有阻塞探索真理的道路。

　　以上概述已清楚表明，本书关注的是分析美学的艺术定义问题，同时辅以对再现、表现、形式和审美经验这些概念的考察。我唯一持保留意见的就是对艺术定义的强调本身。在我看来，除了需要对文学进行定义之外，艺术定义问题在美学领域不再具有价值。我不愿意在我所教授的分析美学课程中将之作为中心问题加以论述。当然，我的这一保留意见只适合对高级程度的对哲学和美学已有相当程度的涉猎的本科生美学课程而言。我想这本教材并不是为着这些学生而写的。因此，我的这一担忧实属毫无必要。我认为本教材唯一的一小点瑕疵在于，当介绍不同的艺术理论时，如果能同时将其支持者一并加以介绍会更好。当然这样作的话，会被说成影响本书的叙述风格。幸好，这一问题实际上已很大程度上被卡罗尔在每章后面提供的有注解的进一步阅读资料所弥补。学生还会发现每章后面的总结也非常有用。

　　总之，本书的结构、论题及其程度、风格和叙述方式都非常适合初、中级分析美学课程。卡罗尔清晰明朗、富有魅力的写作风格以及对目标读者的体察入微，使得这本专著成为一本优秀的导论性质的教科书。

附录14　戈登·戈拉汉目《艺术哲学：美学导论》书评

戴维·伍德洛甫 著 阳黔花 编译

戈登·戈拉汉目所著《艺术哲学：美学导论》是一木表述清晰、实用且逻辑连贯的著作。该书有几大特色值得读者关注。有许多老师在上一门导论性质的课程时，喜欢选用某本教材以增加阅读量。戈登·戈拉汉目所著的这本教材正适合这样的要求。这本教材分成三个部分。第一部分讨论艺术的价值，得出杰出艺术的首要价值就在于能增进我们的理解的结论；第二部分接着将此观点运用到具体艺术门类（音乐、绘画、电影、诗歌和建筑）中加以检验；第三部分则简要考察了五种艺术定义理论。本书的最后一章实际上是附录，戈拉汉目提供了一份读者需要熟悉的艺术范例的清单，这虽然是件举手之劳的事，却往往被其他同类导论性质的教材所忽视。

虽然本书有诸多特色，但其主要的一个特色就足以成为值得读者关注本书的理由。在前面两章，戈拉汉目考察了两种关于艺术的主要价值的理论。他旁征博引各种一、二手资料，不偏不倚、清清楚楚地加以论述。在提出这两种理论的问题所在后，戈拉汉目给出了自己中意的观点。他所谓的"审美认知主义"的观点似乎首先是将艺术的主要价值等同于它能成为我们获得认知、理解的一种手段。他引证古德曼作为他这种观点的支持者，并赞同古德曼视考察艺术为与科学一样的理解、认知活动。古德曼显然是给艺术提出了要求过高的任务。戈拉汉目强调他的这一讨论旨在考察我们能否，并在何种意义上能从艺术中学到东西。

我是多少有些尝试性地这样概括戈拉汉目的结论的，因为在为自己提出的观点进行辩护之后，他也不是对自己的观点那么具有信心。在最后，他将审美认知主义概括为是一种"解释杰出艺术品最有价值之处是什么"的手段。甚至这一结论似乎也是错误的。戈拉汉目承认"艺术在于理解"的观点不能成为对艺术的定义，因为有些广为人们所知的艺术品并不具有这一属性。为了将他的观点严格限定在杰出艺术作品领域，戈拉汉目严格地限定他的观点的有效性。他维护自己观点的有效性的一个关键措施就是他对"理解"和"真理"两个概念的区分。可是，即便他承认了这种区分，并且根据艺术作品所提供的理解来判断它的价值，他的理论要能站住脚仍有问题。虽然"理解"可能是艺术诸多很有价值的特点之一，但它不是最为根本的特点。举个例子讲，在评判布路戈尔的"乡下人的婚礼"（戈拉汉目认为是一件杰出的艺术作品）的价值时，戈拉汉目承认此艺术品的价值远远高于其本身绝妙的物理的心理学的文本特性方面，但同样可以肯定的是，我们也必须承认此艺术品的文本让我们更好地从总体上理解这个世界。所以，不可能是艺术能帮助我们理解这个世界是其最重要的价值。我们可以承认艺术作品具有帮助我们理解世界的能力是我们判断其为杰出艺术品的方面之一。但我们不能因此推论这一能力是艺术作品的核心价值，不管这艺术作品是杰出的或是普通的。可能对戈拉汉目这一观点的最好检验就是他成功地将他的理论用于对具体艺术形式的分析中。他赞赏认知主义的核心观点就是它能更好地解释我们为何关

注艺术的情况。他承认认知主义的观点可能更易于解释某些艺术形式，比如更适合用于解释小说。可对于音乐和建筑而言，就困难得多。戈拉汉目没有回避这个问题。在他对音乐及其意义的认知主义的解释中，他论述了音乐中从愉悦论到表现论以及再现和模仿的区别等内容广泛的话题。他对表现理论的主要批评之一就是音乐所能具有的有限的表现领域。某一时期，他指出，音乐局限在表现快乐、伤心及难过和高兴等这些简单的情感。可具有讽刺意味的是，除此之外的其他地方，他又通篇引证了作曲家在其作品中广泛表现其他各种各样的情感以支持他的认知价值理论，他认为即便我们从音乐的情感表现中并非只能获得认知，这也是我们从音乐中获得的最通常的形式。甚至当"表现"直接与某一事件相连时，比如孤独的慢悠悠的钟声象征着死亡，在声音与声音引起的情感之间仍有着关联。除此之外，戈拉汉目对音乐的全面考察，提出了很多被他阐述得极为清楚的论题，为教学提供了极有价值的参考资料。这部分的其他章节也都是如此。

不幸的是，读者最期望的艺术价值的认知理论的发展和运用问题，是该书最薄弱的部分。关于建筑的章节旨在论证建筑是一种艺术。戈拉汉目考察了建筑的特点及建筑的形式主义者和功能主义者之间的论争，得出结论：最充分的理论是将形式主义和功能主义的观点合而为一，以此作为判断建筑是否艺术的依据。事实上，我们很难知晓这一理论是如何支持建筑是艺术的观点的，也很难知道如何将这一理论作为判断某一栋建筑物是不是一件艺术品的方法。戈拉汉目论证通过他建立起的这一理论，我们能将建筑艺术品当做是"探索和展示某种人类理想的媒介"。正是基于这一认识，戈拉汉目将建筑的认知价值看做是最高的价值。就如在其他章节中一样，戈拉汉目令人信服地论证了任何杰出的艺术品都具有认知价值，但是他没能很好地说明认知价值是艺术品的其他价值能建立其上的基础。

在该书的最后一部分，戈拉汉目考察了几种尝试将艺术与非艺术区别开来的艺术定义理论。同样地，此处他对材料的陈述是既清晰又公平的。不幸的是，这部分只包括一章，尽管它是全书中最长的章节，所包括的内容也仍然是太少了。戈拉汉目在这章中介绍了多种艺术定义理论，从传统的贝尔、康德的观点，到当代美学家维兹、迪基以及社会学，比如马克思主义、结构主义和解构主义的定义方法。有些读者可能会满意于戈拉汉目对这些艺术定义的简洁处理，因为这避免了将这门课程陷于无休止的理论和批评的冗长陈述当中。但是我相信任何读者都不会满意戈拉汉目对他们所钟爱的艺术定义理论的简洁处理方式。戈拉汉目在全书的最后在否定了他所讨论的诸多艺术定义后，又回到了他的认知主义观点。

我一直在批评戈拉汉目的中心论题，因为我不认为它是正确的。然而，我仍将对戈拉汉目的理论做出公允的评价以结束我的这一书评。首先，这是一本导论性质的教材，戈拉汉目在书中对其观点的论述方式是针对初学者而言，就此来说，戈拉汉目作了件很好的工作；其次，考虑到以下情况，我们更应认可戈拉汉目的这本教材。学生可以大致分为两类，每类学生都会从这本教材中受益匪浅。一类学生将会非常满意他们从教材中学到的有关艺术本质和价值的知识。这些学生，当他们面对艺术作品时，将会自问他们能从艺术作品中获得什么东西以增进他们的认知。虽然我并不认为这是艺术的主要价值，但这一目标能很好地满足这类学生，能成为这类学生欣赏艺术的充足理由，这也是很好的。另外一类对美学更为熟练、机敏的学生，将会被戈拉汉目的这本教材所激发，从而进一步去探索美学领域的问题，以寻求令其满意的答案。戈拉汉目的这本教材将为这类学生在美学领域的进一步探索提供一个坚实的基础。我经常告诉我的学生，一本成功的哲学著作不在于它处处都是正确的，而在于它提出了促人深思的好问题。戈拉汉目的这本教材正是在美学导论领域作了这样一件好工作。

附录15　内尔、雷德利《艺术哲学读本》书评

威廉·考林 著　阳黔花 编译

　　想想这种情况：你的系主任刚刚从院长那儿得到通知，由于只有院长而不为他人所知的某种原因，突然急需开一门暑期艺术哲学课程。平素理性、头脑清醒、极有耐心，且为人和善的系主任在某个星期五的深夜极严肃地电话告知你，由于你去年没能开面向新生的批判性思维课，艺术哲学课程就由你来开了。也不管你是不是已有十年没开过与艺术哲学有关的课程，更不顾你最近的研究是关于严厉的领导者而非艺术哲学的。此时已是四月底，离暑期开课只有不到一个月的时间了，而艺术哲学课程已非你莫属了。

　　现在你面临着很多问题，其中一个就是如何在保证质量的情况下最快地准备好这门课程。幸运的是，我们不幸的教授手里正好有本亚历克斯·内尔和亚伦·雷德利编著的精彩的《艺术哲学读本》，这本读本将美学家们关于艺术的理论和历史方面的论述全都

搜罗成册，从柏拉图的《伊安》到巴特斯百的《性别与天才》，选本收集的
资料广泛，多门课程都可以以之作为基础开设出来。

读本分为四部分："艺术家：概念和创造性"、"艺术作品"、"观众"、"艺术：
目的和危险"。所选文章将西方思想史上对人类经验的美学思考的精华汇聚
一起。亚历克斯·内尔和亚伦·雷德利基于他们对艺术本质的理解，审慎而
周全地选编文章。从他们对美学家及其文章的选择，我们可以清楚地看出两
人非常注重具体问题。比如，两人选了尼采的《悲剧的诞生》，从中，我们
清楚地知晓了阿波罗神和酒神似的艺术形式之间的联系，随后，在所选的关
于悲剧的文章中，我们又可看到尼采将苏格拉底从"道德英雄"看做"辩论
家"。同样地，两人还介绍了丹托的"艺术世界"、凯维尔的"审美判断与一
个哲学声明"和费西的"这门课程有教材吗？"均给读者提供了非常富有洞
见的启示。

亚历克斯·内尔和亚伦·雷德利没有完全忽视正变得越益活跃的女性美
学家们。除了节选了巴特斯百的《性别与天才》，他们还选了詹尼弗·鲁滨
逊的"文学作品中的风格与个性"、苏珊·松塔格的"反阐释"、琳达·洛克
林的"为什么历史上没有出现过伟大的女艺术家"。我们当然希望有更多的
女性美学家，尤其是女权主义作家，比如海恩、达维雷克丝、多比的文章入
选。尤其是海恩的"女权主义美学在女权理论中的作用"更应入选此读本，
因为海恩在文章中指出，女权主义关于审美经验的论述角度正好是男权社会
所缺乏的。当然，尽管这不是一个无足轻重的不足，亚历克斯·内尔和亚
伦·雷德利还是在其选本中尽量给读者展示了女性美学家对美学领域的一些
重要问题的关注。

每部分前的编者导言更为选本增色不少。在这些杰出的导言中，编者给
师生作了极有洞见的解读，并介绍了所选文章与之前哪篇文章或哪些观点有
着怎样的联系。这样做的总体效果就是不拘泥于某一具体的哲学立场，而是
向读者提供丰富而全面的美学历史资料。当然，这并不是说，编者在选编文
章时，没有自己的偏好。这实际上既不可能也并不是理想的做法。事实上，

编撰文选的一个主要目标首先就是选择符合一定要求的文章，不管这要求仅是为学生提供一本熟悉某一领域应该知道的标准读物，还是像亚历克斯·内尔和亚伦·雷德利这样，是为了提供给学生围绕某一领域的批判性见解而汇集一起的关键文章。这需要如何有效地组编这些文章的智慧，而亚历克斯·内尔和亚伦·雷德利非常出色地完成了这一工作。

不管是对需要在最后一分钟准备好艺术哲学课程的倒霉教授，还是对有充足时间准备这门课程的幸运儿，亚历克斯·内尔和亚伦·雷德利编著的《艺术哲学读本》都是最好的选择，为此，我们对他们的劳动万分感激。

附录 16 拉马克、沃尔森《分析美学与分析艺术哲学读本》书评

安娜·瑞贝洛 著 阳黔花 编译

　　拉马克和沃尔森在哲学上有着长期的富有成效的合作关系，两人的合作成果总是读者的良好精神食粮。这一次，二人又将当代分析美学的关键篇章集辑成书，我毫不怀疑这本书将成为未来很长时间内分析美学的标准读本。

　　本文选共分十一章。前五章集中讨论美学领域的传统论题（艺术品的身份辨明和艺术本体论、审美属性、艺术家的创作意向和观众对艺术品的阐释问题、艺术价值）。紧接着的四章讨论艺术的几种主要形式（小说、图示性艺术、文学、音乐）。最后两章讨论美学领域最近才盛行的两个话题：流行艺术和自然美。每一章都附有两位编著者的简短导读，各自包括 3—6 篇文章不等。第一章"识别艺术"包含 7 篇文章；第三章（审美属性）、第八章（文学）、第九章（音乐）、

第十章（流行艺术）和第十一章（自然美）各包含 3 篇文章；第二章（艺术的本体论）和第四章（意向和阐释）包含 4 篇文章；第六章（小说）和第七章（图示性艺术）五篇；第五章（艺术价值）六篇。各章所选文章的不等显示了编著者对讨论问题的重要程度的偏向（显然，艺术品身份的辨明问题和艺术的价值问题在编著者眼里最为重要），然而，这一偏向实际上跟 50 年前分析美学问世至今分析美学家们所热衷讨论的问题情况正好一致。

　　这本文选正合读者所需，尤其是对那些学习美学课程的较高程度的本科生和普通研究生而言。这些课程的老师再也不需要像以前那样从书刊杂志到处收集所需文章用于教学了，现在，所有重要的分析美学文章都汇集于这一本文选当中。这本文选是第一本专门将美学家们自觉地运用分析哲学的方法撰写而成的美学文章汇聚一起的文集，仅此一点，拉马克和沃尔森的工作就值得大加赞扬。至今为止的各种美学文选的编撰者们，即便他们也心存分析美学，可由于所选文章过于宽泛，缺乏选编重点而并不十分成功。当然，这并不是说，柏拉图、休谟、托尔斯泰就应该突然从我们的课程表上消失不见，我只是想表明，文选或读本不能面面俱到，而应选编重点突出，服务于特定对象。

　　拉马克和沃尔森始终坚持分析的观点，在其全书的总导言部分，非常简明清晰地解释了他们是如何理解分析哲学的，分析哲学与大陆哲学是如何不同的，分析哲学诞生和发展的简明历史，以及分析美学是如何在分析哲学的背景下成长发展起来的。非常有用的是，他们介绍了分析思想本身所经历的多次变化，从最开始的弗雷格、罗素和维特根斯坦主张的在于分析命题的逻辑形式，到寻求概念予以恰当运用的充分必要条件，到雷尔和牛津日常语言派哲学家们主张的"分析"在于找到概念的"逻辑地理"而非以充分必要条件的方式去加以定义。在分析哲学家们很快失去了仅靠语言的分析解决主要的哲学问题的雄心壮志后，他们的这一开创性工作却在美学中留下了痕迹，这种痕迹以将罗素对"虚构的空名"（fictional and empty names）的分析运用到分析艺术中的"虚构性"问题作为开端。然而，这一痕迹直到 20 世纪中叶当主要的分析哲学家们将其关注重点转移到之前长期受到忽视的美学领域时，才被人们所感觉到。分析美学的问世，正是有赖于吉尔伯特·雷尔、汉普夏尔、鲍沃斯马、约翰·帕斯摩尔、埃森博格、海伦·赖特、麦克唐纳、齐夫等哲学家，以及将这些哲学家们的美学文章汇集成书的威廉·伊尔顿的大力工作。

本文选包括下列哲学家的 46 篇文章，他们是：维兹、乌尔姆森、丹托、列文森（三篇）、迪基、比尔斯利（两篇）、戴维斯（两篇）、马格里斯、基维（两篇）、加里、西布利、沃尔顿（三篇）、帕蒂德、沃尔森（两篇）、斯德克、斯特罗森、赛维尔、布德（三篇）、拉马克（三篇）、高特、里德福特、塞阿尔、斯托尼兹、斯古路顿、梅兰德、乌尔汉姆、鲁滨逊（两篇）、卡罗尔、鲍、黑普本和卡尔松。这一名单确属分析美学的主要人物，我毫不怀疑一本分析美学的文选理应包括这些人的文章。然而，令人遗憾的是，读者不难发现这个名单中只有一位女性美学家。显然，此选本应包括更多的杰出的女性美学家的文章的。同时还让人惊异的是，我们在此文选中所能看到的也只是一些资格老的男性美学家们的文章，至于柯亨、威尔逊或沃特斯多幅的文章却不见其影。当然，由于篇幅所限，本文选不能包括编著者想选编的所有文章。然而，某些美学问题的争论是得益于我刚列举出的这些未入选的美学家的。更重要的是，这样的编选结果将给本科学生及一般的读者这样不切实际的印象：哲学仍然只是男人们的游戏；未入选的文章都是不重要的文章。同样地，为着对编著者公平起见，我们首先还得承认本文选的编选是合理、成功的，它确实将分析美学的关键篇章，即那些首创分析美学和对随后的讨论有着重要影响的文章，搜罗在册。拉马克和沃尔森努力在其全书总导读和各章分导读后的"进一步阅读书目"中，将不能入选美学家们的文章一一列出，供读者进一步阅读。这些阅读书单不受篇幅限制，然而遗憾的是，即便在这样的书单里，也仍然难觅前面提到的绝大多数女性美学家们的踪迹。

与全书总导读一样，文选每章前的导读也都堪称清楚、简洁的典范。拉马克和沃尔森在每章前的导读里，特别是前面几章，总是将本章主题所由出

的哲学背景，尤其是其分析哲学背景介绍得清清楚楚。他们接着对本章所选文章进行简短总结，分析每篇文章在本章主题的论争中与之前之后文章间的关系，当然，这并不是说每一章只有一个论争主题，事实上，在"虚构性"章中，就有三个主题。围绕每一章主题，集中介绍多篇文章之间的论争关系，从而以争论主题串连全书，这是在其他美学文选中很难见到的特点之一，这也正是本文选胜于其他文选的长处所在。他们还成功地将可以置于多个主题下的文章归到它最应该归属的章节，比如列文森的"什么是一件音乐作品"文，他们就将之归于"艺术的本体论"章而非"音乐"章。一旦这种情况发生，他们总是毫无例外地在其导读中提请读者注意这些文章之间的互相关联性。

就两人所选文章而言，一个显著的缺憾就是作为一本综合的总论性质的读本，却缺少审美经验部分的选文。虽然审美经验属传统美学问题，但它也显然是分析美学自诞生之日起就关注的问题。奇怪的是，两人甚至没有在文选的任何地方提到过它，更不用说解释他们为何没有设置"审美经验"章了。由此，众所周知的发生在比尔斯利和迪基之间围绕审美经验的本质特征的争论，以及新近斯古路顿、沃尔顿、布德、依瑟名格、列文森、舒斯特曼和卡罗尔对此问题的论述，也都被本文选所遗漏了。这一点是本文选的瑕疵所在，同时给任课教师带来了不便，后者不得不从别的书刊杂志中复印审美经验部分的文章用于教学。本文选如果将来还要再版，审美经验部分的内容一定要增补上。此外，美学领域的新近发展，即运用认知科学分析美学问题方面的成果也需以专章形式予以增补。

除了这些小遗憾，相比其他一些当代美学文选，比如戴维·苟德布赖特和李·布朗的《美学：艺术哲学读本》（2005年第二版），《分析美学与分析艺术哲学读本》堪称成功之作。前者所选太广，缺乏重点。而亚历克斯·内尔和亚伦·雷德利所编的《艺术哲学读本》（1995年版），以及苏珊·菲根和帕特里克·梅纳德编的《美学》（牛津读本系列丛书，1997年版），也都将历史和当代、分析传统和大陆传统的美学论述统统搜罗一起。当然，这些读本也堪称本科学生和一般读者的良好选择。拉马克和沃尔森的读本则是对分析美学作高级研究的绝妙的资料来源。作为本科的美学课程，如果选用此书作教材的话，最好还要配上一本历史性的美学读本和一本导论性质的美学书籍，比如卡罗尔的《艺术哲学：当代美学导论》(1999 年版)。

　　拉马克和沃尔森正确地指出虽然分析哲学主要在英美国家根深蒂固，但欧洲大陆也有不少哲学家遵从分析方法。令全球选用此书的本科生大为惊异的是，本文选所选文章的绝大多数作者目前都还健在并拥有自己的网页，这与传统文选给人哲学是一些古老久远的东西的印象实在是大为不同。英语国家，尤其是美国和英国的本科生，还极有可能拥有就在自己的教室里直接与第一流的美学家面对面交流的便利。正是这些美学家造就了今天的美学状况。拉马克和沃尔森明确地向我们介绍了这些美学家的巨大贡献。他们编著本书的目标——"汇集分析美学和分析艺术哲学的关键性篇章；展现分析美学自 20 世纪 50 年代诞生起直至今日的发展历史；阐明分析美学家们提出的从总体的理论问题到具体艺术形式的美学问题等范围广泛的论题；为教学和研究提供有价值的参考资料"，我想已经全部令人满意地达到了。尽管前面我对此书作了诸多评论和建议，我仍然诚心诚意地向读者推荐此书。

参考文献

中文文献

(一) 专著

马克思:《1844 年经济学哲学手稿》,《马克思恩格斯全集》第 42 卷,北京,人民出版社 1979 年版

吉尔伯特·库恩:《美学史》,上海译文出版社 1989 年版

塔塔尔凯维奇:《西方六大美学观念史》,上海译文出版社 2006 年版

鲍桑葵:《美学史》,北京,商务印书馆 1985 年版

朱光潜:《西方美学史》(上、下),北京,人民文学出版社 1979 年版

李斯托威尔:《近代美学史评述》,上海译文出版社 1980 年版

吴琼:《西方美学史》,上海人民出版社 2000 年版

张法:《20 世纪西方美学史》,四川人民出版社 2003 年版

朱狄:《当代西方美学》,北京,人民出版社 1993 年版

牛宏宝:《西方现代美学》,上海人民出版社 2002 年版

牛宏宝等:《汉语语境中的西方美学》,安徽教育出版社 2001 年版

叶朗:《中国美学史大纲》,上海人民出版社 1985 年版

朱光潜:《朱光潜美学文集》(1 ~ 4),上海文艺出版社 1982 年版

宗白华:《艺境》,北京大学出版社 1987 年版

宗白华:《美学散步》,上海人民出版社1981年版

李泽厚:《美学四讲》,广西师范大学出版社2001年版

李泽厚:《己卯五说》,北京,三联书店2006年第2版

李泽厚:《李泽厚十年集美的历程》,安徽教育出版社1994年版

李泽厚:《李泽厚哲学美学文选》,湖南人民出版社1985年版

李泽厚:《美学论集》,上海文艺出版社1980年版

彭立勋:《审美经验论》,北京,人民出版社1999年版

滕守尧:《审美心理描述》,北京,中国社会科学出版社1985年版

科林伍德:《艺术原理》,北京,中国社会科学出版社1985年版

布洛克:《美学新解》,沈阳,辽宁人民出版社1987年版

克罗齐:《美学原理－美学纲要》,北京,外国文学出版社1983年版

玛克斯·德索:《美学与艺术理论》,北京,中国社会科学出版社1987年版

阿多诺:《美学理论》,四川人民出版社1998年版

桑塔耶那:《美感》,北京,中国社会科学出版社1982年版

托马斯·门罗:《走向科学的美学》,北京,中国文艺联合出版社公司1984年版

苏珊·朗格:《情感与形式》,北京,中国社会科学出版社1986年版

韦尔斯:《重构美学》,上海译文出版社2002年版

奥尔德里奇:《艺术哲学》,北京,中国社会科学出版社1986年版

杜卡斯:《艺术哲学新论》,光明日报出版社1988年版

谢泼德:《美学－艺术哲学引论》,辽宁教育出版社1998年版

帕克:《美学原理》,广西师范大学出版社2001年版

今道友信:《美学的将来》,广西教育出版社1997年版

H.A.梅内尔:《审美价值的本性》,北京,商务印书馆2001年版

李普曼编:《当代美学》,光明日报出版社1986年版

阿恩海姆:《艺术与视知觉》,北京,中国社会科学出版社1984年版

卡西尔:《人论》,北京,三联书店1985年版

维特根斯坦:《哲学研究》,上海人民出版社2001年版

《马克思主义文艺理论研究》编辑部编选:《美学文艺学方法论》,北京,文化艺术出版社1985年版

杜夫海纳:《美学文艺学方法论》,中国文联出版公司1992年版

阎国忠等:《美学建构中的尝试与问题》,安徽教育出版社2001年版

邢建昌:《世纪之交中国美学的转型》,河北教育出版社2001年版

汝信、王德胜主编:《美学的历史－20世纪中国美学学术进程》,安徽教育出版社2000年版

吴予敏:《美学与现代性》,北京,人民出版社2001年版

王子铭:《现代美学基本范式研究》,齐鲁书社2005年版

寇鹏程:《古典、浪漫与现代——西方审美范式的演变》,上海三联书店2005年版

彭峰:《美学的意蕴》,中国人民大学出版社2000年版

彭富春:《哲学美学导论》,北京,人民出版社2005年版

王德胜主编:《美学原理》,北京,人民教育出版社2001年版

朱立元主编:《美学》,高等教育出版社2001年版

刘叔成等:《美学基本原理》,上海人民出版社1987年第二版

杨辛、甘霖:《美学原理新编》,北京大学出版社1996年版

蒋孔阳:《美学新论》,北京,人民出版社1993年版

张法、王旭晓主编:《美学原理》,中国人民大学出版社2005年版

王旭晓:《美学原理》,上海人民出版社2000年版

张法:《美学导论》,中国人民大学出版社1999年版

牛宏宝:《美学概论》,中国人民大学出版社2003年版

王朝闻:《美学概论》,北京,人民出版社1981年版

钟启泉:《现代课程论》,上海教育出版社1989年版

钟启泉、罗厚辉:《课程范式的转换:上海与香港的课程改革》,上海科

技教育出版社 2003 年版

钟启泉主编:《课程与教学概论》,华东师范大学出版社 2004 年版

吴贻谷:《高度教育若干问题研究》,武汉大学出版社 2005 年修订版

李进才:《高教改革与发展趋势探析》,武汉大学出版社 1997 年版

徐毅鹏:《21 世纪初叶的中国高等教育》,高等教育出版社 2000 年版

胡建华:《现代中国大学制度的原点》,南京师范大学出版社 2001 年版

符娟明、迟恩莲:《比较高度教育教程》,北京,原子能出版社 1990 年版

王英杰:《美国高等教育的发展与改革》,北京,人民教育出版社 1993 年版

袁仲荸:《今日美国高等教育》,上海翻译出版公司 1988 年版

(美)德里克·博克著,乔佳义编译:《美国高等教育》,北京师范学院出版社 1991 年版

施晓光:《美国大学思想论纲》,北京师范大学出版社 2001 年版

李曼丽:《通识教育——一种大学教育观》,清华大学出版社 1999 年版

(二)**论文**

罗卫平 2005 年的博士论文《分析与结构之间》,中国人民大学,2005 年

刘三平 2005 年的博士论文《20 世纪 80 年代以来中国美学原理著作的系统研究》,中国人民大学,2005 年

周舒 2006 年的博士论文《20 世纪英美美学原理》,中国人民大学,2006 年

(三)**期刊文章**

方朝晖:《"西学"在"中学"中的命运:形而上学之例》,《学术季刊》(上海),2002 年第 3 期。

黄兴涛:《"美学"一词及西方美学在中国的最早传播——近代中国新名词源流漫考之三》,《文史知识》(北京),2000 年第 1 期。

张法：《中国现代美学：历程与模式》，《人文杂志》，2004 年第 4 期。

刘三平：《美学是如何被讲述的》，《云南大学学报》（社科版），2004 年第 4 期。

邓天杰：《艺术哲学不等于美学》，《三明职业大学学报》，1998 年第 4 期。

张志伟：《论艺术哲学与美学的对立》，《郑州大学学报》（哲社版），2003 年 3 月。

P. 拉马克著，章建刚译：《〈英国美学杂志〉40 年》，《哲学动态》，2001 年第 2、3 期。

（英）P.M.S. 哈克著，江怡译：《分析哲学：内容、历史与走向》，《哲学译丛》，1996 年第 5、6 期。

张德兴：《略谈分析美学的理论特征》，《学术月刊》，1994 年第 5 期。

史风华：《分析美学的衰落和形而上学的复兴》，《山东大学学报》（哲社版），2000 年第 6 期。

英文文献

（一）专著类教材

Dickie, *Introduction to Aesthetics:An Analytic Approach*, Oxford University Press, 1997

Eaton, *Basic Issues in Aesthetics*, Wadsworth Inc., 1988

Anne Sheppard, *Aesthetics: An introduction to the philosophy of art*, Oxford University Press, 1987

Dabney Townsend, *An Introduction to Aesthetics*, Blackwell Publishers Inc., 1997

Gordon Graham, *Philosophy of the arts: An Introduction to Aesthetics,* Routledge, 2002, 2nd

Noel Carroll, *Philosophy of Art: a contemporary introduction*, Routledge, 1999

Richard Eldridge, *An Introduction to the philosophy of art*, Cambridge University Press, 2003

Battin and Fisher etc., *Puzzles about Art: An Aesthetics Casebook*, St.Martin's Press, 1989

（二）文选类教材

Bender&Blocker, *Contemprary Philosophy of Art: Readings In Analytic Aesthetics*, Prentice-Hall Inc., 1993

Susan Feagin & Patrick Maynard, *Aesthetics*, Oxford University Press, 1997

Oswald Hanfling, *Philosophical Aesthetics: An introduction,* Blackwell Publishing Ltd., 1992

Peter Lamarque & Stein Haugom Olsen, *Aesthetics and the philosophy of art: An Anthology*, Blackwell Publishing Ltd., 2004

Alex Neill & Aaron Ridley, *The philosophy of art: Readings Ancient and Modern*, McGRAW-HILL INC., 1995

Alex Neill & Aaron Ridley, *Arguing About Art:Contemporary Philosophical Debates*, McGRAW-HILL INC., 1995

Beardsley, Aesthetics:From Classical Greece to the Present, The Macmillan Co., 1966

Carolyn Korsmeyer, *Aesthetics: The big questions*, Blackwell Publishing Ltd., 1998

Reader, *A Modern Book of Eesthetics*, Holt, Rinehart and Winston Inc., 1973

Weitz, *Problems in Aesthetics,* Macmillan Publishing, 1959

（三）其他研究资料

Noel Carroll, *Beyond Aesthetics*, Cambridge University Press, 2001

Noel Carroll, *Theories of Art Today*, The University of Wisconsin Press,

2000

Danto, *The Philosophical Disenfranchisement of Art*, Columbia University Press, New York, 1986

Danto, *The Abuse of Beauty: Aesthetics and the Concept of Art*, Columbia University Press, New York, 2003

Elton, *Aesthetics and Langudge*, Basil Blackwell Oxford, 1967

Dickie, *Art and the Aesthetic: An Institutional Analysis*, Cornell University Press, 1974

Collingwood, *The Principles of Art*, Oxford University Press, 1958

Cooper, *A Companion to Aesthetics*, Blackwell Publishing Ltd., 1992

后 记

　　本书是在我的博士论文《中美大学本科美学课程比较研究——基于 12 所大学的个案比较》基础上修订而成的。写作修订，其中的甘苦自不待言。好在论文的写作与修订过程中，我始终得到导师、亲人、朋友和那些默默工作的图书馆工作人员所给予我的支持、关怀和鼓励。我谨借此书出版之际，对帮助我完成本书的所有师长、朋友表示深深的谢意。我要特别感谢我的导师王旭晓教授。在我整个学习和论著的写作过程中，她倾注了大量的心血。我还得到了张法教授、牛宏宝教授、吴琼教授和余开亮老师的悉心指教和点拨。美国访学期间，更是有无数熟悉不熟悉的教授、朋友及图书馆工作人员给予我无私的帮助和鼓励，尤其是克莱蒙研究生院的王治和博士、樊美筠博士、Cobb 博士、John Quiring 博士和 Honnold 图书馆"亚洲研究"部主任 Isamu 博士和 Laura 博士等给予我论文的大力帮助，更让我深表谢意！在此，我还要向仍在美国求学的倪慧良博士表达我的谢忱！在美期间，得到了倪博士及其家人无数生活上、学业上的悉心关怀和帮助。还有 Steve Hulbert 和 Steven Fletcher，直到今天还在源源不断地给我寄送相关资料。他们的情谊令我终生难忘。

　　在论著的写作过程中，一起走过三年读书生活的谷鹏飞、宁海林、林早和曹晖这些兄弟姐妹们都曾给予我无私的关爱，我谨表谢意并深感怀念之情。

　　学业的顺利完成、论著的写作还离不开我挚爱的亲人们的理解、支持

和鼓励。尤其是我可爱的女儿、我深爱的丈夫、我敬爱的父母双亲和公公婆婆，以及我挚爱的兄弟姐妹们，为了我的学习，他们作出了很大的牺牲，经受了很多的委屈。尤其是我公婆，从我考试时就患上癌症住院，到2007年我即将毕业时匆匆离我们远去，整个期间，任劳任怨支持我、鼓励我，照料我年幼的女儿，为我解除后顾之忧。每每念及公婆的恩情，不禁潸然泪下。

本书的出版还承蒙人民出版社的柯尊全师兄费心费力，在此谨致谢忱！此外，我还要感谢贵州师范大学历史与政治学院唐昆雄院长和杨芳书记的鼓励和关心，是他们的督促和关爱促成了本书的尽早问世！

人生在世，生命何其短暂，唯有人世间的亲情、关爱能让人在喧嚣杂烦的尘世间得到慰藉和好好生活的勇气。我愿珍惜求学及论著写作过程中得到的各种友情、亲情，愿它们能继续鞭策我、激励我前行！

阳黔花

2007 年春谨记于人大品园宿舍

2009 年春复记于春城贵阳

策划编辑:柯尊全
责任编辑:徐　晶
装帧设计:曹　春
责任校对:周　昕

图书在版编目(CIP)数据

中美大学美学课程比较研究/阳黔花 著.
(艺术与美学文库·学术系列)
-北京:人民出版社,2009.8
ISBN 978-7-01-008195-3

Ⅰ.中…　Ⅱ.阳…　Ⅲ.美学教育:高等教育-对比研究-中国、美国
Ⅳ.B83

中国版本图书馆 CIP 数据核字(2009)第 156324 号

中美大学美学课程比较研究
ZHONGMEI DAXUE MEIXUE KECHENG BIJIAO YANJIU

阳黔花　著

人民出版社 出版发行
(100706　北京朝阳门内大街 166 号)

北京集惠印刷有限责任公司印刷　新华书店经销

2009 年 8 月第 1 版　2009 年 8 月北京第 1 次印刷
开本:700 毫米×1000 毫米 1/16　印张:20.5
字数:328 千字　印数:0,001-2,500 册

ISBN 978-7-01-008195-3　定价:42.00 元

邮购地址 100706　北京朝阳门内大街 166 号
人民东方图书销售中心　电话 (010)65250042　65289539